瀏陽歷史文化叢書

浏阳名人

续编

罗业永　编著

岳麓書社·长沙

浏阳历史文化丛书

编纂工作领导小组

组　　长　黎春秋　朱东铁

副 组 长　吴新伟　邱山东　吴　震　李家喜　秦跃平

成　　员　邓阳锋　李爱民　喻　辉　邓雪琴　周　明　张葵红

谢建国　廖伟平　刘来宏　寻院豪　陈　静

编纂委员会

总 顾 问　谭仲池

顾　　问　黎春秋　朱东铁

主　　任　李家喜　秦跃平

副 主 任　廖伟平

执行主任　夏剑钦

成　　员　王　斌　王桃文　刘正初　刘美成　汤　锐　寻春林

李永伯　李兆佳　李贤美　罗业永　洪佑良　胡晓江

唐学雷　彭晓玲　赖明汉　熊　剑

序

黎春秋

在全面建成小康社会、实现第一个百年奋斗目标，迎接中国共产党成立 100 周年的前夕，中共浏阳市委决策、市政协主持编撰的“浏阳历史文化丛书”即将付梓，这是具有深远历史意义、重要现实意义的大事、好事。

浏阳地处湘东，位于吴头楚尾的湘赣边界。周边与铜鼓、万载、宜春、上栗、长沙、株洲、醴陵、平江等市县为邻。境内山丘绵亘，西、南稍平衍，东、北半山谷，浏阳河横贯其中，萦回百折，西流注入湘江。以城区为中心，浏阳自古被分为了东南西北四乡。东乡、西乡分别为浏阳河流域的上游和下游地区，捞刀河流域为北乡，南川河流域为南乡。全市面积 5007 平方公里，现有人口 150 万。

“江海狂澜尽东倒，却输浏水尚能西。”这里气候温和、雨量充沛、山川秀美，自古以来钟灵毓秀、物华天宝、人杰地灵。在远古时代，境内已有人类活动，他们留下了原始社会的踪迹。考古出土文物证明，距今约15万年前，浏阳土著居民已繁衍生息在这块土地上。《三国志》记载，东汉建安十四年（209），孙权拜周瑜为偏将军领南郡太守，以浏阳为其四俸邑之一。浏阳之名始见于此，千年古县从此启航。

建县以来，人文蔚起，人才辈出，薪火相传，弦歌不绝。晋代易雄，忠义千古；宋代汤璹，清风峻节；元代欧阳玄，文章道德卓然名世；明代张武，南征北战屡建奇功。清代自欧阳中鹄、刘人熙、涂启先三先生，尤其是从谭嗣同开始，浏阳人民参与了中国历史上追求解放和真理的每一个进步活动浪潮，涌现了一代又一代的杰出人物。从戊戌变法到自立军起义，从萍浏醴起义到辛亥革命，从土地革命到抗日战争，从社会主义革命到改革开放，浏阳人民始终站在时代发展的前列。谭嗣同、唐才常为探索救国救民的道路，不惜流血牺牲，肝胆相照，气壮昆仑；焦达峰、陈作新接过谭、唐的接力棒，“首应”武昌起义，“浏水堕泪”“十日千秋”；毛泽东同志三次踏上浏阳的土地，把革命的火种播撒在浏阳河两岸，无数浏阳儿女追随毛泽东同志走上了革命道路。在艰苦卓绝的革命战争年代，浏阳人口减少20万人，被追认为革命烈士的有2万人，一部分幸存者成长为党和国家的栋梁之材，如胡耀邦、王震、宋任穷、王首道、杨勇等。正如浏阳著名的特产烟花爆竹一样，浏阳以自己的牺牲和奉献，写进了中国近现代历史的长卷中，形成了“自强不息、敢为人先”的浏阳精神。

浏阳还是礼乐诗歌之邦，保存至今的浏阳祭礼雅乐被誉为“中国古代音乐的活化石”，举行祭祀的文庙至今享有盛名。一首《浏阳河》脍炙人口，唱遍全中国，传唱全世界。诸如浏阳文庙、文家市秋收起义旧址和大围山、浏阳河等名胜山川，以及众多的文物保护单位，都是浏阳享誉全国、走向世界的宝贵资源。

中华人民共和国成立以来，浏阳经济、社会、文化等各个领域蓬勃发展，成就骄人。在改革开放的伟大征程中，浏阳从实现“进百强、冠三湘”到“挺进三十强、再创新辉煌”，再到“建设两个中心、进军全国十强”，每走一步都创造了历史性的成功经验，走出了一条县域经济发展的特色之路。特别是近年来，我们坚持以习近平新时代中国特色社会主义思想为指导，认真贯彻中央、省、市决策部署，深入实施创新引领开放崛起战略，牢牢把握“在区域谋发展、在全国争地位、在全球引资源”战略定位，推动县域发展迈出新步伐。2020年，全市实现地区生产总值1493亿元，增长4.7%；地方一般公共预算收入93.4亿元，增长 5.33%。在全国百强县排名中，浏阳县域综合发展、县域经济基本竞争力、工业百强县、营商环境百强县分别跻身第 9 位、第 11 位、第 11 位、第 19 位。

抚今追昔，我们倍感先辈们留下的历史文化遗产无比厚重，中华人民共和国成立以来社会主义建设的成就无比辉煌。值此中国共产党成立一百周年之际，编辑出版一套全面、系统反映浏阳历史文化的丛书，既是全市开启建设现代化城市大局的需要，也是全市人民的期盼。浏阳文史工作者在浩如烟海的古籍文献中爬罗剔抉，在写满故事的浏阳大地掇菁撷华，耗时三年，终于编撰成一部"浏阳历史文化丛书"。丛书一共 10 册，约 300 万字，近千幅图片，内容包括简史、名人、名胜、非遗、文物、诗文和民俗七大类，从多方面揭示了浏阳悠久历史的渊源和深厚、独特的文化底蕴，让人从中感触到浏阳历尽沧桑而始终保持着青春活力的千年律动和文化之魂。全书以史为据，选材真实、准确，文字生动，可读性强，可说是一部知我浏阳、爱我浏阳的百科全书，更像一座谱写浏阳人民艰苦奋斗历史壮丽华章的里程碑。全市人民定能从中汲取力量，推动浏阳经济文化大发展大繁荣，在实现社会主义现代化的历史征程中阔步前进，走向新的辉煌。

是为序。

2021 年 6 月

作者系怀化市委副书记、市长，长沙市委原常委、浏阳市委原书记

序

朱东铁

“五十里水路到湘江”，《浏阳河》这句朴实却又意境深远的歌词，一下就抓住人心，给我们展示了浏阳河袅袅婷婷、不舍奔流的秀美和沉稳，以及源于历史、开拓未来的深度和力度。

它更大的惊喜在于，当我们去关注、了解这片古老土地时，一座华美的文化殿堂赫然山立，悠远深邃，步步皆景，让人流连忘返：吴楚交会，是为通达之地；三山纵横，写尽雄浑之姿；樟树遗址，见证文明滥觞；浏阳八景，凝聚厚重人文；变法志士，开启近代呼喊；红色记忆，留存历史风云……

在生生不息、守望传承中，我们的祖先历尽艰辛，寻找、开垦、建设这块乐土；历史恢宏的阵仗里，杰出的人物光彩熠熠，灿若星河。三国周瑜少年英雄，羽扇纶巾，谈笑破敌；东晋易雄力抗叛军，杀身成仁，忠义流传；明代邓巍忠于谏议，弹劾严嵩，直面廷杖；清代谭嗣同力主维新，以身殉国，警醒世人。这，是浏阳之刚烈。

“元四学士”，文章道德，卓然名世；邱之稑精研音律，大胆质疑，修正古乐；“浏阳三先生”严谨治学，各有大成，世人推崇。这，是浏阳之风雅。

工农大纛淬炼于秋收烽火，革命精神激扬于历史风云。因为小石头可以砸破大水缸的信念，无数浏阳人选择了跟党走，跟红旗走，在艰苦卓绝的革命斗争中，这片红色的土地涌现了党和国家领导人胡耀邦、王震，以及 30 位开国将军；江山多娇养育铮铮风骨，文史流芳结出累累硕果。在风起云涌的大背景下，浏阳人既能睁眼看世界，也能俯身做学问，欧阳予倩、王人美等一大批教科文卫名人在各自领域的成就令世人瞩目。这，是浏阳之风骨。

风云长啸，江山留痕。到铁岩关下，石霜寺前，找一个时空割不断古今的理由；入浏阳文庙，金江书院，倾听文化发轫的律动；在伟人故居，革命遗存，接受前赴后继革故鼎新的精神洗礼。因为眷恋，我们记录；因为热爱，我们歌颂。于是，礼乐诗歌成为了这片土地另一张亮丽的名片，成为了湖湘文化举足轻重的一极。

所以人们说，“一方水土养一方人”。沧海月明，蓝田日暖。在浏阳的山山水水之间，从久远走来，向深远迈进的一切，或沉吟于丘壑，或闪耀于典籍，或传播于街巷，或激荡于人心。凡此种种，都是历史对浏阳的眷顾，在这座山城的煌煌千年之旅中，烙下了深深的印痕。而古往今来的文化交汇，兼收并蓄的包容心境，胸怀天下的广阔视野，博采众长的学习能力，勇立潮头的担当精神，敢为人先的磅礴气度，成就了浏阳人文不可复制的个性和特质。

联合国教科文组织提出：“发展最终应以文化概念来定义，文化的繁荣是发展的最高目标。”浏阳的文化，扎根于围山之下、浏水之滨，从刀耕火种一路走来，裹满了历史的伤痕和荣光。而它不可遏抑的前行，又记录和推动了社会经济长足的进步。从国家级贫困县迈入全国百强县前列，从偏处湘东一隅到崛起为湘赣边重镇，是传承千年的浏阳文化，给我们筑好了瑰丽的精神家园，赋予了独特的思维方式，呵护了历次果敢的出征，激发了强大的创造能力。

《周易》有言：“观乎天文，以察时变；观乎人文，以化成天下。”我们由衷感谢“浏阳历史文化丛书”的编撰——长揖历史，仰望人文，朝圣的路上有了向导；抚今追昔，振奋精神，幸福的大业有了底气。组织编撰这套丛书，内容涵盖了山水风物，历史人文，民俗风情，文学艺术等方方面面；组织编撰这套丛书，深入挖掘了浏阳的历史文化资源，全面展现了浏阳绚烂的历史文化风貌。这是文化自觉和责任担当的体现，是梳理历史和整合文化资源的结晶。

2021 年是中国共产党成立 100 周年，是“十四五”规划的开局之年，浏阳发展将翻开崭新的篇章。积极融入省（长沙）市发展大局，践行“三高四新”战略，在新发展阶段和新发展格局下，充分发挥“自强不息，敢为人先”的精神，主动作为，创造作为，有力作为，这是浏阳的历史使命。“浏阳历史文化丛书”的出版，正当其时，它记录下浏阳色彩斑斓的千年征程，凝聚起千万人开拓进取的宏伟力量，必将为浏阳的城市建设和经济社会发展提供强有力的文化支撑。

是为序。

2021 年 6 月

作者系长沙市委常委、浏阳市委书记

前 言

浏阳是一片地灵人杰、代有名人的神奇土地，是一块经过血与火洗礼的红色土地。在火热的革命战争年代，毛泽东、朱德、彭德怀等老一辈无产阶级革命家曾在这片红色土地播撒革命火种，留下了光辉的足迹，胡耀邦、王震、宋任穷、杨勇、王首道、彭珮云等均诞生于此，开国将帅中就有30位浏阳籍将军。为挽民族之危亡，救生灵于水火，田波扬、陈昌甫、寻淮洲、李白等数万名浏阳儿女献出了宝贵生命。

浏阳的历史文化名人，涵盖多个领域，这些历史人物是浏阳的宝贵财富，是浏阳需要继承和发掘的优秀精神文化资源。无论是建党之初的共产党员罗章龙、李梅羹、罗汉，还是"一门三院士"黎鳌、黎介寿、黎磊石，亦或是"心怀大爱、慈善为怀"的黄彰任、隐蔽战线的传奇人物黄慕兰……他们都在各自的领域谱写着"自强不息、敢为人先"的浏阳篇章。

"见贤齐，见不贤而嫉；慕义崇德，不进则退。"榜样，有无穷的力量，温暖人、鼓舞人、启迪人。豪气干云的浏阳优秀儿女都是我们学习的好榜样，让我们汲取榜样的力量，扛起追梦人的使命担当，挺直追梦中国的脊梁，以"斗罢艰险又出发""直挂云帆济沧海"的奋斗豪情，负重自强，砥砺前行。

为使读者了解本书的编纂原则、体例和主要参考资料来源，特附录《编辑说明》如下：

一、《浏阳名人续编》采用人物小传的形式，简要介绍了在大革命时期、土地革命战争时期、全民族抗日战争时期、全国解放战争时期壮烈牺牲的浏阳籍中、高级指挥员代表，功勋卓著的战斗英雄代表；在中华人民共和国成立后担任过党和国家领导人职务，在地方和军队中担任过省、军级以上领导职务，在科技、教育等领域做出了重要贡献的浏阳籍代表人物的生平事迹。

二、本书主要依据中共中央、中央军委有关部门和中共湖南省委审定后公开出版的中共党史人物传记、年谱、纪念文集和研究著作等权威文献资料，查阅有关档案资料，参照中共湖南省委党史研究院、长沙市委党史研究室、湖南省科学技术协会历年公布的研究成果以及各报刊公开发表的传记、文稿、有关介绍文章编写而成，并将主要参考文献集中附于书后。

三、本书传主按照四大类排列，依次是党和国家领导人及其他领导干部，开国将军，著名英烈，科教文卫院士、学者及慈善家。党和国家领导人及其他领导干部大致以领导职务高低排序，其他类别中已逝人物按卒年先后排列，在世人物均按生年先后排序。

四、书中数字标示，原则上参照 2011 年 11 月 1 日开始实施的《出版物上数字用法》。书中军队番号均用汉语数字标示。

编　者

2020 年 3 月

目 录

胡耀邦

"胡耀邦同志是久经考验的忠诚的共产主义战士，伟大的无产阶级革命家、政治家，我军杰出的政治工作者，长期担任党的重要领导职务的卓越领导人。他14岁加入中国共产主义青年团，18岁转为中国共产党党员。在长达60年的革命生涯中，从苏区的"红小鬼"到党和国家领导人，从冲锋陷阵的革命战士到改革开放的开拓者，他为中华民族独立和解放、为社会主义革命和建设、为中国特色社会主义探索和开创建立了不朽功勋。"①

"红小鬼"成长为革命干将

胡耀邦，字国光，1915年11月20日出生于浏阳中和镇一个贫苦农民家庭。他从小就有勤奋学习的劲头。入学之前，哥哥胡耀福放学回家诵读课文，耀邦听过几遍后就能背诵。

1927年9月湘赣边界秋收起义爆发，三路起义部队相继受挫后，毛泽东在文家市里仁学校主持召开了前委会议，会议作出了放弃攻打长沙的计划、改向敌人统治力量薄弱的湘赣边界农村进军的重大战略决策。9月20日，起义部队在学校的草坪上举行会师大会，毛泽东发表了动员讲话。胡耀邦和表兄杨世俊（杨勇）等爬上围墙，见到了毛委员，听到了他的生动演说，深受鼓舞和启迪。

1929年夏，胡耀邦高小毕业，以全校第一的成绩考取浏阳县立中学。同年冬，经杨桂英等介绍，胡耀邦秘密加入了中国共产主义青年团。1930年4月，浏阳县苏维埃政府宣告成立。正在县城中学读书的胡耀邦受党的派遣，回时仁乡担任乡团支部书记、团区委委员、乡少年先锋队队长兼儿童团团长，在党领导下开始从事青少年工作。不久被调到少共湘东南特委担任技术书记。1930年10月以后，胡耀邦被调到第18区区委负责宣传工作。不久，被中共湘东特委选调到江西萍乡，任湘东儿童总局局长。1931年8月，湘东南特委并入湘赣临时省委，胡耀邦任湘赣省委儿童局书记。1933年1月，胡耀邦调少共中央局工作。9月，由共青团员转为中国共产党党员。在中央苏区期间，他先后担任了反帝拥苏总同盟青年部长、宣传部长、中国共产

① 习近平：《在纪念胡耀邦同志诞辰100周年座谈会上的讲话》（2015年11月20日）。

主义青年团苏区中央局秘书长，积累了一定的领导经验。胡耀邦为苏区共青团和苏区儿童团做了大量的工作，既有火一般的热情，又有丰富的经验。他兼任儿童局刊物《时刻准备着》的主编。在《时刻准备着》创刊号上，他写了一首诗歌："你们是贫苦工农的弟妹，我们是从小做工的苦姐哥，我们都是皮安尼尔（儿童团员），我们要时刻准备着！……先努力把这些怪物打掉，再携手向鲜红的苏维埃乐园走！……"刊物言之有物，形式灵活，深得好评。

1934年10月，胡耀邦随中央红军参加二万五千里长征，先后在中央工作团和红三军团政治部地方工作部工作。他在长征中经受了各种艰难困苦的考验，磨练了革命意志，特别是在攻打娄山关的战斗中负伤，他的身上后来一直残留着敌人的弹片。1935年2月10日，红军部队整编，压缩机关，中央纵队精简，胡耀邦从中央工作团编入红三军团十三团，担任党总支书记。在遵义城外，他被国民党飞机轰炸的弹片击伤，弹片未能取出，一直残留在身体里。他带伤翻越雪山草地，完成长征。

1935年10月到达陕北后，胡耀邦任少共中央局秘书长、组织部副部长、部长、宣传部长。1936年1月，他参加东征作战行动，在部队向山西运动时，一度担任石楼县征兵和给养工作队长。在延川县大相寺举行的东征总结会议上，他受到毛泽东表扬并被指名向大家讲话。返回陕北后，他相继担任少共中央局组织部副部长、部长、宣传部长等职，为陕北革命根据地的青年工作做出了成绩。

1937年5月，胡耀邦进入延安抗日军政大学第二期学习。他严格要求自己，坚持理论联系实际，进步很快，在2700多名学员中，他是被留在抗大高级班继续深造的28人之一。从抗大毕业后，胡耀邦留校工作，先后任校政治部副主任、瓦窑堡一大队政委等职。1938年4月，调任抗大一分校政治部主任。他率领300多名学员进入国民党管辖的绥德县，落实党的统一战线政策，不费一枪一弹，使该县人民获得解放，并将当时已停办的县级师范学校改造，办起了抗大一分校。此后，他领导学员一边开展教学，一边深入群众宣传党的《抗日救国十大纲领》，使绥德成为抗日斗争的前哨之一。1939年，他奉命返回延安，任中央警卫团政治部主任。1940年2月后，他相继担任中央军委总政治部组织部副部长、部长等职，获得了参与高层领导工作和熟悉部队情况的锻炼机会。他后来回忆说："毛主席提议我当中央军委组织部长，那时我才二十三岁。当了组织部长，就要找高级干部谈话。那时陈赓大将、王树声大将、萧克上将等等，我都找他们谈过话。”

1946年1月，胡耀邦到冀热辽军区，出任代理政治部主任。7月，任晋察冀军区第四纵队政委。1947年8月，调任晋察冀军区第三纵队政委。在此期间，他参与组织和指挥了张家口、石家庄等重大战役。接着，参与指挥了清风店战役，配合兄弟部队狠狠打击了敌王牌第三十五师，歼敌7000多人，实现了华北战略反攻，受到中共中央嘉奖。1948年8月，任华北军区第一兵团政治部主任，协助司令员徐向前主管军训、政治思想和宣传工作，参与领导太原战役。战役前夕，在兵团党委领导下，他主持开展了为时两个月的政治整训，为进攻太原作了充分的思想准备。战斗打响后，他冒着枪林弹雨深入各前沿阵地，做宣传鼓动工作。太原解放后，他兼任太原军政委员会副主席，为恢复国民经济、维持城市秩序、保护人民生命财产作出了贡献。1949年2月，任华北军区第十八兵团政治部主任，率部参与指挥了保卫咸阳、攻占宝鸡的战斗。9月中旬，他作为中国新民主主义青年团10名代表之一，进京参加了第一届中国人民政治协商会议。10月1日，参加了中华人民共和国开国大典。11月，率部进军大西南，参加解放成都战役。12月，被中共中央西南局任命为中共川北区临时工委书记。1950年2月，就任中共川北区党委书记、川北区行政公署主任、川北军区政委和西南军政委员会委员，成为主政一方的重要领导人。他积极领导全区人民进行清匪反霸和土地改革，迅速稳定川北局势，恢复和发展工农业生产。全区4个专区35个县，消灭、瓦解土匪7.3万多人，农业生产在两年零八个月中翻了一番，为川北人民的社会主义革命和建设奠定了基础，创造了条件。邓小平曾评价这个时期胡耀邦同志在川北的工作是搞得好的，“有主见，不盲从”。

挂帅共青团中央

1952年后，胡耀邦先后任团中央书记处书记、第一书记。在主持团中央工作的10多年时间里，他忠实执行党中央指示，围绕党的中心工作来组织富有青年特色的活动，团结带领团员青年积极参加社会主义建设。他特别强调坚持党对青年团工作的领导，提出团的工作要背靠党委、面向青年，注重在实践中用共产主义思想教育团员青年，在全团倡导“朝气蓬勃，实事求是”的作风。

1952年8月下旬，胡耀邦到团中央不久，毛泽东主持中共中央会议，两次讨论了青年团工作。毛泽东提出两个题目要大家研究，一是党委如何领导青年团，二是青年团应如何工作。胡耀邦根据党中央和毛泽东的指示，多次召开团中央书记处会议，从中国青年运动的实际出发，较好地解决了社会主义建设时期青年运动的方向、道路问题。他提出：建设社会主义是一个很长的历史时期里党和全国人民的中心任务，也应该是我们青年团的奋斗目标，就应该紧紧围绕党的中心工作，来开展团的各项活动。我们要在党的领导下率领全国青年，成为社会主义建设的一支生力军。他要求广大青年团干部不要只关心本部门的工作，而要关心整个工作的全局，要认真领会和理解党中央的各项方针、政策和指示精神，遇到一些重要的问题，还要召开团中央全会，进行讨论，作出相应决议后，加以贯彻执行。于是，在党中央和毛泽东的领导、关怀下，团中央确定了围绕党的中心工作，照顾青年特点，开展团的独立活动的工作方针。同时，针对青年团工作“战线长，配合多”的特点，在没有任何可供借鉴的经验的情况下，胡耀邦经过深入思考，果断提出了“上下请示，左右求援，自我奋斗”的工作指导思想。正是在胡耀邦出色的领导和组织下，20世纪50年代初至60年代中期，广大青年团干部自觉把握全局，了解青年的实际情况，围绕党的中心工作组织了一系列富有青年特色的大规模活动，取得了巨大成绩，屡屡受到党中央和毛泽东的赞扬。在思想政治方面，组织开展了“培养青年共产主义道德，抵制资产阶级思想侵蚀”的宣传教育活动，特别是从1958年起，开展了一个学习马克思列宁主义理论、学习毛泽东著作的运动，各地团组织通过举办毛泽东著作讲座、报告会等多种形式，组织青年刻苦学习毛泽东著作，提高了团员青年的共产主义思想觉悟和理论水平；在经济建设方面，为适应大规模经济建设的需要，在工业战线发动和组织了青年突击队活动，极大地激发了青年人的生产热情；为发展农业生产，配合党和政府提出的“开展移民垦荒”任务，在农业战线适时发动和组织了“青年志愿垦荒队”活动，既开垦了荒地，发展了农业生产，又在青年中倡导了一种“垦荒精神”和“向困难进军”的精神；为改善生态环境和保持水土. 在林业战线发动亿万青少年开展了绿化祖国、植树造林活动，使荒山秃岭披上了绿装；在文化教育科技方面，发动和组织了青年学习文化、扫除文盲和“向科学进军”的活动，为提高全民族文化科学水平作出了贡献。

1956年，在中共第八届全国代表大会上，胡耀邦当选为中央委员。

1957年，他率领中国青年代表团赴莫斯科参加第四届世界青年与学生和平友谊联欢节，在此期间，他们向国外朋友介绍了中国青年和学生的情况，受到对方的热烈欢迎。1962年11月，他响应党中央开展调查研究的号召，向党中央提交了下农村研究农业问题的请求报告，经中央书记处研究同意后，他带职下放到湖南，担任中共湖南省委书记处书记兼湘潭地委第一书记，主持湘潭地委工作。到任后，他怀着对广大农民群众和农村工作的极度热忱，跑遍了全区各县，深入田间地头与农村基层干部和农民谈心，了解他们的生产、生活情况，掌握了大量第一手材料。在此基础上，与地委其他同志一道制定了恢复和发展工农业生产的一系列工作措施，调整农村生产关系，发展以粮为主的多种经营，落实自留地政策。特别是他负责研究制定的“把粮食征购任务固定下来、三年不变”的政策措施，解决了农民多产多征购的后顾之忧，调动了农民的生产积极性。他还亲自办点，解决实际问题。1963年，浏阳发生严重旱灾，他闻讯后立即赶到灾情最严重的青草等地指挥抗旱。在他的重视和支持下，浏阳人民战胜了灾害，大旱之年，夺取了大丰收。1964年11月底，胡耀邦调任中共西北局第二书记、中共陕西省委第一书记。他像在湖南一样深入实际，与广大干部群众同甘苦、共命运，努力发展工农业生产，推进了陕西各地的社会主义建设。1966年初，他重回团中央主持工作。

“文化大革命”期间，胡耀邦遭受严重迫害，但他不顾个人荣辱安危，同林彪、江青反革命集团进行了坚决斗争。1975年，在担任中国科学院党组织负责人时，他贯彻邓小平提出的全面整顿方针，实事求是反映科技战线的实际情况，努力消除“文化大革命”给科技工作造成的不良影响。

担任党的总书记

“文化大革命”结束后，胡耀邦开拓进取、勤奋工作、顶风破浪、披荆斩棘，在党和国家历史上留下了浓墨重彩的一页。在1981年6月至1987年1月担任中共中央主席、中央委员会总书记职务期间，他积极参与制定和贯彻以邓小平同志为核心的党的第二代中央领导集体的重大决策和战略部署，为坚持党的十一届三中全会以来的路线方针政策、为推动改革开放和社会主义现代化建设、为推进中国特色社会主义事业作出了多方面重大贡献。

1976年10月，胡耀邦对前来家中看望他的叶剑英之子叶选宁说：“现在我们党的事业面临着中兴。中兴伟业，人心为上。什么是人心？第一是停止批邓，人心大顺；第二是冤案一理，人心大喜；第三是生产狠狠抓，人心乐开花。”随后，他相继担任中共中央党校副校长、中共中央组织部部长兼中央党校副校长。1978年12月，中共十一届三中全会顺利召开，他被增选为中央政治局委员，并当选为中央纪律检查委员会第三书记。不久，担任中共中央秘书长兼中央宣传部部长。在“文革”结束后进行拨乱反正的重要历史转折关头，胡耀邦表现出非凡的革命胆识和勇气，以卓越的才能和执着的探索精神，为党和人民的事业立下了不可磨灭的功绩。

他坚持党的解放思想、实事求是的思想路线，组织和推动了关于真理标准问题的讨论。在邓小平等老一辈革命家领导和支持下开展的这场思想解放运动，成为拨乱反正和改革开放的思想先导，为党的十一届三中全会作了重要理论准备。到中央党校工作不久，他倡议并指导创办了内部性刊物《理论动态》，并使之成为思想理论战线拨乱反正、正本清源的重要阵地和解放思想的先锋。他最早提出要用实践来检验所谓“三次路线斗争”。开展真理标准问题大讨论之前，他组织了两篇明确论述实践是检验真理标准的文章，即《文风与认识路线》和《实践是检验真理的唯一标准》。1978年5月10日，《实践是检验真理的唯一标准》一文经他修改审定后首先在《理论动态》上发表，明确提出了以实践为检验真理、辨别路线是非的标准，强调不论谁的理论、谁说过的话，都必须经受实践的检验。第二天，《光明日报》将这篇文章公开发表。5月12日，《人民日报》《解放军报》相继转载。从而引发了一场全国范围的真理标准大讨论。经过艰难曲折的斗争，真理标准讨论终于取得胜利。在1978年12月召开的党的十一届三中全会上，与会者尖锐批评了“两个凡是”的方针，对真理标准问题的讨论给予了高度评价。此后，为进一步分清理论是非，从1979年5月开始，他组织在全国范围内开展了真理标准问题讨论的补课。

他坚持实事求是、有错必纠，推动党的组织路线拨乱反正，组织和领导了平反冤假错案、落实干部政策的大量工作，使大批受到迫害的老同志重新走上领导岗位，使大批蒙受冤屈和迫害的干部、知识分子和普通群众得到平反昭雪。1977年10月7日，由他亲自策划指导撰写的《把“四人帮”颠倒了的干部路线是非纠正过来》一文在《人民日报》公开发表后，在全国引起了强烈反响，揭开了拨乱反正的序幕。1978年9月，在全国信访工作会议上的讲话中，他提出："凡是不实之词，凡是不正确的结论和处理，不管是什么时候、什么情况下搞的，不管是哪一级、什么人定的和批的，都要实事求是地改正过来。"同年12月，他就任中央组织部部长后，更是大刀阔斧地领导了平反冤假错案的工作。短短几年时间，全国共计平反了300多万件冤假错案，涉及全国近亿人口，使大批遭受冤屈和迫害的老革命家、干部、知识分子和人民群众得到平反昭雪、恢复名誉，从而极大地调动了全国人民的积极性，巩固了安定团结的政治局面。

1980年2月，中共十一届五中全会决定设立中央书记处作为中央政治局和它的常务委员会领导下的经常工作机构，并且选举胡耀邦同志为中央委员会总书记。在同年11月10日至12月5日召开的中央政治局扩大会议上，邓小平推荐他担任党中央主席，并为其他政治局成员所接受。1981年6月，党的十一届六中全会胜利召开，胡耀邦在会上正式当选为中央委员会主席。1982年9月在党的十二大上，按照通过的新党章规定，不再设立中央主席这一职务，他当选为中共中央总书记，从此形成了新的中央委员会。

他认真贯彻邓小平全面改革的思想，强调要充分认识改革的艰巨性和复杂性，把改革贯穿现代化建设的整个过程，为推进改革倾注了大量心血。他坚决拥护党和国家工作重点转移，积极推进改革开放和社会主义现代化建设，关心欠发达地区建设事业，指导经济特区改革试验，强调要利用国内资源和国外资源、打开国内市场和国际市场。在党的十二大上，他代表中共中央作了题为《全面开创社会主义现代化建设的新局面》的报告，鲜明地提出了党在新时期的重大历史任务。他主持和参与主持制定了包括《中共中央关于经济体制改革的决定》在内的一系列关于农村改革、城市改革、对外开放的重要文件，努力探索党和国家领导体制的改革，为推进改革开放进程倾注了大量心血。他主持中央书记处会议多次讨论沿海发展战略问题，并阐述了重要指导思想：中国社会主义现代化建设，要利用两种资源——国内资源和国外资源；打开两个市场——国内市场和国际市场；学会两套本领——组织国内经济建设和发展对外经济关系。1983年春节前夕，他在深圳考察时对当地负责人说：你们已经闯开了一个新的局面，比较出色地完成了中央交给的任务。经济特区是个新生事物，要勇于探索，大胆创新。特区要新事新办，特事特办。新事新办就是立场不变，方法全新。他还经常深入老少边穷地区，同当地干部群众共商脱贫致富大计，促进这些地区的开发开放。

他坚持尊重知识、尊重人才，推动科技、教育、文艺、新闻工作出现了蓬勃发展的局面。在关于当代中国年轻知识分子成长道路的讲话中，他满腔热情地鼓励青年知识分子到基层去，到群众中去，到现代化建设的实践中去，经受磨练，健康成长。正是在他的领导下，中央组织部起草了《关于落实知识分子政策的几点意见》，该文发至各省市自治区、各部门，有力地推动了落实知识分子政策的工作顺利进行。他先后主持制定了《中共中央关于教育体制改革的决定》和《中共中央关于社会主义精神文明建设指导方针的决议》，促进科技、教育、文艺、新闻工作蓬勃开展。

他高度重视统一战线工作，为加强中国共产党同各民主党派和无党派人士的团结合作做了大量工作。他为坚持和完善中国共产党领导的多党合作和政治协商制度，加强中国共产党同各民主党派和无党派人士的合作，建立肝胆相照、荣辱与共的关系，为推动民族地区经济社会发展，做了大量富有成效的工作。他坚持党的外交方针政策，明确提出处理党际关系的四项原则，为新时期我国对外政策的制定和实施、为推动我国对外工作开创新局面发挥了积极作用。

他为加强和改善党的领导做了大量工作，参与主持制定了《关于党内政治生活的若干准则》，强调要规范党内政治生活，维护党的民主集中制，严明党的纪律，发展党内民主，整顿党的作风。他坚持干部队伍“四化”方针，推进各级领导班子建设和干部人事制度改革，满腔热情关怀和培养优秀年轻干部，坚定不移同不正之风和腐败现象作斗争。

心在人民 利归天下

“心在人民，原无论大事小事；利归天下，何必争多得少得。”这是胡耀邦题写的一副对联。他保持着劳动人民本色，对人民群众怀有深厚感情。他说，共产党人参加工作，不是为了享福，要在为人民服务中去追求人生的乐趣和价值。他强调，脱离群众是危险的，联系群众才有智慧，认为自己一切都行了，不再需要深入实际依靠群众了，对群众的意见不当一回事，特别是不同意见和反面意见难听进去了，于是就危险了！他语重心长告诫各级干部，经常到基层去接触群众，心里才会装着人民，才会时刻想着人民，才能真正为人民群众做一些实事、好事。他强调，改革开放的根本目的就是要让人民过上好日子，我们共产党员要时时刻刻为人民着想，使人民尽快富裕起来。胡耀邦是这样说的，也是这样做的。担任总书记的五年时间里，胡耀邦有四个春节是在老少边穷地区度过。1983 年春节，他来到海南最南端崖县，同守卫在祖国南大门的解放军一起包饺子、吃年夜饭。1984 年的春节，边境战斗正激烈进行，古稀之年的胡耀邦爬上法卡山陡峭的战壕，为边防战士写下“法卡山 英雄山”的题字。1985 年的春节，他来到云南楚雄，与彝族同胞手挽手跳起了欢乐的民族大团结舞。从黄土高坡到雪域高原，从海疆边陲到民族村寨，全国 2200 多个县市，有 1703 个留下了他深情的足迹。

正因为他有心在人民、利归天下的为民情怀，所以他对腐败行为深恶痛绝，严肃指出要用最大的决心、最大的毅力、最大的韧性狠狠抓贪污腐败、以权谋私这件事。对自己和家人，他要求格外严格，他说共产党人是给人民办事的，不是给一家一族办事的！

1961 年元月，浏阳文家市公社金星大队（辖今中和乡苍坊村等 4 个村）的党总支书记龚光繁收到了一封来自共青团中央第一书记胡耀邦的信，信的主要内容如下：

光繁同志并党支部同志：

现在耀简（胡耀邦的堂弟，笔者注）先回来，耀福（胡耀邦的胞兄，笔者注）过四五天后也要回来。不久前，我曾给公社党委详细写了一封信，请求公社和你们一定要坚决劝阻我哥哥、姐姐和一切亲属来我这里。因为第一，这样会妨碍生产和工作；第二，浪费路费；第三，我也负担不起。但是，你们却没有帮我这么办。这件事我不高兴。我再次请求你们，今后一定不允许他们来。

……

送来的冬笋和芋头，这又是社员用劳动生产出来的东西。特别是现在困难时期，大家要拿来顶粮食，你们送给我也做得不对。但是已经送来了，退回去又不方便。只好按你们那里的价值，退回 24 元钱，交耀简带回去，请偿还生产这些东西的社员。在这里，我一万次地请求你们，今后再也不许送什么东西来了。……

信中大意是说要大队劝阻哥哥、姐姐等亲属上北京找他，尤其不能让大队出路费，同时胡耀邦把公社捎过来的土特产全部折成现金退给了大队。

其实，大队是考虑到耀福、耀简代表当地群众求助耀邦同志购买发电机，故为两人出了路费。加之当时耀邦的母亲住在耀邦家十余年了，为老人家捎上一些她爱吃的家乡土产，也是人之常情。但胡耀邦认为此风不可长，不能任其发展，于是有了这封珍贵的信件。

1989 年 4 月 15 日，胡耀邦因出现大面积心肌梗塞，经全力抢救无效，不幸逝世，享年 73 岁。

王　震

"王震同志是中国共产党的优秀党员，伟大的无产阶级革命家、政治家、军事家，坚定的马克思主义者，党和国家的卓越领导人。他在六十多年的革命生涯中，为中国人民的解放和新中国的建立，为社会主义建设和改革开放事业，做出了重大贡献。深受全党全国各族人民的尊敬和爱戴。"①

从扳道工到革命骁将

王震，字余开，号震林，1908年4月11日出生于浏阳北盛镇一个贫苦农民家庭。由于家贫，迫切期望学习文化科学的王震，高小毕业后却不得不辍学回家务农。为了实现自己的抱负，他13岁跑到长沙，先在街头拉人力车，后在乡友的帮助下进入新河车站当铁路扳道工。在这里，他积极参加工人运动，开始接触党的组织。1924年后，被选为粤汉铁路工会长岳段分工会执行委员、工人纠察队队长。1926年10月，工人纠察队长派王震带3名精干的纠察队员，用铁路上的手摇车护送一位叫毛润之的先生到长沙的韭菜园。那时王震还叫王正林，后来才知道，他护送的毛润之就是大名鼎鼎的毛泽东、毛委员。

大革命失败后，他毅然投身武装反抗国民党反动派的斗争，参加了湘赣苏区的创建工作，先后任红军湘东独立一师团政治委员、师政治委员、师党委书记，红八军师政治委员、军政治部主任、代理军长，中共湘赣省委委员，省军区代理司令员。在湘赣苏区斗争中，王震英勇善战，曾获三等红星奖章。他坚决执行毛泽东关于纠正肃反扩大化的指示和粉碎敌人"围剿"的战略战术原则，尽力保护同志，抵制"左"倾军事路线造成的影响。1934年7月起，王震先后任红六军团军政委员会委员、政治委员，在任弼时领导下，为执行中央红军长征先遣队的任务，与军团长肖克一起率部西征。同年10月与红二军团会师。此后，王震任中共湘鄂川黔省委委员、中央军委分会委员、代理军区司令员。1935年11月，为摆脱国民党重兵"围剿"，红二、红六军团主动转移，继续长征，于1936年7月初在四川甘孜地区与红四方面军胜利会师。其后，红二、红六军团与红三十二军组成红二方面

① 习近平：《在纪念王震同志诞辰100周年座谈会上的讲话》（2008年4月11日）。

军，王震与任弼时、贺龙、关向应等一道坚决反对和抵制张国焘分裂红军、分裂党的行径，坚决执行党中央北上抗日的正确方针。1936 年 10 月，共同北上的红二方面军和红四方面军，在甘肃与红一方面军会合，胜利实现了红军三大主力在西北地区的大会师。

抗日战争全面爆发后，王震任八路军一二〇师军政委员会委员、一二〇师三五九旅副旅长，随一二〇师东渡黄河，奔赴山西抗日前线；1937 年 10 月起，任三五九旅旅长兼政治委员。他指挥部队对日寇英勇作战，配合忻口战役有力打击敌军，参与创建晋西北抗日根据地的斗争。其后，按照党中央部署挥师向晋察冀边区挺进，创建了以恒山为依托的雁北抗日根据地。1939 年 8 月，王震奉命回师陕北，同年 10 月，任绥德警备区司令员兼政治委员，为巩固陕甘宁根据地做出了特殊贡献。1941 年初，他率部进驻南泥湾，守卫陕甘宁边区的“南大门”，参加了粉碎国民党顽固派第二、第三次反共高潮的军事、政治斗争。1942 年，他兼任中共延安地委书记，延安军分区司令员、卫戍区司令员。为克服根据地日益严重的物质生活困难，他率三五九旅部队在南泥湾开展了轰轰烈烈的大生产运动，为人民军队和抗日根据地树立了“自己动手、丰衣足食”的光辉旗帜。毛泽东为王震亲笔题词“有创造精神”。王震被选为陕甘宁边区劳动英雄，三五九旅被中共中央西北局誉为“发展经济的前锋”。

1944 年 10 月，根据党中央的部署，由三五九旅为主力组成以王震任司令员、王首道任政治委员的八路军南下支队，执行南下作战、开辟新根据地的战略任务。部队长途跋涉，英勇转战，途经八个省，跨越半个中国，行程两万余里，先后突破敌人一百多条封锁线，进行大小战斗三百余次，于 1946 年秋胜利返回延安，完成了党中央赋予的任务，谱写了一部革命英雄主义的壮丽史诗，被誉为“第二次长征”。在率领南下支队执行任务期间，在中国共产党第七次全国代表大会上，王震当选为中共中央候补委员。抗日战争胜利后，王震任中原军区副司令员兼参谋长，协助李先念成功指挥了中原突围。1946 年 11 月，任中共吕梁区委书记、吕梁军区司令员兼政治委员，晋绥军区野战第二纵队司令员兼政治委员，先后参加指挥了吕梁战役和汾孝战役。1947 年春，他率部从晋绥回师陕北，任西北野战兵团第二纵队司令员兼政治委员，参加保卫陕甘宁边区、保卫党中央的战斗，与兄弟部队一起取得了陕北三战三捷，继而展开陇东三边战役和榆林、沙家店等战役，粉碎了国民党军队的进攻，使西北战场的局面发生了根本转变。

随后，率部参加和参与指挥西北战场人民解放军战略进攻的一系列重要战役战斗，取得重大胜利。1949 年，他相继担任第一野战军第二军军长兼政治委员、第一兵团司令员兼政治委员。在党的七届二中全会上，王震主动请缨进军新疆，获得批准。陕甘宁青诸省解放后，1949 年 9 月，他率部直逼新疆，促成新疆和平解放，为最终实现解放大西北的任务、巩固祖国的统一做出了重大贡献。

社会主义屯垦戍边事业的开拓者

1949 年 10 月，王震遵照党中央命令，率领中国人民解放军第一兵团向新疆展开气势磅礴的大进军。他们战胜艰难险阻，平息反革命叛乱，历时 3 个多月，行程 3000 多公里，最终胜利完成进疆任务，把五星红旗插遍天山南北。之后，王震任中共中央新疆分局书记、新疆军区代司令员兼政委，为促进各民族人民的团结，巩固西北边疆，倾注了全部精力。他创造性地执行毛泽东提出的人民解放军既是战斗队，又是工作队和生产队的指示，为剿灭土匪、整编起义部队、建立地方各级政权和党的组织，完成全疆的土地改革，积极恢复和发展民族地区的经济、文化等各项事业，作出了重大贡献。刚刚和平解放的新疆，一些地方反动派残余势力活动仍很猖獗，他们煽动群众，挑拨民族关系，而当时能协助中国人民解放军驻疆部队工作的民族干部仅有 3000 余人。面对这种形势，1949 年 12 月，毛泽东对西北少数民族工作做出了指示："要彻底解决民族问题，完全孤立民族反动派，没有大批的少数民族出身的共产主义干部，是不可能的。"王震根据毛泽东的这个要求，立即着手开办了培养少数民族干部的各级政治学校和短期训练班，主要从少数民族中招收学员，进行马克思主义民族观和宗教观的教育，培养各族干部。新疆分局开办的第一期训练班于 1950 年 4 月 1 日开学，王震在开学典礼的讲话中把地方民族干部训练班比喻为"制造人民干部的工厂"。地方民族干部训练班不仅新疆分局办，各区党委、地委、县委也办。自 1949 年底到 1951 年 10 月，短短两年时间，就培养了 1.6 万余名少数民族干部。这些少数民族干部很快成长起来，大都成为各条战线上贯彻党的路线和民族政策的骨干，许多人还走上了重要领导岗位。王震作为他们的引路人，在许多少数民族干部心中留下了可亲可敬的形象。尤其是在他主持新疆工作几年间培养的大批少数民族干部，对新疆的和平、稳定和发展起了至关重要的作用。王震还率人民解放军驻疆部队，开展大生产运动，在两年多的时间里，开荒百万亩，兴建了一批水利工程，在北疆首次种植棉花和甜菜成功，并获得高产，结束了“自古北疆不种棉”的历史。同时，建立钢铁、纺织、发电、农机、水泥、煤矿等一批工矿企业。1950 年 8 月，他派先遣队完成了进军阿里地区的任务。

王震在新疆工作了 3 年，他是新疆社会主义建设事业的奠基者、屯垦戍边事业的开拓者、新疆生产建设兵团的缔造者。乌鲁木齐市民记得：1950 年春，为了修建和平渠，王震和普通战士一起顶严寒、迎风雪、拉爬犁、运石头，这件事至今被老市民传颂。库尔勒群众记得：1951 年 5 月，王震亲自参加库尔勒十八团大渠的修建。在放水典礼上，他兴奋地跳进渠水中鼓掌。王震对新疆一往情深。他热爱新疆，热爱新疆人民。20 世纪 80 年代，由于种种主客观原因，新疆生产建设兵团被撤销。在兵团撤销以后，王震出于对维护祖国统一、维护边境安定团结大局的考虑，曾写信给当时的中央军委主席邓小平，阐述了兵团存在的意义，希望中央考虑恢复新疆生产建设兵团的建制。在王震的努力下，邓小平亲自批准恢复了新疆生产建设兵团。当时，王震曾明确指出：“生产建设兵团是新疆军区的后备军，是保卫边疆、建设边疆的重要力量。”1981 年 8 月，王震陪同邓小平到新疆视察工作，并且兴致勃勃参观了石河子垦区。1991 年，王震以 83 岁的高龄，再一次也是最后一次来到新疆，他对周围的人深切地说：“我热爱祖国的新疆，热爱这里的各族人民，同这里的山山水水有着很深的感情，我退休以后要在新疆度晚年。当我去见马克思时，我的骨灰也要撒在天山上，永远成为新疆大地的一粒沙土。”

1954 年 2 月，王震转任铁道兵司令员兼政治委员，同年任解放军副总参谋长。在技术、装备落后的条件下，为了以最快速度修建铁路，王震把铁道兵总部从北京搬到现场，亲率十万大军，移山填海，筑路架桥，仅用 9 个月的时间，建成了全长 300 多公里的黎湛铁路；用 26 个月的时间，完成了原计划三年建成的全长 700 多公里的鹰厦铁路，为巩固国防、发展经济做出了贡献。1955 年，王震任中国人民解放军副总参谋长、国防委员会委员，被授予上将军衔。

1954 年，中央根据王震的建议，批准驻新疆部队的 8 个师集体转业，成立新疆军区生产建设兵团。1955 年，他带领铁道兵部分转业官兵，在黑龙江北大荒建立了第一个军垦农场。随后，他率领 9 个师的铁道兵转业官兵奔赴北大荒，开垦荒原。1956年5月，王震任农垦部部长。他身先士卒，勇往直前，率领农垦战线的千军万马，向祖国西北的戈壁滩、东北的荒原以及南疆的丛林披荆斩棘进军，开辟农垦的新战场。他注意吸取苏联建设国营农场的经验，并率团东渡日本考察农业，认真学习日本农业先进经验。1958年后，他组织十几万转业官兵、大批支边青年和工程技术人员，奔赴新疆、黑龙江、广东、海南、云南等地发展农垦事业。20世纪50年代后期，他领导植胶大军在海南突破北纬15度以北不能种植橡胶的禁区，使中国成为世界上北纬18度至24度地区大面积种植橡胶和其他热带作物的唯一国家，创造了世界橡胶种植业的奇迹。为了防止历代屯垦常见的半途而废现象发生，使屯垦部队扎根边疆，他一面向党中央、中央军委和政务院报告，请求组织出面动员内地妇女通过参军支边等多种形式参加屯垦部队，一边向内地省份发出支援的请求，在他的努力下，屯垦“一代而终”的历史从此改变。他不顾严寒酷暑，几度大病初愈，奔波在边陲的穷乡僻壤。在荒漠戈壁踏勘设计，深入农场基层调查研究，向农垦战士问寒问暖，现场解决各种问题，足迹遍布祖国的千山万水，有6个春节在寒冷的黑龙江、新疆度过。就是在带病休养期间，他也不停地在农场奔波，为农垦事业倾注了大量心血。他与广大军垦战士一道艰苦创业，创建了一大批军垦农场和地方国营农场，使之成为建设边疆、保卫边疆的主力军，成为国家生产粮食和油、棉、橡胶等经济作物的重要基地，并创造了农工商贸一条龙的成功经验，锤炼出艰苦奋斗、勇于开拓的农垦精神，为发展中国的农垦事业和巩固边疆做出了突出贡献。他在农垦部长这个岗位上工作了10年，经过长期全面发展，中国的农垦事业从无到有，从小到大，已成为社会主义农业的重要力量。在广袤千里的农垦田野里，他倾注了许多心血、耗费过巨大精力的祖国西北边陲的新疆生产建设兵团、东北边疆的北大荒和南部边疆的橡胶园，始终是中国农垦举足轻重的三大基地。

富有朝气、锐气、正气的老一辈革命家

“文化大革命”中，王震遭受迫害。他坚信历史是公正的、前途是光明的，坚决同林彪、江青反革命集团进行针锋相对的斗争，不顾个人安危，保护了许多干部和知识分子。在党的九大、十大上，仍当选为中共中央委员。1972年，他参与国务院的业务领导工作。1975年1月，在四届全国人大一

次会议上被任命为国务院副总理。他协助周恩来抓经济工作，支持邓小平进行全面整顿，发展国民经济。

1976年，在粉碎“四人帮”的斗争中，王震坚决支持党中央采取果断措施，为挽救党、挽救中国社会主义事业发挥了重要作用。其后，他积极参与推动平反冤假错案，与叶剑英、陈云等一起呼吁尽快恢复邓小平的领导职务。他反对“两个凡是”，积极支持真理标准问题讨论，主张正确评价毛泽东的历史地位和毛泽东思想，为把党和国家工作重点转移到社会主义现代化建设上来，实现伟大历史性转折，发挥了多方面影响和作用，赢得全党的尊重。

在党的十一大、十二大上，王震继续当选为中共中央委员，并任十一届、十二届中央政治局委员；曾任中共中央军委常委、中央顾问委员会副主任，兼任中央党校校长。在五届全国人大一次会议上连任国务院副总理。1988年4月，在七届全国人大一次会议上当选为中华人民共和国副主席。

王震以时不我待的精神，为推进改革开放和社会主义现代化建设各项事业倾注全部心血，功勋卓著。他推进部队革命化、现代化、正规化建设和军转民生产，为新时期我军武器装备改善和国防工业发展做了大量工作。他较早主张大力引进先进技术、设备和管理经验，积极利用国外资金，以加速我国现代化建设的步伐。他积极支持我国经济特区建设，不顾高龄，多次实地考察，调查研究特区开发建设工作。1984年春，他向中央提交《关于陪同邓小平同志视察广东、福建、上海的情况报告》，提出进一步扩大我国对外开放的具体建议，为党中央、国务院作出开放14个沿海港口城市的重大决策提供了重要参考。他积极倡议海南建省，竭力推进上海宝钢建设和长江三峡工程建设，许多改革开放和现代化建设的重大项目得到过他的关心和指导。他领导推进党校教育正规化，提出干部教育要适应现代化建设需要，干部培训工作要制度化、经常化；他关心学员和教职工的生活，甘于做党校的“后勤部长”，令大家深受感动。他重视发扬革命传统，重视党史、国史研究和宣传教育，旗帜鲜明反对历史虚无主义。

在党和国家领导人岗位上，王震始终心系民族地区的建设，牵挂科技文教事业的发展，重视外交工作和同世界各国的友好往来。他对新疆等民族地区人民感情笃深，党的十一届三中全会后曾先后8次赴新疆视察工作，建议并促成党中央、国务院、中央军委批准恢复新疆生产建设兵团。他全心全意维护少数民族群众利益，坚定不移反对破坏民族团结和祖国统一的民族分裂势力和恐怖势力。他尊重知识、尊重人才，真诚爱护知识分子，主张提高中小学幼儿教师社会地位，重视青少年茁壮成长，关心和支持残疾人事业。他曾率团访问日本、美国、英国、泰国、罗马尼亚等国家，会见接待许多外宾和友好人士，为我国加强国际间友好交流与合作做出了重要贡献。

王震始终关心党和国家的前途命运，坚决贯彻执行党的十一届三中全会以来的路线方针政策，衷心拥护中国特色社会主义伟大实践，始终坚持党的“一个中心、两个基本点”的基本路线。在改革开放新时期各个重要历史关头，他总是自觉接受党的领导，坚决在思想上、政治上、行动上同党中央保持高度一致，坚决维护党中央权威，努力维护国家安定团结和社会政治稳定，坚决同一切摆脱或削弱党的领导的错误言行作斗争。他对祖国繁荣富强和完全统一寄予殷切期望，对党的前途和社会主义事业充满信心。

名副其实的实干家

王震在战争年代是革命猛将，在和平时期是建设闯将。他勇于并善于开创工作新局面，是我们党著名的实干家。他的抓建设就要实干、实在，不要花架子，也深深地印在了家乡人的脑海里。至今，在浏阳市档案馆里还珍藏着一张王震第一次回乡的情景照片。

那是1958年12月31日辞旧迎新的夜晚，是张鹏飞从县委农村工作部调至卫星人民公社工作的第一个年头，那天他和副书记罗统生在公社值班室烤火。晚8时左右，窗外一阵机动车响，随即有两人走进屋内。经过旁边秘书的介绍，他们才知道是王震将军，张鹏飞和罗统生还未来得及起身，王震已来到火盆边，招呼他们一起坐下。“我路过长沙，顺便回家看看，你们不要通知县里。”在接下来的一个多小时“拉家常”中，王震主要了解了当地人民公社化运动、农业生产等情况。提及回乡途中见到的若干宣传“彩门”，王震打趣道：“那门楼，可以结南瓜不？”“嘿嘿，那不能。”“既然不能结南瓜，那就要把更多精力放在抓生产上呀！”虽值寒冬，屋内却暖意融融，几人热切交谈的场景被王震随从秘书拍下，留下了珍贵的一幕。

当晚，罗统生陪同王震回到距离公社七八里外的旧居，张鹏飞则连夜筹备并通知公社干部及下属8个生产大队相关负责人参加第二天的座谈会。“我们都是自己人，关于人民公社密植、包产、产量等问题，大家随便谈，我希望听到讲实话。”王震亲切乡音下的一番简单开场白，让与会人员敞开了心扉。“目前我们种植的株距和行距，主要是4×6寸和6×6寸两种。”“每亩产量大约是三四百斤，一年双季生产大队包产任务是800斤。”……听到各大队党支部书记的汇报，王震点头道：“这个数据基本是准的。”对于接下来的农业生产，他强调了两点：第一，推行密植的过程中，不能太密也不要太稀，建议改为4×8寸或6×8寸；第二，各地要因地制宜改善作物品种，水源缺少的地方可尝试种高粱。“这些建议都是非常实在的。”张鹏飞说。彼时卫星公社新修的万丰山水库还未完工，许多地方灌溉引水不便只能种一季，种上耐干旱的高粱就能有效提高土地的利用率。虽由于种种原因，这些措施没有全部得到落实，但还是给地方干部们打开了一种全新的思路。

1993年3月12日，王震在广州病逝，享年85岁。

宋任穷

“宋任穷同志是中国共产党的优秀党员，伟大的共产主义战士，杰出的无产阶级革命家，我党我军政治工作的卓越领导人。宋任穷同志的一生，是革命的一生，战斗的一生，是为党和人民事业无私奉献的一生。”[①]

寻找党和红军

宋任穷，原名宋韵琴，1909 年 7 月 11 日出生于浏阳葛家镇。受思想进步的大哥宋骏臣影响，他从小就在心中播下革命的火种。他 13 岁上金江高小，当时，著名的共产党人陈昌、夏明翰在这所学校当老师，他们经常结合课文向学生传播革命思想。宋任穷深受其影响，他开始懂得了中国要摆脱贫困，不受帝国主义侵略者的欺侮，独立富强起来，必须唤起民众，团结起来。读书期间，他常常举着小旗子随大伙上街游行，高呼打倒帝国主义列强，打倒军阀，打倒贪官污吏。1926 年，他加入中国共产主义青年团，同年底转为中国共产党党员。之后，他担任了区农民协会委员长、区党委宣传委员兼共青团区特支书记。他积极投身轰轰烈烈的农民运动，组织带领农民打土豪，斗劣绅，分田地，减租、减息、减押，在斗争中接受革命的洗礼和锻炼。

1927 年 5 月，马日事变后的湖南陷入一片腥风血雨中。身为共产党员和区农民协会委员长的宋任穷，被十多个“反水”的农民自卫队员捆了起来。为了不让其他的党员、团员落到敌人手里，他揣着全区党、团员名册侥幸逃脱，来到浏阳县城向中共浏阳县委汇报。县委安排他参加浏阳工农义勇队，任一大队二中队党代表。浏阳工农义勇队原准备与平江义勇队赴江西参加八一南昌起义，后因情况变化，部队便在铜鼓县城休整，宋任穷则被派往江西省委打听情况。后来他奉命带着中共江西省委的密信去追赶毛泽东的秋收起义部队，他辗转找到刚刚领导了湘赣边界秋收起义的毛泽东，将信亲手交给毛泽东。随后参加了三湾改编，跟随毛泽东上井冈山，任连党代表，在红军中积极开展政治思想工作和发展党员。

1928 年冬，敌人开始重兵围剿井冈山根据地。留在井冈山坚持斗争的

① 习近平：《在纪念宋任穷同志诞辰 100 周年座谈会上的讲话》（2009 年 7 月 10 日）。

彭德怀与滕代远等为了保存实力，决定主动撤离井冈山，去开辟新的根据地。彭德怀、滕代远还决定，将湘南籍战士临时组成一个特务连，作为后卫负责断后，并指定由宋任穷和康健负责。下山时，特务连被打散了，只有宋任穷、康健两人始终在一起，后来，康健的脚冻伤了，肿得无法落地，宋任穷就背着他艰难行走，乞讨着继续找部队。不久，康健病逝，宋任穷失声痛哭，料理完战友的后事，仍一边乞讨一边寻找部队。漫无目标地寻找总不是办法，宋任穷决定先回家去，等打听到消息再说。为了能顺利回到家乡，也为了能混口饭吃，宋任穷拜两位玩蛇的艺人为师，就这样一路回到了家乡。到家时，却发现家中只剩下三哥，两兄弟见面痛哭流涕。原来在他参加革命后，母亲去世了，大哥遭敌杀害，二哥也不幸死去。宋任穷如遭晴天霹雳，悲痛不已。他下定决心，一定要找到党组织，革命到底，为亲人报仇。

宋任穷在家乡隐蔽半年后，又前往广东、湘南等地寻找党组织，可仍然没有结果。他只得改名宋固，在醴陵县报名参加了唐云山的国民党军独立第十五旅，打算以后趁该部与红军交火时寻机回到红军部队。1930 年 2 月 24 日，唐云山第十五旅进攻苏区，在江西新淦（今新干县），宋任穷在火线上带领 10 余名国民党士兵主动向红军缴械投降。正巧，接受他们投降的是原红四军三十一团。宋任穷终于见到了自己的老战友，他兴奋得眼泪直流。经审查，党组织很快恢复了他的党籍，安排了工作。

之后，他参加了中央革命根据地五次反“围剿”斗争，历任红军连、团和师的政治委员。1934 年 10 月中央红军主力开始长征后，宋任穷任中央纵队干部团政治委员，与陈赓一起指挥干部团，先后参加了强渡乌江、激战土城、攻克遵义、四渡赤水、南渡乌江等一系列重要战斗。1935 年 5 月，在掩护红一方面军北渡金沙江的战役行动中，他率部日夜兼程抢占金沙江重要渡口皎平渡，为打破敌人围追堵截、实施北上抗日战略做出了贡献。红军长征到达陕北后，宋任穷任红二十八军政治委员、军长和援西军政治部主任等职务，为保卫和发展西北革命根据地，驰骋转战在陕晋甘宁地区。

坚守冀南抗日根据地

1937 年 7 月全面抗日战争爆发后，宋任穷任八路军第一二九师政训处副主任、政治部副主任。1938 年 3 月，他率骑兵团和一个独立支队奔赴冀南，先后任八路军第一二九师东进纵队政治委员兼冀南军区司令员、政治委员，中共冀南区委书记，冀南行署主任等职务，与陈再道等同志一起，领导开辟了平原抗日根据地。他参与指挥东进纵队南征北战，摧毁敌伪组织，扩大武装力量，先后收复了广宗、平乡、永年、肥乡等10余座县城，给不可一世的日伪军以沉重打击。1939年6月，宋任穷全面担负起领导冀南区抗战的重任，他正确贯彻执行党的抗日民族统一战线方针政策，放手发动群众，建立抗日民主政权，发展壮大武装力量，使冀南平原成为华北敌后对日伪斗争的坚强阵地。他积极贯彻一二九师首长提出的在平原建立"人山"的思想，广泛发动军民展开挖道沟、改造平原地形的大规模群众运动。在"百团大战"中，他率部捣毁敌人正在修筑的德西铁路（东段）以及在冀南区修筑的公路，毙伤日伪军1500余人，给敌人以沉重打击。

由于冀南战略地位的重要性，1942年至1943年，日本侵略军的"扫荡"战越来越残酷。其中，仅1943年，就发生了大小战斗4000余次，平均每日达10多次。冀南根据地的抗日斗争异常艰苦与残酷。为保护干部和主力部队，时任冀南区党委书记、行署主任兼冀南军区政治委员的宋任穷，指示冀南区党委、行署以及军区的后勤机关都转入到后方的太行山区，他带领留下来的不足200人的少数机关干部和直属队坚守得之不易的根据地。当时，冀南地区遇到历史上罕见的严重自然灾害。先是百年不遇的旱灾，白花花的盐碱地颗粒无收。旱灾又伴随着虫灾，顷刻之间寸草不留，冀南地区500多个村的庄稼全被蝗虫吃掉。日军还放水淹地，造成水患。灾荒过后痢疾、霍乱等瘟疫盛行，许多老百姓死在瘟疫中，有的地方甚至成了无人区。而日军又经常组织大规模的扫荡、合围、封锁、蚕食、治安强化，抗日根据地被严重分割，与敌战斗频繁。因此，宋任穷一方面要带领部队随时打仗，一方面要解决吃饭问题。在残酷的斗争中，宋任穷领导下的八路军和地方党政干部英勇奋战，付出了沉重的牺牲。仅在1942年到1943年两年间，冀南抗日根据地就有70多名军政干部牺牲。作为冀南区党政军一把手的宋任穷，同样做出了巨大牺牲，他的三个儿女在严酷的战争环境中被饿死。带着疾病的宋任穷自己，既要带领战士进行战斗，又要带领干部和群众开展生产自救。当时，由于战斗频繁，他和战士都穿便衣、打地铺，隔一两天就要转移驻地，晚上睡觉衣不解带、枪不离身，以便随时应战；没有粮食，牲口也都饿死了，宋任穷就同大家一起饿着肚子代替牲口拉犁耕地，由于长期耕地，宋任穷累得一再吐血。由于缺乏营养和得不到及时治疗，宋任穷一条腿的前面全烂了，但他还是咬着牙，拖着虚弱的身体，走遍附近的村村县县，布置工作，发动群众。正是凭着顽强的革命意志和乐观主义精神，发扬吃大苦耐大劳的光荣传统，宋任穷率领干部战士和冀南人民咬紧牙关一起度过了最艰难的时期。因此，冀南老百姓亲切信赖地给了他一个称呼“咬牙干部”。

1943年后，宋任穷历任中共中央冀鲁豫分局委员、组织部部长、代理书记，冀鲁豫军区司令员兼代理政治委员。他组织指挥抗日军民对敌伪军展开全面大反攻，收复了大片沦陷区，解放了邯郸重镇，使太行、冀鲁豫根据地联成了一片。1945年6月，在党的七大上，宋任穷当选为中央委员会候补委员。在8年全面抗战中，宋任穷作为冀南地区主要领导人，以卓越的组织才能、军事才能和高超的领导艺术，领导冀南军民为夺取抗战的全面胜利做出了突出贡献。

解放战争时期，宋任穷历任晋冀鲁豫野战军第二纵队政治委员、中共晋冀鲁豫中央局组织部部长、豫皖苏中央分局书记兼豫皖苏军区政治委员、华东野战军第三副政治委员、中共安徽省委书记、省政府主席等职务，参加了中原地区的解放斗争和党的组织建设与组织工作，领导了中原解放区豫皖苏地区的全面建设。在淮海战役和渡江战役中，他积极部署支前工作，组织带领数十万民工日夜赶送军粮，筹集渡江船只，为战役胜利提供了重要后勤保障。1949年春，他协助刘伯承成功接管了国民党的统治中心南京，并担任中共南京市委副书记兼南京市军管会副主任。在中华人民共和国诞生之际，他率领中国人民解放军西南服务团云南支队，随二野大军千里挺进西南边陲。在长达20多年的革命战争中，宋任穷舍生忘死、南征北战，为中国人民解放事业建立了不可磨灭的历史功勋。

主政彩云之南

中华人民共和国成立后，宋任穷任二野四兵团政委、中共云南省委第一书记、云南省军区政委、西南军区副政委。1950年2月，宋任穷、陈赓率领第四兵团进驻昆明。在迎军大会上，宋任穷发表了热情洋溢的讲话。他说：“我们已经胜利了，但是我们今天的胜利，仅仅是万里长征走完了第一步。”他豪情满怀，充满自信地说：“我们困难是很多的，但是这些困难是胜利中的困难，是暂时的困难。我们不怕困难。依靠人民就是我们克服困难的有力保证。”随后，接管云南的工作全面铺开。由于他有接管南京等城市的经验，在接管云南的工作中，他很好地嫁接了这些经验。针对云南刚刚解放，各项工作百废待兴的局面，云南省委在军管会下设立了军事、政务、财经、工业、交通、文教、卫生等7个接管部，每个接管部配备军事代表和一部分工作人员，各接管单位都成立了协助接管小组。在接管过程中，最困难的是财经工作。为此，省委成立了云南省人民政府财政经济委员会，负责研究云南财经方面的方针、政策，宋任穷亲自任主任委员。为了克服严重的财经困难，百忙之中的宋任穷还抽出时间到昆明召开的各界妇女代表会、农民代表会、工商界代表座谈会等会上讲话，动员人民群众努力开展生产，积极缴粮交税，共同渡过难关。

作为新中国成立后第一任中共云南省委书记，宋任穷走马上任之时正是历史重大转折的关键时期，为建设一个新云南，他呕心沥血，奋力工作。刚刚解放的云南，各种社会矛盾错综复杂，各种困难扑面而来。云南地处边疆，经济文化落后，长期受帝国主义的压迫，匪患十分猖獗。中共云南省委成立伊始，就面临着匪患的严重威胁。宋任穷想，在他的省委书记任内，一定要把云南境内的土匪消灭殆尽。当时的形势是严峻的。在帝国主义反动派的支持和操纵下，云南境内外敌对势力以推翻人民政府为目的，武装抗拒征粮纳税，进行一系列猖狂的破坏活动，一帮土匪一度攻占了滇中地区一些县城，严重威胁着新生的人民政权和社会秩序，人民群众居无宁日，处于恐慌之中。土匪不灭，许多工作都很难进行。1950年5月，他亲自主持制订了《关于争取群众，坚决镇压土匪恶霸叛乱的指示（草案）》，其中指出：目前对待土匪的方针应该是军事清剿与政治争取相结合，将匪与民分开，个别首恶分子与次要分子、胁从分子、一般被迫为匪分子分开，坚决歼灭叛乱的土匪，争取、保护一般群众。《指示》确定了剿匪的基本策略和方法。紧接着，他又与军区司令员陈赓一起主持了云南军区第一次剿匪工作会议。会后，大规模的清剿土匪工作在云南全省迅速展开。经过近3年的艰苦努力，剿匪斗争取得胜利。

治理好云南还必须解决民族问题，如果解决不好，云南就没有安全的边境，巩固的国防也就无从谈起。因为云南是中国少数民族最多的省份，有26个少数民族，而且有13个少数民族跨国界而居。宋任穷很重视民族问题，在他的主持下，省委多次召开专门会议，研究少数民族工作。他认为，对少数民族首先要联络感情，搞好关系，谨慎稳重地做好长期工作，切忌性急。当时，违反少数民族政策、破坏民族团结的错误还是在一些地区出现，甚至在那些地方，民族隔阂愈来愈深。针对这种情况，1950年11月20日，中共云南省委召开全省少数民族工作会议。一方面，总结过去一段时期民族工作的成绩；另一方面，重点反思了在民族工作中的一些错误做法。在会上，他要求所有干部，要彻底清除大汉族主义思想残余，牢记三句话：宜缓不宜急、讲团结不讲斗争、反“左”不反右。1951年1月，中共云南省委成立了省委民族工作党组，在省委直接领导下开展民族工作和边疆工作。以此为基础，不久，云南省民族事务委员会正式成立。这为云南民族工作深入有序地开展提供了组织保障。1952年，云南省委、省政府抽调170余人组建一支民族工作队，到滇西民族地区开展工作。宋任穷亲自为工作队干部送行。工作队到边疆开展民族工作的中心任务是反对帝国主义，加强民族团结。因此，宋任穷再三叮嘱：这项工作意义深远，工作队责任重大。每个队员要有明确的政策思想观念，要有深入联系群众的工作作风。工作只准做好，不准做坏，这是他向工作队提出的严格要求。带着宋任穷的殷殷嘱托，民族工作队来到滇西。他们尊重民族风俗习惯，在少数民族地区帮助少数民族发展生产，给群众治病。工作队以实际行动消除了少数民族群众的不信任情绪，渐渐成为少数民族群众的朋友，使云南出现了各民族团结和睦的崭新局面。

宋任穷入滇后，把主要精力放在了剿匪、民族和宗教诸工作上，同时，按照中央部署，他在领导土改和援越抗法等工作中，也耗费了不少心血。在土改过程中，他从云南实际出发，将全省划分为不同的区域，有计划、分步骤地开展土改，对少数民族和宗教界人士实行适当的宽松政策。在支援越南人民抗法斗争中，他领导全省人民克服重重困难，向越南提供无私的军事援助和经济援助，在云南开办了一所越南步兵学校，为越南培养军事指挥人才。宋任穷在云南任职不满3年，但为建设一个新云南立下了汗马功劳。他与省委的同志们一道认真贯彻党中央针对云南实际提出的方针，严格执行各项政策，清除匪患，医治战争创伤，加强民族团结，尊重宗教信仰，恢复发展生产，稳定社会局势，使云南出现了党、政、军、群团结一致，齐心协力，各民族和睦相处，社会安定团结的良好局面。

1952年7月，他任西南局第一副书记、西南军政委员会副主席。他认真执行党的少数民族政策，十分关心少数民族地区的发展和少数民族干部的培养使用，做了大量卓有成效的工作。1954年，宋任穷任中共中央副秘书长、中共中央组织部副部长、解放军总干部部第一副部长。他协助罗荣桓主持总干部部日常工作，选调优秀干部建立和充实解放军各总部和军兵种机关，组建军事院校，安排大批干部转业复员支援国家建设，建立和完善一整套适应我军革命化、现代化、正规化建设的干部管理制度和法规，为我军干部工作做出卓越贡献。1955年，他被授予中国人民解放军上将军衔。1956年，在党的八大上，他当选为中共中央委员。

党的八大闭幕不久，宋任穷任第三机械工业部（后改为第二机械工业部）部长、党组书记，是我国原子能事业大规模建设时期的主要领导者。1960年9月，在国民经济出现严重困难时，中央调宋任穷去东北工作，任中共中央东北局第一书记兼沈阳军区第一政治委员。在他主持下，东北局率领东北三省省委精心组织、周密筹划，积极恢复生产、渡过难关，使东北地区形势一年年好转，到1965年出现了物价稳定、市场繁荣、国民经济迅速恢复和发展的良好局面。1965年1月，他当选为第四届全国政协副主席。

粉碎“四人帮”后，宋任穷重新回到工作岗位，担任第七机械工业部部长、党组书记，并当选为第五届全国政协副主席。1978年12月，在党的十一届三中全会上，宋任穷被增补为中共中央委员。全会闭幕后，中央决定由他接替胡耀邦担任中共中央组织部部长。他深感责任重大，自觉而坚定地贯彻中央的方针政策和工作部署，在前段工作的基础上，把进一步落实干部政策、平反冤假错案、处理历史遗留问题作为组织战线贯彻党的十一届三中全会精神首要和紧迫任务之一。在中央领导下，经过整整4年夜以继日的紧张工作和艰苦认真的努力，到1982年底，基本完成了“文化大革命”中被立案审查的230万名干部的复查平反工作，并对涉及120多万人的历史错误结论进行了比较彻底的复查，作出了正确处理，使一大批久经考验的老干部重新走上领导岗位，一大批有专业才能的知识分子得到正确使用。在党的十一届五中全会和十二届一中全会上，他先后当选为中共中央书记处书记、中央政治局委员。1985年，他响应党中央号召，主动退居二线。同年9月至1992年10月，宋任穷任中央顾问委员会委员、常委、副主任。

老百姓才是泰山

宋任穷在总结革命斗争胜利经验时曾经说过，只要真正和群众在一起，真正想着群众，就什么困难都能克服。他要求到基层“蹲点”的干部，要时时刻刻想到群众，要深怀爱民之心。

在任云南省委书记期间，宋任穷因公务路过湖南，他顺便回了趟家乡浏阳。他去乡政府找乡长，正在埋头打算盘的工作人员头都没抬要他在门口等。宋任穷见无人理睬，只好坐在门坎上等，谁知半个小时过去了，仍不见乡长的人影，并隐约听到里屋传来说笑声，还有打牌的声音。这时，来了一位老农民，他一眼就认出了坐在门坎上的人，脱口喊道："唉呀，这不是任穷吗？"那位工作人员一听，连忙向里屋跑去。顿时，里屋鸦雀无声，随即涌出一群人来，乡长走在最前面，一见宋任穷，低着头连声道歉："对不起，我不知道是您来了！"那位工作人员也连连赔不是："我真是有眼不识泰山。"宋任穷先跟大家一一握手，然后告诉大家他不是泰山，老百姓才是我们的泰山。他说你们这儿是乡政府，是为人民办事的，躲在里面打牌算什么啊？群众有事找乡政府，起码要热情接待嘛，对他们的困难应该帮助解决，急人之所急，想人之所想！一席话，语重心长，说得在场的人红着脸，连连称是。

2005 年 1 月 8 日，宋任穷因病在北京逝世，享年 96 岁。

杨　勇

在中国人民解放军的如云战将中，杨勇将军是威名赫赫的“三杨”（杨勇、杨得志、杨成武）之一。在长征路上，在平型关大捷中，在解放大西南的隆隆炮声里，在硝烟弥漫的朝鲜战场上，杨勇将军智勇双全，百战百胜，勇冠三军，以致后来毛泽东评价他为“杨勇上将，上将扬勇”。

数处伤痕显神勇

1913年10月28日，杨勇出生在浏阳河畔文家市一个贫苦农民家庭。童年在浏阳县南乡清江村度过。杨勇的父母开小饭铺，一家人也时常饿肚子。杨勇排行老三。父亲希望儿子将来有一番作为，给杨勇取名杨世峻，希望他像骏马一样有远大前程，但村里的人都习惯叫他的小名统伢子。

1926年，随着北伐军节节胜利，工人纠察队和农民协会在长沙先后成立，革命的火种迅速在湖南各县播撒。文家市的各种革命活动搞得如火如荼，领导这些活动的就是中共地下党组织，党支部就设在杨勇读书的里仁学校。杨勇是学校儿童团队长，耳濡目染，每天都接触到革命新思想，学习之余，他就带着队员们穿梭在文家市的大街小巷，搞革命宣传。5月21日，国民党反动军官许克祥在长沙发动马日事变，在中共浏阳县委书记潘心元的率领下，杨勇与父亲和两个哥哥都参加了十万农军围攻长沙的壮举。

1927年9月19日，毛泽东率秋收起义军退至浏阳文家市，驻扎在里仁学校。次日清晨，工农革命军1500多人集合在里仁学校操场，前委书记毛泽东向全军讲话。毛泽东在里仁学校的生动讲话，使在场的干部战士听了之后心中充满了革命的激情，眼前似乎看到了胜利的曙光。这席话也大大地鼓舞了趴在墙头的胡耀邦和杨勇。

不久，彭德怀领导的红五军成立随营学校，在浏阳招募青年学子，杨勇赶去报名参军，在随营学校加入中国共产党。从此，杨勇跟随部队转战湖南、江西等地，在枪林弹雨中成长，在硝烟战火中立功。在同敌人的殊死战斗中，他曾数次负伤。1933年10月，红三军团一个团在中央苏区的洵口与敌遭遇，双方都仓促进入战斗。“狭路相逢勇者胜。”团政治处主任杨勇，冒着弹雨，带头冲入敌群，展开一场短兵相接的厮杀。突然，一发子弹从他的头顶中央穿破头皮而过，血很快流到面颊、颈部，他全然不顾，继续冲杀，敌人落荒而逃。战后，杨勇受到军团长彭德怀的称赞，胸前挂上一枚三等红星奖章。同时，头顶也留下一块永久的纪念：两公分长、不再长头发的弹痕。

在长征中最激烈、最残酷的湘江战役中，担任红四师十团政委的杨勇率部执行掩护中央纵队过江的重任。炮火纷飞，血肉横飞。数十倍的敌人蚂蚁般地涌来，一批战士倒下了，又一批战士牺牲了。团长沈述清中弹身亡，师参谋长杜中美代理团长，又壮烈牺牲。杨勇杀红了眼，一块弹片飞来，钻入他的右大腿，他咬牙一把将弹片拔出，大声呐喊："为团长报仇！"冲出战壕，战士们随其而上，400余名指战员血染湘江，使中央纵队顺利过江，杨勇的腿部也留下了一块"湘江战役纪念章"。土城战斗，给杨勇打上了第3块战争的烙印，也是他负伤最重的一次。土城是赤水河东岸的重要渡口，川军刘湘的主力部队抢先占领了土城所有的有利地形，毛泽东、周恩来、朱德亲临战场指挥，十团政委杨勇带队冲锋，一发无情的子弹从他的右腮穿入，从唇部钻出，一进一出，杨勇失去了6颗牙。当时，血似泉涌，用嘴指挥不了战斗，他用笔下达命令，脸上是血，手上是血，笔上是血，纸上也是血，最后昏倒在血泊中。这次伤愈后，杨勇脸上留下的弹窝，30多年后才由北京医院院长吴蔚然用手术刀填平。

有勇有谋的杨勇

"没有'勇'字，不称为杨勇，不言'谋'字，也不是真正的杨勇。"《杨勇将军传》对他作出了恰如其分的评价。

在抗日战争初期的平型关大战中，六八六团政委杨勇，带领三营与日军展开了白刃战，抢夺制高点老爷庙。当敌人的步兵、骑兵进入八路军的埋伏圈后，在昂扬的冲锋号中，战士们发射出愤怒的子弹，将鬼子打得乱作一团。但日军很快反应过来，马上抢占公路北侧的有利地形老爷庙。杨勇一马当先，率领三营冲上前与敌人短兵相接，展开肉搏战，终于拿下老爷庙。厮杀中的杨勇，突然感到左肩一股热流，左肘处一阵疼痛，接着鲜血浸透了军装。他稍加包扎，继续投入到紧张而激烈的战斗中。战斗到下午1时，在全师的前后左右夹击下，兴庄到老爷庙之间十几里长的山沟里，躺着日寇1000多具尸体。平型关大战，以八路军的大捷告终。

“吕梁三捷”使杨勇的指挥才能大放异彩。1938年9月，日寇为大举进攻，派旅团长山口少将率部进驻吕梁地区的离石，并在汾阳城内集中大批弹药、粮秣等物资随时准备起运。杨勇带六八六团各营干部到汾离公路观察地形，发现最佳阻击部位正好设有敌碉堡，提前拔掉会打草惊蛇，战斗打响后再拔则伤亡太大。怎么办呢？杨勇集中大家智慧，作出了打碉堡和打阻击同步进行的决定。他把打碉堡的任务交给迫击炮连。没过几天，杨勇接到情报，敌人车队已经出动，便提前埋伏好。没过多久，满载敌兵和军用物资的20辆汽车进入伏击圈，指挥员一声令下，3发炮弹全部命中，敌碉堡飞上了天。随着炮弹的爆炸声，战士们发起冲锋，200多敌人除了3名投降外，全部被歼。第二天日军大部队出动却扑了空，只拉走了5车尸体。前线日军得不到弹药、给养，只好杀马充饥。过了几天，日军又冒险开始运输。100多名敌兵分乘几辆汽车，仅送一车粮食试探前运。杨勇识破了敌人的诡计，将这一车粮食放行。第二天，敌人胆子大起来，出动了200多名敌兵押送18车物资，再次遭到我八路军的伏击，全部被歼。吃了两次亏的日军，成了惊弓之鸟，只好放弃进攻，准备后撤。杨勇改变战术，决定冒险在敌人鼻子底下的王家池潜伏起来，再打一次伏击战。日军的辎重、炮车和300多名敌人又成了八路军的枪下鬼。三次伏击战，歼敌逾千，山口少将一命呜呼。汾阳城门紧闭，敌人接连几天在焚烧尸体，开慰悼会，而杨勇则在吕梁山区召开了祝捷大会。“吕梁三捷”闻名遐迩。

1939年7月，杨勇任一一五师独立旅旅长兼政委，到1939年底，在鲁西北和泰西地区先后建起14个县的抗日民主政权，将平原游击战开展得轰轰烈烈。1940年3月，杨勇任三四三旅旅长兼鲁西军区司令员。他一边抓打仗，一边抓部队建设，要把部队建设成“铁的党军”，使日伪军听到杨勇的部队就闻风丧胆。在8年全面抗日战争中，杨勇始终执行党中央正确领导方针，以拯救中华民族于水火为己任，率领部队转战黄河流域，同日伪军进行许多次战斗，歼敌无数，立下赫赫战功。

解放战争中，刘邓大军千里跃进大别山后，国民党整编第四十师和整编第五十二师紧紧尾随，孤军深入。刘邓首长抓住战机，集中兵力杀“回马枪”，在蕲春高山铺地区聚歼尾随之敌。敌人全部是美械装备，有较强的战斗力，十分骄横。如何扬我之长，击敌之短，成为此战的关键。杨勇决定先以部分兵力控制住高山铺地区的制高点界岭、洪武垴，堵住敌人，然后集中兵力分进合击，将敌围歼于十里铺和界岭之间的狭长地带。此役歼敌 1.26 万余人，并击落敌机一架。毛泽东高度评价这次大捷：高山铺战斗的意义不仅仅在于消灭了一万多敌人，也不仅仅因为这一仗打得很漂亮，它的全部意义在于我军已经能够在大别山进行大兵团作战，刘邓已经在那里站住了脚。

1949 年 2 月，杨勇任第二野战军第五兵团司令员。同年 4 月 21 日，杨勇指挥第五兵团在安庆以西渡江，与兄弟部队一道，突破了国民党军长江防线，随后奉命追歼逃敌。同年 9 月，奉命向大西南进军，10 月底到达邵阳。11 月初，挥师贵州，15 日攻占贵阳。12 月 26 日，杨勇指挥第五兵团的两个军和第三兵团的 3 个军，与兄弟部队一起发起成都战役。在解放军的强大攻势下，敌军迅速土崩瓦解。1950 年 1 月，杨勇就任贵州省人民政府主席兼贵州军区司令员，担负起领导全省军民开展土改、征粮、剿匪、反霸、恢复生产等工作任务。根据中共中央西南局指示和西南军区部署，杨勇上任后即组织部队，实行军事打击、政治瓦解和发动群众相结合的方针，进山剿匪，共歼灭瓦解敌匪特武装 10 万余人，将贵州匪患基本平息，社会秩序很快得到恢复，各级民主政权得到巩固，群众生产和生活有了保障。1950 年底，杨勇进入南京军事学院高级系学习，兼高级系主任。他从贵州省主席的岗位离任时，人民群众依依不舍，纷纷说："杨主席，辛苦了，贵州人民感谢你！"

扬威朝鲜战场

抗美援朝时期，杨得志、杨成武、杨勇先后奉命率部入朝参战，毛泽东、周恩来笑称"三杨（羊）开泰"。

中国人民志愿军于 1950 年 10 月 25 日开赴朝鲜战场，与朝鲜人民军携手并肩，同以美国为首的"联合国军"浴血奋战，终于将侵略者从鸭绿江和图们江边逼回到三八线以南，形成了持久的拉锯战格局。在军事和政治斗争复杂交错的情况下，杨勇接替因病回国的第二十兵团司令员杨成武，赶赴朝鲜战场。

为了迫使侵略军早日真心实意坐到停战谈判桌上，中国人民志愿军制订了对敌发起夏季反击战役的方案。杨勇走马上任，经过对敌情和前沿地形的了解分析，他请示志愿军总部彭德怀司令员等领导同志，提出了自己对敌作战的看法和观点。经彭德怀请示党中央、毛泽东批准后，志愿军总部制订了周密的“金城战役”作战计划，决定以杨勇率领5个军的兵力为主要反击部队。1953年7月13日21时，杨勇一声令下，枪弹如闪电，炮声似惊雷，志愿军炮火向敌军蛰伏的阵地怒吼而去。志愿军东、西、中三个突击集团从天而降，如三把钢刀直插入敌人阵营，向纵深阵地挺进。73岁的李承晚听到前线不断失利的噩耗，亲自赶赴前线坐镇指挥，“联合国军”总司令克拉克慌忙从日本东京乘机飞临金城前线，全力组织兵力反扑：天上派战机轮番轰炸，地面有几十辆坦克和大炮配合步兵的攻击。志愿军将士们在杨勇沉着冷静的指挥下，在14个昼夜的激战中，击退敌人1000多次的疯狂反扑。敌人遭到志愿军的重创，只得同意到谈判桌上去签字。1953年7月22日，美国总统艾森豪威尔、国务卿杜勒斯和李承晚先后发表同意接受停战、恢复谈判的声明。整个金城战役，共计歼敌5.2万人之多，是预定歼敌数目的5倍多。志愿军在战斗中向前推进的169平方公里，在谈判中以条文形式得到正式承认。金城战役，是“打谈结合”的典型成功战例，也是朝鲜战争最后一仗。此后，敌人虽然绞尽脑汁破坏停战协议，但面对巍然挺立在千里边防线上的志愿军组成的铜墙铁壁，再也不敢轻举妄动。1955年4月，杨勇被任命为志愿军司令员，继续率领志愿军为朝鲜人民战后的恢复和重建工作提供和平保障。1958年10月26日，荣获朝鲜民主主义人民共和国一级国旗勋章的杨勇，率领最后一批志愿军回到祖国。

回国后，杨勇被任命为北京军区司令员。他不但注重培养和提高战士们的政治觉悟和军事技能水平，也非常关心战士们的业余文化生活，并把提高战士们的文娱水平、能力当作一个重要任务。正是这种“文武双全”的带兵方法和脚踏实地的良好作风，使北京军区涌现出一个又一个尖子连和优秀个人。北京军区的良好风貌，受到中央军委和党中央高度重视，一些国家机关和兄弟军区也纷纷派人前来参观学习。1960年5月，毛泽东、刘少奇、朱德、周恩来、邓小平等党和国家领导人，在检阅了北京、济南军区部队的训练成绩后，也都发出欣慰的赞扬。1964年秋天，英国的蒙哥马利元帅也来到北京观看解放军某部的射击表演。他一丝不苟地看完表演后，从一名士兵手中拿过一支半自动步枪，立姿击发，钢板靶应声倒下。随后，他从容地把步枪递给杨勇，他想看一看，在朝鲜战场闻名遐迩的杨勇将军和他的士兵，究竟是不是值得他佩服的优秀军人。杨勇将军心领神会，从蒙哥马利手中接过步枪，二话没说，猛地举枪连击，弹弹中靶，9块钢板接连倒下。3 天后，蒙哥马利元帅在香港举行记者招待会时，敬佩之情溢于言表："中国士兵的武艺精湛，开始我以为都是军官，当我走过队伍时看到，他们的额头都是光光的，没有皱纹，都是年轻的士兵……""中国军队从士兵到将军都是最优秀的，我要告诫世界军队，切忌和中国军队在地面上交手。"

大公无私、凛然正气

毛泽东多次表扬杨勇，称其"耿直、刚毅"。杨勇刚到北京军区当司令员不久，有一天在王府井百货大楼前偶然看见军区的一辆专车，原来是一个领导干部的家属乘车来买东西。杨勇生气了，回去后就批评那位领导干部说，公家给你车，是让你办公的，不是让你老婆去买东西的！杨勇敢批评别人，是因为自己行得正。他从不让家人动用小汽车。孩子小时去上学，都是让人骑自行车去送。夫人林彬上下班都是骑车，连顺路车都不搭。长期在志愿军司令部担任摄影记者的杜心记得，杨勇在朝鲜战场 5 年多，为了让家里放心，经常要照上一张相，给林彬寄去。看到哪个地方风景不错，他就让记者来一张。但有一条很明确，胶卷相纸是公家的，照的相片是私人的，所以谁照相谁付钱。他对杜心说，公家是公家，私人是私人，给我照几张，记上账。

1972 年 7 月下旬，杨勇被任命为沈阳军区副司令员。1973 年 6 月，杨勇被调任新疆维吾尔自治区革命委员会副主任，中共新疆维吾尔自治区委员会第二书记。8 月，他当选为中共十大代表、中央委员会委员。1975 年 8 月，杨勇被任命为新疆军区司令员、中共新疆军区委员会第二书记。他十分重视边防建设，虽年过花甲，又患肺气肿、腿疾等病，仍走遍天山南山，组织修建具有备战意义的南疆铁路、独（山子）库（车）公路和许多重要工程。

粉碎"四人帮"后，杨勇于 1977 年 8 月当选为中共十一大代表、中央委员会委员。9 月，他被调回北京，担任解放军副总参谋长、中央总参谋部委员会第三书记、中共中央军委委员和列席常务委员。他是第四、五届全国人大代表，1978 年 2 月，当选为五届全国人大常委会委员。1980 年 1 月，他担任中共中央军委常委、副秘书长。8 月，他当选为中共总参谋部委员会第二书记。1982 年 8 月，他当选为中共十二大代表、中央委员会委员、中央书记处书记。

杨勇的侄子都在农村，都是农民。他对侄子们说：你们别指望我，你们有本事，你们自己干。什么转干啊当兵呀，他从不在这类事上给自己的亲戚说话。但对“文化大革命”中落难干部的子女，他义无反顾地帮助说话，尽力给予照顾。那时，株连成风，人家躲都躲不及，而杨勇不管那一套，仗义执言。他常说为人在世，要公道正派、光明磊落。吴晗的女儿吴晓彦失去父母，带着小弟弟，生活很艰难。1972 年，杨勇赴沈阳，他让女儿把晓彦找来，问她愿不愿意跟他去东北。杨勇跟吴晗并不熟，只是一块出过一次国。但他知道吴晗是党内很有名的知识分子，解放前就为党做过不少工作，即使他本人有问题，孩子也是无辜的。类似的事情，杨勇不知做了多少。有人劝他，这些孩子的父母都是上面点了名的，你这样做，当心有人整你。杨勇不加理睬，依然我行我素。

杨勇就是这样，一身正气，无私无畏。在最后的岁月里，他知道自己得了不治之症——肝癌晚期，马上提出了 3 条意见：不做化疗，不做放疗，不做手术，听其自然。他说，那些都是同归于尽的办法，什么用也没有，何必白白花公家的医疗费！ 1983 年 1 月 6 日，在经过长时间的昏迷之后，杨勇逝世，享年 70 岁。张爱萍将军闻讯，赋诗痛悼：“五十年来同战场，长征路上情难忘。痛思三军失良将，留得正气铁骨香。”

王首道

王首道是中国共产党德高望重的老一辈无产阶级革命家，新中国交通运输事业的开拓者和奠基人之一，中共第七、八、九、十、十一届中央委员，在中共十二大、十三大上当选为中央顾问委员会常务委员，是中国人民政治协商会议第五届全国委员会副主席。①

改名明志，成为革命事业一分子

王首道，原名王芳林，曾用名王一分，1906 年 5 月 6 日出生于浏阳张坊镇上洪乡一个贫苦农民家庭。王首道共有兄弟姊妹七人，在五个男孩中他排行第四。由于家境贫寒，他从小就放牛砍柴，尽可能地帮家里减轻负担。1915 年，9 岁的王首道到上洪小学读书，在老师的推荐和族人的支持下，他获得族里祠堂的资助，得以顺利上完高小。

1922 年，王首道高小毕业，在老师、乡绅的帮助下，他考取长沙修业农业专科中学，前往省城求学。当时，长沙是全国著名的革命活动中心之一，民主思潮高涨，马克思主义学习和研究活动相当活跃。在这种环境影响下，修业学校也比较开放，《新青年》等进步刊物在学生中广泛流传。王首道从偏僻的山村来到这广阔的天地，眼界顿时开阔了许多，他如饥似渴地阅读学校订阅的进步刊物，放学后还经常到潮宗街文化书社翻阅宣传五四新思潮和介绍俄国十月革命的小册子，认识水平和思想觉悟逐步提高。1925 年，他加入中国共产主义青年团。在革命思想的洗礼下，他立志要做一名为革命事业献身的青年。正当他为毕业后的去向发愁的时候，湖南社会主义青年团接到中共湖南区委在青年学生中挑选 35 名优秀青年前往毛泽东在广州主办的农民运动讲习所学习的指示。王首道很幸运地成为其中之一。得到消息后，他感到自己以后就是革命事业的一分子，决心有一分热发一分光，自己改名为王一分。

1926 年 3 月，王首道一行秘密来到当时全国革命的中心——广州，参加第六届广州农民运动讲习所的学习。第六届广州农民运动讲习所，是毛泽东亲自主办的，王首道直接聆听了毛泽东等人讲授的《中国农民问题》

① 陈克鑫、夏远生主编：《湘籍开国人物传略》，湖南人民出版社，2009 年，第 267 页。

《农村教育》等课程，开始懂得了马克思主义关于阶级和阶级斗争的学说，开始懂得观察和解决社会问题必须运用马克思主义阶级分析的方法，这为他以后漫长的革命生涯奠定了坚实的基础。令王首道难以忘怀的是，他在这里光荣地加入了中国共产党。

1926 年 9 月，王首道结束在广州农民运动讲习所的学习，被国民党湖南省党部和中国共产党湖南区委以农运特派员的身份派到祁阳县负责农运工作。来到祁阳后，他立即与中共祁阳县特别支部的同志一起，组织成立了祁阳县农民协会，正式打出了县农会的旗号，按照广州农民运动讲习所的模式，积极培训党、政、农、工、妇工作干部，并成立了惩办土豪劣绅特别法庭，在县政府挂牌办公，广泛发动群众，镇压土豪劣绅，公开处决了一批横行乡里、欺压百姓的恶霸，掀起了祁阳农民运动的高潮。正当湖南全省的农民运动开展得轰轰烈烈的时候，四一二反革命政变爆发，接着，长沙发生马日事变，许多官僚、地主、土豪劣绅趁机卷土重来，反革命气焰十分嚣张，革命一时转入低潮。为了躲避反动派的追捕，王首道在祁阳附近的乡村躲避一段时间后，便直奔长沙，寻找党组织。他冒着危险来到长沙文化书社，与书店负责人取得了联系。书店负责人告诉王首道，党组织决定派他回浏阳重新建立党组织，发展秘密农会和秘密武装。王首道遵照党组织的指示回到家乡后，立即着手恢复建立浏东特别支部。他翻山越岭、冒着严寒前往平江县游击队借枪，成立了浏东游击队。中共浏阳县委成立后，他负责县委日常工作，在武装斗争的配合下，着手从事党的群众工作、政权工作和组织工作。他日夜出入于人民群众之中，在人民群众的掩护之下与敌人进行不屈的斗争。

湘鄂赣、湘赣革命根据地的主要领导人

1928 年 7 月，湘鄂赣特委书记滕代远和湘军独立第五师共产党员彭德怀、黄公略等领导发动了平江起义，成立了工农红军第五军，逐步开辟了以平江、浏阳为中心的湘鄂赣革命根据地。9 月 17 日，红五军进驻铜鼓幽居，滕代远主持召开红五军党委和平江、浏阳等县党组织负责人联席会议，正式恢复和组成了中共湘鄂赣边特委，滕代远为书记，王首道为常委之一。1928 年 12 月，中共湖南省委指定王首道接任特委书记一职，同时兼任浏阳县委书记。1929 年 4 月，湘鄂赣边特委改组为中共湘鄂赣边境特委，王首

道任书记，管辖平江、浏阳等县工作。王首道任湘鄂赣特委书记，积极争取群众，扩大红军，发展苏区，开展土地革命和武装斗争，为湘鄂赣苏区的创立和发展作出了贡献。“九二”扩大会议之后，边区各级党组织迅速得到恢复和发展。在不到3个月时间内，浏阳党组织逐步发展，平江、修水党组织通过整顿得以恢复，铜鼓、万载等县也有较大发展。到1929年年底，特委下辖平江、浏阳、湘阴等6个县委，万载、宜春等临时县委和宜丰特区委等党组织，共有党员9900多名。边区县、区、乡苏维埃政权普遍建立，各种革命团体如农委会、赤色工会、共青团、妇女会、少先队、童子团等亦相继组织起来。

1930年5月，他调任中共湖南省委常委，负责组织工作。7月底，红军攻占长沙，湖南省苏维埃政府在长沙成立，由于主席李立三一直未到职，王首道代理主席。8月5日，省苏维埃机关随红三军团经浏阳撤往平江长寿街，途中，王首道看望了家乡的干部群众代表，了解了有关情况，对县委和县苏维埃的工作给予了指导。不久，经中共中央指定，王首道与宁迪卿、张学琅等组成新的湖南省委，省委机关先设在长沙县铜官镇。经王首道多方筹措，在镇上开了个米铺作掩护。当时，机关人手少，风险大，为了工作方便，他特从家乡将刚刚伤愈的妻子王绍绅接来，以米铺店员身份负责机要文书的保管和与外界的联络（时王绍坤的妹妹王绍兰也随同来协助工作），后因叛徒告密，省委机关被迫迁往常德。转移途中，为安全起见，省委决定让绍坤、绍兰姐妹俩提前出发，乘船前往。不料行至陵子港时，遭敌特拦截，王绍坤姐妹被捕，半月后英勇就义于长沙浏阳门外识字岭。王首道强忍失去亲人的悲痛，坚持工作。1931年初，湖南省委书记宁迪卿被捕，省委遭到破坏。

中央为了加强湘赣边界斗争的领导，决定成立中共湘赣临时省委，指定王首道任临时省委书记、袁德生任临时省苏维埃政府主席、张启龙为副主席并负责组建省军区工作。王首道等受命后，于7月中旬由遂川到达永新县城，随即主持召开了湘东南特委、西路、北路分委负责人联席会议，会上就肃反和扩大红军问题进行了研究，决定建立政治保卫处和少共（共青团）临时省委；将湘东南独立师改为湘赣红军独立一师。1931年8月1日，中共湘赣临时省委和临时省苏维埃政府在永新县城、钱山、象形等地同时召开群众大会，正式宣布建立湘赣省的建置及其管辖范围，号召群众积极行动起来，反抗敌人的第三次“围剿”和开展重新分配土地等工作，湘赣革命根据地正式形成。根据地以永新为中心，东起吉安永阳赤白交界处，西至茶陵近城赤白交界处，南至永新关背苏区，北邻萍乡赤白交界处，纵横各300余里，总面积达28万平方公里，人口近百万。王首道在中共湘赣省第一次、第二次代表大会上连续当选为省委书记，在这块红色土地上生活、战斗了3年。在湘赣苏区，他积极贯彻毛泽东开展土地革命的路线，改造与建立革命群众组织，加强苏维埃工作，发展文化、教育事业，平均分配土地，开展"驱逐豪绅地主反动家属"斗争，着力抓好财经建设，积极加强红军队伍建设和地方武装工作，粉碎了敌人对湘赣苏区的多次"围剿"，为湘赣苏区的建立和发展做出了重要贡献。1933年春，因抵制王明"左"倾错误，王首道遭到错误打击，受到撤销省委书记职务和严重警告处分。但他仍坚持原则，积极工作。

1933年11月，王首道在任弼时的帮助下，被调往中央苏区，到毛泽东身边工作。他随毛泽东到兴国、瑞金等地调查研究，毛泽东关于中国革命道路的正确主张和实事求是、注重调查研究的工作作风给他以极大教育。1934年春，王首道被调到中央组织局，在瑞金附近做扩大红军的工作，随后担任中央组织局秘书长。长征开始后，王首道任军委第二纵队政治部主任，主要负责保卫和照顾中央首长。中央红军长征到达陕北后，任西北保卫局局长，受毛泽东、党中央的委派，参加了为刘志丹平反的工作，经过认真调查访问，释放了刘志丹等一批被错误拘捕的干部，为党领导下的红军的团结，为巩固和发展陕甘根据地作出了重要贡献。红军东征时，他担任红军保卫局局长，后调任红十五军团政治部主任，参加了西路野战军西征打击马鸿逵、马鸿宾等国民党军队的战斗。1936年8月，根据党中央的指示，王首道参与组织成立了陕甘宁省豫海县回民自治政府，在回民聚居区进行了认真、广泛的工作，发挥了积极作用。10月，王首道随红十五军团总部攻入会宁城，为红一、红二、红四方面军的会师，在组织、后勤方面做了大量准备工作。

1937年7月，抗日战争爆发后，王首道任中共中央秘书长，负责中共中央机关经常性的秘书工作。他工作勤勤恳恳，一丝不苟，被大家称为党的内务工作的"好管家"。1944年10月，根据党中央的战略部署，三五九旅组成南下支队，王震任司令员，王首道任政治委员，率部从延安出发，向被日寇侵占的豫、鄂、湘、粤敌后挺进，去开辟新的抗日根据地。南下支队浴血苦战300余次，严重打击了盘踞在华南地区的日伪军，消灭了在湘赣边勾结日军祸国殃民的反动武装，解救了在日伪顽军残酷统治下的广大人民，胜利地完成了任务。1945年，在延安召开的党的第七次全国代表大会上，王首道当选为中央候补委员。

抗日战争胜利后，王首道奉命参加军事调处执行部的工作，任军事调处执行部沈阳二十七执行小组的中共代表，为实现全国人民要求和平反对内战的愿望做出了积极贡献。1946年8月，王首道被调到东北根据地工作，先后任东北行政委员会财经委员会主任、经济委员会主任、工业部部长。王首道在艰苦卓绝的战争年代，为中国人民的解放事业和新中国的建立做出了不可磨灭的历史贡献。

首任湖南省人民政府主席

1949年7月5日，随军南下的中共湖南省委在汉口召开入湘干部大会，王首道提出入湘后的基本任务是筹粮支前，剿匪安民，打开局面，铺开工作。根据毛泽东主席和中央军委指示，王首道具体参与组织了争取程潜、陈明仁在湖南举行和平起义的工作。长沙和平解放后，他担任长沙市军管会副主任、湖南省委副书记（排第一）、湖南省人民政府主席。

长沙和平解放之初，湖南的情况比较复杂，市场萧条，物价飞涨，失业严重。为了稳定物价，长沙市军管会在王首道等的领导下，采取取缔银圆在市场上流通，公职人员一律发给实物工资，加强对私营企业和银行的监督管理，防止投机，组织国家商业部门调动大量物资投放市场，平抑物价等措施，使市场和物价都趋于稳定。在接管工作中，王首道在总结实践经验的基础上，与军管会的其他同志共同研究，制订出第一步接管、第二步加强管理、第三步彻底改造的方案，经过几个月的紧张努力，军事、政权、财经、交通、文教等方面的按管任务顺利完成。王首道将接管情况向中共中央、毛泽东写了一个简要报告，毛泽东很快回电，对湖南的接管工作给予了高度赞扬。接管工作完成后，王首道将精力投入到医治战争创伤等重要工作当中。当时，中共湖南省委针对全省的复杂情况提出了三大任务：第一，坚决彻底肃清反革命残余土匪特务武装；第二，进行反霸减租，有步骤地消灭封建地主势力，为以后土地改革作好准备；第三，生产自救备荒。王首道作为湖南省委、省政府、长沙市军管会的主要领导人，在上述工作中付出了辛勤的劳动，做出了杰出的贡献。他亲自对清匪肃特工作进行部署，身体力行考察全省兴修水利的情况，认真贯彻落实华中局支前委员会的决定，积极组织支前征粮工作。他坚决贯彻中央关于统一财经工作的决定，保证统一财政收支、物资调度和现金管理，大力宣传党的政策，迅速恢复发展生产和调整私营工商业，为加强对湖南财经工作的统一领导和管理奔波操劳。

经过王首道等湖南党政领导的努力，到1950年底，湖南广大城乡都顺利开展了清剿土匪、减租反霸、生产救灾等工作，并取得了解放后第一个丰收年，全省稻谷产量达12700余万担，比1949年增产19%。工矿业生产也得到恢复，社会秩序稳定，物价平稳，城乡物资交流日趋顺畅，私营工商户数也比解放前增加了62%。在完成清剿土匪、反霸减租、生产自救三大任务后，王首道全力以赴地领导湖南人民深入开展了抗美援朝运动、镇压反革命运动和土地改革运动。湖南的镇压反革命运动从1951年开始，到1952年基本结束，惩治了一批罪大恶极的反革命分子，对一大批有反革命罪行但有悔过和立功表现的人进行了宽大处理。运动对维护社会秩序的安定、促进生产建设的恢复发展起了很大的作用。在长期的农村革命斗争中，王首道积累了丰富的工作经验。因此，在土改运动中，他非常注意掌握土改政策和斗争艺术。他深入到湘阴、长沙、益阳、常德、湘西等地区，实地考察土地改革的进展情况和存在的问题，发动贫下中农从政治上、经济上反对封建制度，向地主作斗争，提高农民的阶级觉悟，有效地促进了全省土改的完成，广大农村出现了一片初步繁荣兴旺的景象，农民的生产积极性空前高涨。1951年秋，全省收获粮食14000余万担，比1950年增产14%左右，农业的丰收还带来了城市工商业的繁荣和活跃。土改完成后，王首道积极领导全省人民开展“三反”“五反”斗争，经过努力，湖南的“三反”“五反”运动取得了预期效果，打退了资产阶级的进攻，教育了广大干部群众，转变了社会风气，巩固了恢复国民经济的成果。王首道在主持湖南省政的两年多时间里，为湖南人民做了许多工作，在他的努力下，湖南在政治、经济、文化教育等方面都取得了很大成绩，为湖南以后工作的开展奠定了坚实的基础。

有一分热发一分光

王首道还是新中国交通运输事业的奠基人。从1952年4月起，王首道任交通部副部长、党组书记。1954年10月至1959年4月，任国务院第六办公室主任，协助国务院领导同志联系交通部、铁道部、邮电部、民航部的工作。1958年8月起，担任交通部部长。在工作中，他注意充分发挥交通事业的先行作用，重视水陆空各种运输方式综合发展，提出了在全国范围内建立一个以现代化为主的四通八达的运输网的发展目标，组织领导了青藏和川藏公路、鹰厦铁路等一批国家重点交通基础设施的建设，不但为国民经济恢复时期提供了可靠的运输服务，而且为交通事业现代化奠定了坚实的基础。他特别重视农村公路网的建设，经常深入基层，深入实际，先后到过20多个省区市，有的地区交通不便，就组织工作人员步行或骑车进行调查。他为发展中国交通运输事业倾注了极大的心血，是新中国交通运输事业的开拓者和奠基人之一。

1964年，王首道调任中南局书记处书记。1968年2月至1977年12月，他先后担任广东省革委会副主任、广东省委书记、广东省政协主席。在此期间，他经常深入农村基层，检查指导工作；他关心人民的防病治病工作，使广东成为全国最早消灭血吸虫的省份；他重视教育，主张尽快恢复大学招生，1970年秋，广东一批停办了4年多的大学又开始恢复招生。

1978年3月，王首道当选为中国人民政治协商会议第五届全国委员会副主席。他积极参加全国政协的领导工作，不顾年迈体弱，经常深入基层，作实地考察，先后深入到湖南、广东、山东、四川、湖北等省市的基层，仅1982年，他就考察了7个省的18个市和一些县。他满怀激情将在基层深入考察的实际情况写成调查报告，呈送中央、国务院及有关部门供决策参考，并发表在各级报刊上，给人以启迪和鼓舞。

在党的十二大召开前夕，为了带头打破“领导职务终身制”，王首道向党中央主动提出辞去全国政协副主席的请求，得到党中央的批准。在党的十二大、十三大上，他连续当选为中央顾问委员会常务委员。他特别关注特区，积极为特区的经济发展排忧解难。为了深圳盐田港的建设，他不辞劳苦，呕心沥血，奔走于深圳与北京之间，穿针引线，为盐田港的立项、投资日夜操劳。他关怀青少年成长，在病危之际，将自己的稿费1.6万元捐给家乡，帮助失学儿童解决读书问题。他十分关心中国的人口和计划生育工作，创建了中国计划生育协会，并担任第一任会长，为计划生育工作做出了重大贡献，获得国际计生联亚太地区理事会授予的特别荣誉奖，受到中央领导同志的赞扬。他关心家乡湖南的建设，在任全国政协副主席和中顾委常委期间，不顾年事已高，先后视察了南山牧场、张家界的水电和旅游业，以及平江县、衡阳市等地，就老区建设、改革开放、发展经济等方面提出了很好的指导性意见，并竭力为家乡解决实际困难，表达了拳拳赤子之情。他无限深情地说："一个真正的爱国主义者，必然热爱自己的故土，能在有生之年为家乡多做贡献，既是对生我育我之地的回报，也是给自己莫大的慰藉。"在王首道的记忆里，浏阳人民为缺电、干旱吃了不少苦头，如果能在家乡建座水库，解决水力发电问题，就能为子孙万代造福。

为实现造福后代的宿愿，王首道不顾八旬高龄，冒着严寒，于 1986 年 1 月回到故乡，第一次视察浏阳河南源小溪河的株树桥。株树桥距浏阳县城 30 余公里，当时还没有公路相通，80 岁高龄的老人要步行数十里，实在举步维艰，王首道只好乘人力轿子抵达这里。他不顾年迈体弱，沿小溪河两岸视察，望着碧波翻滚的河水，不时啧啧赞叹："在这里建一个水电站，让河水发电该多好啊！"在王首道的倡导下，株树桥水电站工程指挥部于 1986 年 3 月正式成立，1986 年 10 月正式破土动工，历时 6 年，1992 年 5 月 27 日 3 台机组全部投产，成为湖南第一座砼面板堆石坝电站，载入《世界水电手册》。

1996 年 9 月 13 日，王首道在北京病逝，享年 91 岁。

罗章龙

他应“二十八画生”征友结识毛泽东，是新民学会的发起人和组织人之一；他赴北京大学求学结识李大钊、陈独秀，是北京共产党早期组织的最初成员之一。他还是最早将马克思主义与中国工人运动相结合的共产党人之一，直接参与领导陇海大罢工、开滦煤矿大罢工、京汉铁路大罢工……

罗章龙，原名敖阶，字文虎，1896 年 11 月 30 日出生于浏阳沿溪镇一个农民家庭。祖上世代务农，生活清苦。其弟罗章凤早年参加革命，1932 年被捕牺牲于狱中，年仅 26 岁。

罗章龙 5 岁时进广学书塾，8 岁入狮山学院，10 岁考入县立南台高等小学，均为公费学校。小学毕业后，罗章龙考取了长沙第一联合中学（简称联中）。当时，联中的一些品学兼优的同学，组织了一个“辅仁社”，其主要成员有罗章龙、张孝骞等。“辅仁社”的宗旨是敦品力学，志在治国平天下。

1915 年春天，罗章龙在联中传达室看到“二十八画生”发布的《征友启事》，大意是征求有志于改造中国与世界的青年做朋友，罗看后回了一封信，署名“纵宇一郎”。几天后得到回信，信内约定时间在定王台图书馆阅览室见面，双方手持报纸为记。信末签名仍是“二十八画生”。星期日，他们按约定地点相见，互道情况后，罗章龙才知道与他见面的“二十八画生”就是毛泽东。此后，他们经常一道外出，成为知交。同学们称誉他们俩是“管鲍之交，后无来者。”

1917 年 4 月，毛泽东和罗章龙等共同发起组织“新民学会”，欲以改革时弊、更新士气为己任，要求会员博览群书，强健体魄，广交朋友。新民学会成立后不久，决定派罗留学日本，为学会谋出路。罗章龙乘船到上海时，突然得知东京发生日警迫害中国侨民风潮。他激于义愤，中止赴日，返回长沙。行前在书店买了几本陈独秀编的《新青年》，刊物上有赴法勤工俭学的介绍。回到长沙后，他将《新青年》杂志介绍给学会会员。学会几经讨论，决定派毛泽东、罗章龙等会员先行赴京，策划留法勤工俭学事宜。后来，新民学会会员经多方调查，最后决定多数人赴法，两人留京。一是毛泽东，另一人即罗章龙。

罗章龙于1918年考入北大预科，时值蔡元培出掌北京大学，蔡倾向革新，治学用人主张“陶冶中西，兼容并包”，一时北大学术思想空前活跃。罗章龙怀着对新思想的向往，积极参与校内各项活动，逐渐成为学生运动中的先锋，活跃在北京各大学之间。

1919年5月4日前夕，北大学生会联合在京的其他国立大学学生秘密组织了包括罗章龙在内的行动组。5月4日早上，行动组组织北京8所国立院校数千人在天安门集会，会后举行游行。当游行队伍行至王府井时，北大学生会负责人易庚虎、罗章龙和法文专修学校罗汉等秘密协商把队伍引向赵家楼曹汝霖家示威，最后火烧赵家楼，这件事振奋了全国。

在五四运动的影响下，罗章龙开始转向马克思主义的研究。一些志同道合倾向于十月革命道路的人自发组织成立了马克思学说研究会。研究会成立后，学校拨出西斋宿舍中的两间房屋作为学会的活动场所，大家亲切地称它为亢慕义斋，意译为共产主义小屋。

1920年5月，共产国际代表马林、伍廷康等来到北大，与李大钊和罗章龙等进行座谈，内容包括革命以后苏联的政治、经济情况和中国的学生运动、工人运动的现状等。会谈后国际代表表示满意，并以第三国际的名义指令参加会谈的人为共产党员，罗章龙成了我国最早的共产党员之一。

五四运动后，共产党人开始从事工人运动的实践。李大钊、罗章龙等北京共产党早期组织成员直接领导了这一运动。他们经常到长辛店工人补习学校和南口、唐山等地开展路矿工作状况的调查。1921年中国共产党正式成立后，罗章龙相继担任中共北京大学第一任支部书记、中共北京区委委员。9月，中国劳动组合书记部成立，他又兼北方分部主任。此后除学校工作外，他频繁奔走于陇海沿线与津浦沿线了解工运情况，结识了大批路矿工人领袖，其中不少人是由他介绍加入中国共产党的，他们后来大都成了领导全国革命斗争的风云人物。与此同时，罗章龙主编的《工人周刊》，在宣传、鼓动、报道工人运动方面也起了重要作用。

1921年11月，罗章龙前往洛阳，领导陇海铁路大罢工。这次罢工，历经10日，胜利结束。这是我党直接领导的第一次大规模罢工斗争。这次罢工的胜利，为北方地区和全国以后进行的无数次罢工斗争奠定了基础。

1922年秋，罗章龙又领导了开滦五矿罢工。罢工前夕，中共北方区委与北方劳动组织书记部全力以赴，组成强大的五矿罢工指挥机构。罗章龙任中共党团组织负责人兼指挥部主任。历时20多天，罢工最后取得了胜利。

在这次罢工斗争中，中国工人得到了锻炼，丰富了经验，博得中外革命团体的赞扬，引起世界舆论的重视，在中国近代革命史上具有重大的政治意义。

1923年1月，北方区委认为组织成立京汉铁路总工会的时机已臻成熟，于是着手准备。2月1日，京汉铁路工人在郑州召开京汉铁路总工会成立大会，遭到直系军阀吴佩孚的阻挠和破坏。4日，京汉铁路沿线3万多工人举行总同盟罢工。罢工斗争为总工会领导，指挥机构是中共京汉铁路党团，即北方区委及劳动组合书记部负责人罗章龙等人组成的领导小组。罢工得到全国各界的支援，全路秩序井然。7日，吴佩孚派军队对罢工工人进行血腥镇压，江岸分会委员长共产党员林祥谦、京汉铁路总工会法律顾问共产党员施洋先后惨遭杀害，此即震惊中外的二七惨案。罗章龙一面以北京区委负责人的身份处理二七善后事宜，一面亲笔编写了《京汉工人流血记》一书，详细记述了事实的经过及其产生的深远影响，成为研究二七大罢工斗争的重要文献。

1923年6月，罗章龙作为北方区委代表到广州出席中共第三次全国代表大会，被选入中央局。党的三大决定了国共合作，会后罗章龙与毛泽东作为中共代表共同在国民党上海执行部组织部工作，在此期间罗章龙草拟了党对国共合作的指导文献《中共中央第十三号通告》。此后他为国共合作事宜和南方各省的建党工作而奔忙，并出席了全国铁路总工会筹备会议，参与主编中央机关刊物《向导》。1924年夏，罗章龙作为中共代表团成员与李大钊等赴莫斯科出席共产国际第五次代表大会。会后，他又代表中国工会出席在德国汉堡召开的第四次赤色职工国际代表大会，当选为该会的中国书记。

1925年初，党的四大第一次会议上，罗章龙当选为中央委员。他相继主持召开第二次、第三次全国铁路总工会会议，主编了《铁总年鉴》《革命战士集》。前者是我国早期铁路工人运动的珍贵文献，后者是党最早的一部革命英烈传。此外，他还创办了全国总工会会刊《中国工人》。

1926年秋，罗章龙带领北方区委一批干部到武汉，筹组国共合作政府。他先期在武汉中央分局和中共湖北省委工作。国共合作的武汉政府成立后，他作为党的代表参加了国共联席会议。

1927年5月，罗章龙参加筹备中共五大，会上再次当选为中央委员，会后兼任第一届中共汉口市委书记。大革命失败后，参加湖南新省委领导班子，兼任宣传部长和工人部长。湘赣边界秋收起义中，负责长沙市行动委员会，策应起义工作。

1928 年 6 月，罗章龙出席在莫斯科召开的党的第六次代表大会，任大会副秘书长。会上继续当选为中央委员。六大结束后回国，先后担任中央职工委员会书记、全国总工会党团书记和全国总工会委员长等职，主持全国总工会工作，并主编和创办了《中国工人》《斗争导报》《全总通讯》等机关刊物，出版了《1927—1930 年中国职工运动状况》一书。在此期间他还代表中国工会出席了太平洋劳动会议，并任主席团成员，为中国工会的建设和发展付出了大量的心血。

正当他积极重整工人运动阵营时，“左”倾教条主义错误统治的中央，认为新的革命高潮已经来到，从而不顾敌人的强大和白色恐怖的猖獗，要求在城市举行暴动和起义，并改组了全国党团工会组织，成立行动委员会。罗章龙对此忧心如焚，深感问题的严重，提出了自己的看法，发表了不同意见，并在中共六届四中全会后成立“中央非常委员会”。应当指出的是罗章龙没能站在正确的立场上反对四中全会，而是在反对四中全会的名义下企图分裂党。为了维护党的统一，1931 年 1 月，中央政治局通过了《关于开除罗章龙中央委员及党籍的决议案》，并随即付诸实施。

罗章龙离开党组织后，先到东北开展抗日工作，但因处境十分困难，不久回到上海，一边养病，一边攻研政治经济学。1933 年，其行踪被叛徒告密，被捕入狱，后得蔡元培奔走营救，才获释放。

1934 年，罗章龙被聘为河南大学教授，兼任经济系主任，从此开始了漫长的教学生涯。他利用余暇，致力于中国经济史的研究，开始了《中国国民经济史》的著述。该书于 1942 年在商务印书馆出版，因其以翔实的史料、独到的见地、崭新的方法，精辟地阐明了中西经济史发展的关系，出版后马上得到国内经济学和史学界的高度评价，被视为“近年出版中国经济史中之佳构”，著名史学家钱穆及经济学家马寅初以及唐庆增、顾颉刚、商章孙等对此著作均有好评。

“文化大革命”结束后，罗章龙应李维汉之约，参加了“中共党史座谈会”。会后，奉调进京，担任中国革命博物馆顾问并担任全国政协第五、六、七、八届委员。他虽已耄耋之年，却仍笔耕不辍，积极撰写革命历史回忆录，热情接待全国各地党史工作者和其他来访人员。在此期间，先后出版了《椿园载记》《椿园诗草》等书和译作《为人类而工作》，再版了《康德生平》，发表了一批回忆文章。1991 年 7 月，国务院给罗章龙颁发了政府特殊津贴证书，表彰他为发展我国科学研究事业做出的突出贡献。

1995 年 2 月 3 日，罗章龙因病在北京去世，享年 100 岁。

张启龙

他先后担任区委书记、县委书记、省苏维埃政府副主席、省军区司令员、南下二支队政委、省委书记、全国供销合作总社常务副主任、中央组织部常务副部长、中央纪律检查委员会副书记等职务。他是中共七大代表、八届中央候补委员，十二大当选为中顾委委员。

张启龙，又名张复生，1900 年 4 月 8 日出生于浏阳永和镇一个贫苦农民家庭。他的父亲张德钊，积极支持儿子张启龙闹革命，后遭反动派残酷杀害。为了革命，他的叔父张德松、堂弟等 6 位亲人献出了生命。

张启龙 8 岁入学，成绩优异。1919 年，他考入了学杂费很低的浏阳乙种师范（后该校并入长沙长郡中学师范部）。在进步教师黄衍仁等的指引下，他较系统地学习了革命理论，思想觉悟得到进一步的提高。4 年后，长郡中学师范部毕业的他回到家乡从事教学工作，欲以学校作为园地，为革命培养人才。同时，他仿效陈昌创办“浏西文化书社”，田波扬、潘心元组建“浏北新民社”的做法，在浏阳东区成立了“以文社”。其宗旨是联络感情，研究学术，以文会友，实际是宣传反帝反封建的新文化、新思想，吸收的对象是小学教员。为扩大组织、适应社会发展，1924 年，“以文社”改称为“新社”，并以推翻当地教育界的保守势力，进而打倒政界的反动势力为目的。1925 年，青年团湖南区委拟直接吸收他加入中国社会主义青年团的组织（当时代号为中学）。考虑他已满 25 岁，中共湖南区委在审批时，即将他批准为中共党员（代号为大学）。

1926 年，张启龙出席了在浏阳县城召开的中共浏阳县第一次党员代表大会。大会后，被指派为中共永和区委书记。1927 年 4 月，张启龙调任中共浏阳县委工运部长。马日事变后，他带领工人武装积极参加县委组织的攻打长沙的战斗。普迹惨案发生后，他又率部开赴西乡镇压叛乱，给地主和反革命分子以沉重的打击。

这年 7 月，张启龙转入部队工作，随部开赴江西参加南昌起义。部队后来被编为中国工农革命军第一师第三团。张启龙任第三团组织委员。20 日，起义部队在文家市会师后向湘南进军，张启龙身染疟疾，行走不便，与战友彭商仁等在江西莲花掉队。因一时找不到部队，经与彭商仁等商议后，一同回到浏阳治疗休养。在此之前，原省农运特派员、中共祁阳特别支部书记王首道受中共湖南省委指派回浏阳恢复发展党的组织，已在永和成立了中共浏东特别支部，欣闻张启龙回乡，王首道、李贞等特派人前往联络，并请张启龙出任浏东暴动委员会主任，负责浏东游击队的组建工作。浏东游击队成立后，张启龙随队活动，组织了攻打沿溪桥和张家坊等重要战斗，消灭了盘踞在这一带的敌人，受到广大群众的热烈拥护。

1928 年 6 月，因潘心元调中共湘东特委工作，张启龙接任浏阳县委书记。1930 年 4 月，他兼任浏阳县苏维埃政府主席。1930 年 8 月 1 日，中共湖南省委决定重建被破坏的原湘东特委，调浏阳县委书记张启龙任特委书记，他从江西萍乡到浏阳，一直随红一军团行动，协助开展地方工作。1931 年 5 月，中共中央作出《苏维埃区域党的组织决议案》，决定撤销赣西南特委，成立湘东南省委。随后，中央又决定改名为湘赣省，张启龙任临时省苏维埃政府副主席并负责组建省军区工作。1932 年 2 月，湘赣省委在永新召开了一、三师誓师与成立湘赣省军区大会，张启龙任军区总指挥。

1933 年，由于抵制王明"左"倾路线，张启龙被错误当作"AB"团分子列入肃反名单，受到开除党籍、撤销党内外职务的错误处分。在任弼时、王震、肖克等同志的营救下，张启龙才免于一死，改判为一年零两个月的徒刑，被迫与妻子李贞离婚。

1934 年 7 月，红军第五次反"围剿"失败，湘赣红军受命编为红六军团突围西征，以开辟新的革命根据地，策应中央红军大规模的战略转移。出发前，任弼时、肖克、王震等领导担心张启龙的安危，决定带他随红六军团行动。途中，张启龙患了严重的肠胃病，痛苦难当。为了不给部队增加麻烦，他不坐担架，不骑马，拄着棍子坚持步行，有时手掌磨起血泡，还跟在后面拼命追赶。红二、六军团在贵州印江县木黄胜利会师后，展开了一系列的战斗行动，取得了重大的胜利。11 月 26 日，根据党中央电示：在大庸成立了中共湘鄂川黔边区省委和省革命委员会、省军区。根据张启龙的表现，省委决定恢复他的工作，任命他为省革命委员会总务局局长（即秘书长）。

1935 年 11 月间，张启龙调任湘鄂川黔省革命委员会粮食部部长（又称供给部长）。在这期间，他走遍苏区各地，为部队筹集粮食、物资。月底，红二、六军团完成了在湘鄂川黔根据地的重大使命后，根据党中央和中央军委指示，离开湘西，进行长征。部队与红四方面军会师后，奉命改称红二方面军，张启龙仍任红六军团粮食部部长。为了筹到粮食，他常带着会计科科长汤池走村串巷做筹集工作，天黑了，没有灯，他们就摸黑走路，凭着感觉写筹粮通知。在他们的努力下，红六军团很少因饥饿而减员。1936 年秋，红二方面军党委决定恢复张启龙的党籍。

1937 年 1 月，红二方面军经过万水千山胜利到达目的地陕北，稍事休整后，张启龙被分配到甘肃省辉县、同陈县等地从事调查研究。出发前，红二方面军党委经报请中央军委同意，恢复了张启龙的党籍。不久，张启龙由甘肃回到陕北，调任红六军团统战部长兼党务委员会常委。

毛泽东一直对张启龙极为关切，当年湘赣省苏维埃政府将处分张启龙的案件报告到中央政府时，他以中华苏维埃中央人民政府主席的名义，复电云："判张启龙一年零两个月徒刑不为轻。"长征后期，毛泽东又指示要为张启龙平反，恢复党籍。在延安召开的党的六届六中全会期间，毛泽东又一次提及张启龙的平反问题。这年三十晚上，他还特地请张启龙、王首道、谭余保等到他家吃"团圆年饭"，席间，他亲切地问起张启龙、王首道的情况，恳切地对他们说：湘赣省委对你们的处分是错误的，我替你们平反了！张启龙、王首道听后深受感动。

1937 年 10 月，经毛泽东亲自批准，张启龙进入延安中央党校学习，不久即担任了党校党总支书记兼学校管理委员会委员。1938 年 9 月，张启龙被调到马列学院学习。他学习认真，工作积极，很快成为了该院院长张闻天的得力助手，被选为学院检查工作委员会委员，并于 1939 年 3 月调任学院党总支书记。张启龙在马列学院学习和工作了整整三年，为培养马列主义的理论队伍做了大量的工作。

1941 年 9 月，张启龙调任中央管理局局长兼中央直属党委委员。当时管理局的重要任务就是筹划中央机关工作人员的供给问题。国民党的经济封锁对中央机关造成物资、生活必需品方面的严重困难。在这种情况下，被誉为"供给专家"的张启龙，重操旧业，他在党中央的领导下和边区人民的帮助下，坚持自己动手、自力更生、生产自救的原则，建立了新的管理体制和边区自己的公营经济。到 1942 年，军队和机关学校因自己动手而解决了整个供给的大部分。1942 年 2 月，张启龙在中央党校学习，兼任第六支部书记，后任第四支部主任。在这里，他又学习了大量的马列著作和党的文件，总结了前一段工作。

抗日战争胜利后，张启龙赴东北，先后任中共吉林省委副书记、书记，吉东（东满）军区副政委、政委。1947 年 5 月起，任中共合江省委副书记、书记，合江军区副政委、政委。1949 年 5 月，任中共黑龙江省委书记。张启龙领导黑龙江省委一班人认真学习党的七届二中全会有关文件，领会精神实质，从具体实际出发，探索积累领导城市工作的经验。在掌握全国政权以后，由于我党对城市工作缺乏经验，如何以城市领导农村，是一个新的课题。张启龙在思想上有一点是明确的，就是必须把生产搞上去，变消费城市为生产城市。1949 年 11 月，张启龙主持召开了城市工作会议，专门研究如何搞好城市的经济建设问题，制定了一系列发展生产的具体政策措施。虽然张启龙在黑龙江省工作的时间不长，仅 10 个月，但他留下的艰苦创业的宝贵精神财富永远留在广大人民的心中。

中华人民共和国成立后，张启龙任中共辽东省委书记兼辽东军区政委，后兼军区司令员、中共中央东北局委员。1958 年起，张启龙调任中共中央组织部副部长（后任常务副部长），后当选为第二届全国人大常委会委员。他坚决贯彻执行党的组织路线和德才兼备、任人唯贤的干部政策，坚持公道正派的作风，注重对干部的培养、教育和选拔，对待犯错误的干部一看二帮，慎重使用。1962 年，他根据中央批示，到山东、安徽等地搞甄别工作，对反右和"反右倾"中的一些错案进行了纠正。1965 年，张启龙受到错误批判，被调至南京担任副市长。虽然受到很大委屈和不公正待遇，但他能顾全大局，勤奋工作，尽力为市民办好事、办实事，深受民众赞扬。

"文化大革命"中，张启龙受到林彪、康生和"四人帮"的残酷迫害，妻子也不幸离世。在被长期关押和批斗的逆境中，他始终坚持原则，敢于斗争，表现了共产党人的崇高革命气节。

1978 年，张启龙恢复工作，当选为五届全国人大常委委员、五届全国人大二次会议提案审查委员会主任委员，在党的十一届三中全会上当选为中央纪律检查委员会副书记。他虽年逾古稀，仍以一个老党员的政治责任感，积极参与党的纪检部门恢复与重建工作，在拨乱反正、平反冤假错案和新时期的党风建设中，发挥了重要作用。后来他主动要求退居二线，当选为中顾委委员，不久又要求不再任中顾委委员。此后，他以革命的乐观主义和顽强的毅力，边同病魔作斗争，边做力所能及的工作。

1987 年 6 月 3 日，张启龙在上海逝世，享年 87 岁。

唐 亮

唐亮是中国人民解放军开国上将，中华人民共和国成立时，任第三野战军政治部主任。

成长中的政治工作者

唐亮原名唐昌贤，1910 年 6 月 13 日出生于浏阳永和火石岭的一个佃农家庭。6 岁时，父亲要他放牛，家族长辈坚持要让他上学，并议定由宗祠出谷资助。唐亮上了 3 年学后，老师看他成绩好，让他跳级上了高小。由于家境贫寒，11 岁时被迫辍学，到鞭炮作坊当学徒做工谋生。

湖南农村大革命蓬勃发展，唐亮受到革命斗争的影响，他加入到县工人纠察队。马日事变后，他参加农民协会，任农民赤卫队小队长，参加了十万农军攻打长沙的军事行动。1929 年冬，任乡苏维埃政府宣传委员。

1930 年 8 月，唐亮参加中国工农红军，不久加入中国共产党。为了表示对革命前途的向往，他把名字改为唐亮。同年 10 月，他被分到红三军团第八军第二师任党委秘书，兼任师直重机枪连党支部书记。后任红三军团八军二师连政委、团总支书记、四师十团政委、师政治部主任等职。

1931 年 1 月，唐亮调任红二师第六团第一连政治委员，奉命去改造一个打骂现象十分严重的连队。初到这个连队，困难不少。但是他按照师政委彭雪枫的指示，首先抓了古田会议决议的贯彻，认真学习和领会古田会议决议的精神，加强党支部领导，注重发挥士兵委员会的作用，规定全连所有人员包括连长、政委都得接受士兵委员会的监督。他深入班排，同战士谈心，使连队一改过去官兵关系紧张的面貌。经过一年的努力，这个连根绝了打骂现象，各项工作都很出色，成为贯彻古田会议精神的模范连。1932 年 1 月，唐亮调任红二师第七团党的总支书记，不久又调任红二师直属政治处主任。同年 8 月，继任红二师六团政治委员，指挥了攻击宜黄的战斗。同年底，被送到红军大学高级干部政治班学习。

1933 年 6 月，从红军大学毕业的唐亮被分配到红三军团四师政治部任组织科科长。同年 8 月，中央军委决定以红三军团为主，组成东方军，入闽作战，唐亮随军前往，在攻打王台的战斗中，左脚负伤，入院治疗。

1934年6月，唐亮任红四师十团政治委员，参加了著名的广昌战斗。随后，因病离开十团。同年10月，中央红军开始长征，唐亮因病未愈，到红三军团随营学校任党总支书记，负责收容掉队的伤病员、筹集粮款和接应后续部队。在身患疾病的情况下，他仍然强忍剧痛，鼓励大家艰难地走出了草地。由于筹粮、筹款和收容工作做得好，他曾两次受到上级表扬。

抗日战争时期，唐亮历任八路军一一五师三四四旅及二纵政治部副主任、冀鲁豫军区政治部主任、教导第四旅政委、湖西军区政委、湖西地委书记、滨海军区政委、区党委书记等职，为开辟、巩固、发展冀鲁豫抗日根据地做出了贡献。

“战斗口号”鼓舞人心

唐亮在革命斗争的实践中，逐渐摸索和总结出一条独特的政治工作方法，就是每次行军或发起战斗，必提出响亮的“战斗口号”，激励官兵克服千难万险，勇往直前，战胜敌人。

1942年8月，唐亮调任鲁西南地区的第一一五师教导第四旅政治委员，同时兼湖西军分区政治委员和中共湖西地委书记，对湖西抗日根据地实行一元化领导。到任后，他同其他领导一道，从增强内部团结、加强形势政策教育入手，坚定指战员的斗争意志，树立“有敌无我，有我无敌”的思想，提出“破网反‘扫荡’，人在根据地在”的誓师口号，增强部队的胜利信心。他们大力加强侦察工作，当时一个千把人的团，侦察员就有100多名，散布在附近日伪据点里或周围，以便随时掌握日伪的动向。他使用“你打到我根据地来，我就打到你敌占区去”的战术原则，把主力部队散成小股部队，进入敌战区进行突袭作战，积小胜为大胜，粉碎了1000多日伪军对湖西地区拉网式的“大扫荡”。

1945年初，针对日军为控制滨海地区的“大扫荡”，他与滨海军区司令员陈士榘提出“坚持三结合，敌进我进”的战斗口号，派出武工队深入敌后，广泛发动群众，孤立敌人，发动游击战，捣毁敌人沿海据点，粉碎了日军妄图控制沿海的阴谋。滨海军区在兄弟部队的配合下，发起了诸城战役、郯（城）马（头）战役，开始进行抗日战争的大反攻，巩固和扩大了解放区。

日本无条件投降后，唐亮和陈士榘指挥由滨海军区部队组成的第一师、第二师，分两线作战，经过各部队一个多月的艰苦奋战，除泊儿镇据点稍后被攻克外，滨海区全部解放。

1947年1月，山东军区、华中军区及其野战军正式合并为华东军区和华东野战军，唐亮任军区政治部副主任和野战军政治部主任。5月中旬，国民党军的重兵集团向沂蒙山区猛攻，其五大主力之一的整编第七十四师孤军突击，从垛庄向北进攻，准备于14日攻占坦埠。华东野战军下最后决心，改变原定打第七军和整编第四十八师的战役计划，改为集中主力5个纵队围攻、4个纵队打援的战役计划，以在百万军中取上将首级的气概，从国民党军密集的重兵集团中，将整编第七十四师这个"上将"王牌师剜割出来，在蒙阴以东、坦埠以南的孟良崮地区加以消灭。战役从13日黄昏发起，唐亮在参加指挥部的决策后，发出"消灭七十四师，活捉张灵甫"的战斗号令，经过激烈战斗和反复争夺，至16日下午，将全部美械装备的整编第七十四师3万余人全部歼灭，中将师长张灵甫被击毙，山东战局开始好转。中共中央致电庆贺歼灭整编第七十四师的伟大胜利。

1948年秋打响的济南战役，是华东野战军举全军兵力进行的一次大规模攻城打援之战。唐亮根据党中央和中央军委制定的战略方针，以各种有效形式，将战役目标以最快的速度传达到部队指战员中。他亲自起草的《关于攻济打援的动员令》，提出"攻下济南府，活捉王耀武"的响亮口号，所有参战人员和支前民工都被动员起来了，自觉地为实现这个战役目标而英勇作战。战斗打响后，攻城部队的官兵发扬大无畏的革命精神，不怕牺牲，勇敢顽强，浴血奋战，涌现出像"济南第一团""济南第二团"等大批英雄模范单位和人物。此役经过八昼夜的激战，歼敌10万余人，生俘王耀武。

11月淮海战役发起后，为鼓舞部队乘胜前进英勇作战，唐亮提出了"勇猛坚决、干脆彻底地歼灭敌人，不让敌人逃到江南去"的战斗口号。这个口号任务明确，简洁有力，在全体指战员中产生了巨大号召力。

补充兵员，成效显著

兵家之言：行伍不充，取败之道也。唐亮不仅深知其理，而且把理论与实际紧密联系起来。他在参加解放战争的实践中，深感部队战斗频繁，伤亡减员大，解决兵员补充对保证持久作战关系极大。他认为，除从解放区动员兵员外，主要应通过争取、改造俘虏的国民党军士兵来补充。他在政工会议上说：国民党军中的士兵，并非都出于自愿当兵，他们大多数出身贫寒，是被拉壮丁、抽丁强迫而来的。他们对国民党、蒋介石发动反革命内战十分不满，而对共产党领导穷人闹革命、求解放却非常赞同。只要我们正确对待，严格执行俘虏政策，通过艰苦细致的政治思想教育和改造，提高他们的阶级觉悟，真正懂得为谁打仗，是可以将他们补充到我军战斗连队的。他根据瓦解敌军的原则和中央军委、总政治部的指示精神，1947年初，主持制定发布了《山东野战军关于处理俘虏官兵的决定》，明确规定各部队对俘虏的国民党军官兵，在经过短期的审查、教育，激发其阶级觉悟后，就可以补充部队。

其实早在1944年11月发起的山东莒县战役中，唐亮与陈士榘一起，争取伪军3500余人反正，就被誉为军事攻势与政治攻势相结合的范例。不久，他们又争取了诸城伪保安大队长张希贤率部1300余人反正。大股伪军的反正，沉重打击了日本侵略者“以华制华”的阴谋和国民党“曲线救国”的反动政策。

山东野战军和华中野战军并肩作战，在鲁南战役中歼灭国民党军整编第二十六师、第五十一师和第一快速纵队，共5.3万余人，缴获美制坦克24辆，榴弹炮、野炮、山炮89门，汽车474辆。有了这些优势装备后，唐亮建议立即成立特种部队，加强统一管理与使用。他的建议被采纳，华野以此为基础，成立了特种兵纵队。这些坦克、汽车驾驶员和火炮手大多数是被解放过来的，他们驾驶着战车，奔驰在华东战场上，把一发发炮弹射向国民党军阵地。有人幽默地说：蒋介石真大方，不仅给我们送装备，还给我们送掌握这些装备的人才。

后来，唐亮又根据战争形势的发展变化，兵员补充时限紧、数量大等情况，对俘虏兵又改为随俘随补随教和在实战中锻炼考验的办法，有效地解决了战斗兵员的来源。淮海战役历时66天，开始时华野只有42万人，到战役结束时，兵力增至46万余人。战役发起时解放过来的国民党军士兵，有不少人当上了班、排长。1949年底，华野部队的数量，比1946年解放战争开始时增加了6倍，如此多的兵员，很大一部分是来自俘虏的国民党军士兵。

解放战争时期，唐亮历任山东军区政治部副主任、山东野战军政治部主任、华东军区政治部副主任、华东野战军政治部主任、西线兵团政委、第三野战军政治部主任等职。在陈毅、粟裕、谭震林的领导下，他参加了孟良崮、豫东、济南、淮海、渡江、上海等重大战役的组织指挥。他在领导部队发扬革命英雄主义精神，开展立功创模运动，瓦解敌军，改造俘虏，增强内外团结等方面，成绩卓著，被誉为“模范政治工作者”。

此外，唐亮对城市治理工作颇有心得。早在1948年3月洛阳战役中，他即开始考虑城市管理问题。他认为，得民心者得天下，管理城市也通此理。因此，他要求所有参战部队要有针对性地进行城市政策教育，严格组织纪律，自觉遵守各项规定，做到秋毫无犯。部队攻下洛阳城后，有的战士虽一天未吃上饭，但商店里的饼干却没有一个人去拿；有的战士鞋磨破了，可缴获的力士鞋却没有人去换。特别让群众感动的是，我们的战士冲上一座楼房，敌人已经逃走，人也不知去向，房内有漂亮的绣花被、崭新的衣服，桌上还有一块瑞士宝石怀表，战士们在楼房里进进出出，并奉命就地休息，直到部队离开时，所有衣物原封不动，那只怀表依旧放在桌上。群众交口称赞解放军是“仁义之师”。

1949年4月渡江战役前，唐亮在《人民前线》第1期发表了《关于渡江作战政治工作问题》，野政还编印了分3个单元共11课的《进军教材》，为渡江战役的政治动员规定了方针、原则、教育内容、方法与要求。5月上海解放前后，唐亮在陈毅领导下狠抓部队城市政策纪律教育，先后以野战军政治部的名义向各参战部队下发了《约法八章》《入城守则》《新区农村工作》等文件。5月上中旬，唐亮在苏州主持召开接管上海的政治工作会议。他在会上强调，要认真进行政策教育、纪律教育和城市生活常识教育，要求各部队教育指战员树立主人翁的思想，爱护公共财产，保护人民利益，严格遵守城市政策，发扬艰苦奋斗的优良传统和谦虚谨慎的作风，抵制资产阶级思想的侵蚀。第三野战军部队在进入上海市区后，模范地执行政策纪律，涌现出不少“南京路上好八连”式的连队，赢得了上海人民的信任和赞扬。

1949年6月以后，唐亮被任命为南京市军管会副主任、南京市委第一副书记。此时，军管委主任、市委第一书记粟裕因病离南京赴外地治疗，唐亮与市委一班人便挑起了改造、整顿、治理旧南京市的重担子。他首先整治市民反映强烈的社会治安状况，下大力气组建了公安、部队、民兵和群众骨干四结合的治安网络体系，4个月内就侦破了2000多起案件，遣送国民党散兵游勇2.2万余人，严厉打击了流氓、土匪、特务的猖獗活动，短时间内就取得明显成效，使南京的社会秩序逐渐好转。

1950年以后，唐亮历任华东军区政治部主任、副政委、党委第二书记、中共中央华东局委员、南京军区政委等职务，他在中共八大二次会议上被增选为中央候补委员，是中共第九、十、十一届中央候补委员，第十一届中央军委委员。1982年9月，当选为中央顾问委员会委员。他还是第一、二、三届国防委员会委员。1955年，他被授予中国人民解放军上将军衔，荣获二级八一勋章、一级独立自由勋章、一级解放勋章。

1986年11月20日，唐亮在北京病逝，享年76岁。

李志民

作为中国人民解放军开国上将的李志民，戎马生涯数十年，积累和创造了丰富的政治工作经验，成为了名副其实的善打“政治战”的上将。

实战尽显政治工作才能

李志民原名凤瑞，又名明阶，1906年7月9日出生于浏阳高坪镇一个农民家庭。1924年秋，李志民高小毕业后，经邓子封等老师的全力推荐，被破格聘到西坑小学任教，由于工作认真负责，不久被推选为该校校长。

1925年，上海发生五卅运动，他激于民族义愤，参加了湖南旅省同学组织的“返乡宣传队”，声援上海人民。1926年春，他被选为乡农民协会副委员长，积极从事农民运动，并先后参加浏阳县暑期政治讲习所和县党务研究所的培训，学习马克思主义。1927年4月初，加入中国共产党。1928年3月，他根据党组织的指示，在连云山组建了高坪区游击队，任党代表。他和队长张维带领这支队伍日伏夜出，开展打击土豪劣绅、袭击民团的斗争。10月，黄公略率领的红五军第二纵队来浏阳开展游击战争，高坪游击队编入第二纵队，他任第二纵队七大队四中队党代表，正式参加红军，以长坑、丙子岭为根据地，开展游击活动，从此开始了他数十年的戎马生涯。

1929年4月初，李志民和部队走到横叉山口，发现几十个敌人靠近红军。敌情突然，没有思想准备，不少新战士显得有些慌张，不知所措。李志民想，要是这样慌慌张张地投入战斗，仗肯定打不好，赶忙笑着说：“嘿，真巧，我们还缺几条枪，敌人就送礼上门了。他送多少，我们收多少，还不要打收条呢！”他的一句笑话如同战场政治动员，大家马上埋伏在敌人必经的横叉山口两侧山坡的草丛里，准备伏击敌人。高坪区民团“清乡”回来，枪管和枪托上挂满了抢来的鸡、鸭、鱼、肉，进入了红军的伏击圈，被打得措手不及。这次伏击战打死了好几个敌人，缴获了一部分枪弹，还使李志民受到了实战的锻炼，懂得了战场上的政治工作应该如何做。6月，他和彭绍辉共同率领两个游击中队，奇袭驻浏阳永和的保安团和国民党正规军的一个连，共歼敌数十人，缴获了不少枪支弹药，特别是成箱成箱的子弹，在当时是罕见的战利品。

1931年11月，红五军乘第三次反“围剿”胜利之机，组织一个团攻打会昌县城，强攻20余天未克，部队伤亡惨重。军首长令红七团接替攻城。团政委李志民在攻城前决定先开展政治攻势，再集中火力攻击。恰逢兄弟部队爆破城墙成功，守敌陷入混乱。李志民立马抓住有利时机，组织战士对敌喊话，展开政治攻势。乘敌人火力减弱瞬间，部队突入城内，仅两个小时，即全歼守敌，创造了政治攻势与突击攻坚相结合的成功战例。

1934年10月，他带着伤病参加长征，承担了红三军团的后卫掩护、收容任务。1935年7月，他调任红三军团卫生部政委兼总医院政委。到达陕北吴起镇以后，他任红四师政治部组织科长，参加了直罗镇战斗。东征回师陕北后，为了加强对红八十一师的领导，军委先后从第一方面军抽调文年生、李寿轩、李志民以及几个团级干部到八十一师工作，文年生任师长，李寿轩任参谋长，李志民任政治部主任。他们率部参加了红军西征。

1936年9月上旬，红八十一师奉命南下，围攻易守难攻且有一个团重兵把守的李旺堡。充分分析敌情后，师政治部主任李志民建议采用军事压力与政治攻势相结合的打法，一面积极准备攻城，一面开展政治攻势。他组织部队采用放风筝、放孔明灯等形式飘送传单，发动政治攻势，使敌军人心大散。经过几天喊喇叭对敌宣传，守城敌军对红军态度越来越友好。李志民认为时机已经成熟，立即写了一封致守城敌团长暨全团官兵的公开信，晓以抗日救亡大义，还送给守城部队几头肥羊以示慰问。第二天，守城部队即派代表与红军谈判，同意撤出李旺堡，返回原驻地。当守城部队撤离时，李志民亲率部分队伍，列队吹起欢送礼号热情送行，守城官兵深受感动，频频挥手告别，这就是红军历史上“肥羊克城堡”的佳话。1936年12月初，东北军王以哲部奉蒋介石之命进攻红军西路军。红八十一师担负阻击任务。根据中共中央争取、团结东北军共同抗日的指示，李志民发动指战员在东北军必经的路上写标语或贴《致东北军全体将士书》，还抄贴一些抗日歌曲，造成一种动员东北军团结抗日的气氛。白天，李志民及时组织前沿阵地指战员向东北军喊话：“东北军弟兄们，不要替蒋介石打内战！枪口对外，打回老家去，收复东北失地。”入夜，李志民又派出宣传队到东北军前沿进行宣传，唱《松花江上》等抗日歌曲。东北军官兵深受感动，不断有人跑到红军阵地上，与红军官兵共抒联合抗日的情怀。直到发生“西安事变”，东北军官兵在阵地上留下“红军兄弟，抗日前线再见”

的字条，撤离战场。李志民善打“政治仗”的名声逐渐传开。

创造性总结政治工作经验

1937年1月，红八十一师改编为红二十七军，他任军政治部主任，奉命率部驻洛川、宜川一带，维护延安至西安一线的安全。他向毛泽东提出进红军大学学习的要求，得到批准，入抗日红军大学第三期学习，任第五队队长兼政治教员，边学习边工作，培养训练了大批军政干部。

1944年，李志民任冀中军区副政委兼政治部主任，领导巩固和扩大冀中抗日根据地的斗争，并协助军区司令员杨成武组织指挥大清河北等战役。抗日战争胜利后，任冀中军区野战纵队政治委员、晋察冀野战军第二纵队政治委员，率部参加清风店、石家庄、察绥等战役。

1947年冬，根据中央和军区、野战军的指示，第二纵队利用战斗间隙开展诉苦和三查、三整[①]的新式整军运动。在三查三整运动中，李志民经常深入部队了解情况，并与各级干部回顾和总结一年来几次战役战斗的经验教训；在此基础上，特地找各级政工干部座谈，专题研究在新形势下战时政治工作的经验。他回来后用心思考，联系解放战争以来，甚至是20年来历次战役战斗中政治工作的经验教训，亲笔写出了一个《战时政治工作的几个问题》的报告提纲。1948年2月上旬，他和陈正湘司令员主持召开全纵队营以上干部会议，会上他作了这个政治工作报告。报告对于第二纵队改进领导作风、加强战时政治工作起了较好的作用。

1949年4月，李志民任第十九兵团政委，与司令员杨得志率部进军大西北，取得扶郿、兰州战役的胜利，并乘胜进军宁夏，完成进军大西北的作战任务。

李志民自从参加革命，就从事政治工作，热爱政治工作，一直把政治工作视为党和人民军队的生命线。他曾和杨得志、杨勇、杨成武等著名高级将领并肩战斗，一起统率部队，在十分艰苦的条件下以强有力的政治工作巩固和提高部队战斗力，保证大兵团作战的胜利。他好学上进，重视并善于总结经验，强调政治工作必须实事求是，有现实的针对性；强调政治工作的群众性，发动大家来做，把政治工作搞得生动活泼。他经常深入连队调查研究，与干部、战士促膝谈心，并运用报纸、刊物和文工团、宣传队等宣传工具，宣传典型，推广先进经验，推动革命竞赛和杀敌立功运动

① 三查：查阶级、查工作、查斗志；三整：整顿组织、整顿思想、整顿作用。

的开展，活跃部队的文化生活，把部队搞得生龙活虎，很有战斗力，保证战役、战斗的胜利。解放战争中，他组织总结推广了“五到”“五快”的经验，要求政工干部下连队要做到口到、脚到、眼到、耳到、脑筋到，要求政治机关做到布置动员快、整理组织快、总结经验教训快、上下联系反映情况快、解决问题快，增强了政治工作的针对性和战斗性。他是中国人民解放军政治工作的一位富有开拓精神的杰出领导者。

中华人民共和国成立后，李志民历任第十九兵团兼陕西军区政委、中共中央西北局委员、陕西省委常委等职，在剿匪斗争、土地改革、恢复和发展生产方面做了大量工作。1951 年 2 月，他与杨得志奉命率十九兵团跨过鸭绿江，参加抗美援朝战争，历任中国人民志愿军第十九兵团政委、中国人民志愿军政治部主任、政委等职。

将军合唱团展风采

1955 年 9 月，李志民被授予上将军衔，荣获一级八一勋章、一级独立自由勋章、一级解放勋章。1956 年 9 月后，李志民当选为中共第八届中央候补委员，第十、十一届中央委员。

1958年初，李志民调入高等军事学院工作，先后任副政治委员兼政治部主任、政治委员等职，致力于军事教育事业。他与学院领导一起，继承和发扬“抗大”的光荣传统，努力把这一最高的军事学府办成培养和陶冶将军的熔炉。为了使学校成为培养人才的基地，他亲自参与教员的选调，在军内外广招贤才。他要求各教研部门自己动手编教材。经过几年努力，编出了一大批既借鉴外军的理论和实践，更注重我军自己经验的适用教材，使全院教学工作有声有色地开展起来。此外，他非常重视学院和学员的作风建设，经常说:“活泼，是革命乐观主义的表现。我们要使学院永远充满朝气蓬勃的气象。”

1959 年，为活跃部队文化生活、向国庆十周年献礼，李志民在学院组织了由海陆空将军参加的“将军业余合唱团”，并自告奋勇担任合唱团总指挥。拿惯枪杆子的手再握指挥棒可不是一件容易的事。他把观摩各种歌舞晚会和音乐会当成学习机会，细致地揣摩每个指挥动作。平时听到音乐声，也会随旋律挥手练习。他物色了专业人员辅导，每周利用两个晚上的休息时间集中练习，风雨不误。这些老当益壮的将军们刻苦学习，一个音一个音地练，一遍一遍地唱。6 月 1 日，合唱团在全军第二届文艺会演开幕式上首次登台亮相。这古今中外、绝无仅有的阵容使观众大开眼界，将军的风采和慷慨激昂的歌声感染了每一个人。随后，周恩来总理和贺龙元帅亲自安排合唱团到中南海怀仁堂汇报演出。李志民上将那精确无误、利落潇洒的指挥动作，熊白涛少将原汁原味的湖北方言朗诵，赢得了一片喝彩。演出一结束，周恩来上台首先与李志民握手，连声称赞合唱团搞得好，指挥得好，并当即指示要扩大合唱团的规模，把合唱团的节目作为“国家节目”，参加国庆十周年晚会演出。李志民向合唱团传达了周总理的指示，并进一步“招兵买马”。

10 月 3 日，人民大会堂灯火辉煌，宾客云集。在李志民指挥下，230 名上将、中将、少将身着礼服，胸佩勋章，整齐地站在大红旗背景前，显得格外威武雄壮。毛泽东、刘少奇、周恩来、朱德等党和国家领导人，及应邀前来参加国庆活动的许多外宾一起观看演出。合唱团演唱了《红军纪律歌》《在太行山上》《我是一个兵》等歌曲。昔日驰骋疆场的将军，激情满怀地唱出了人民军队的本色和共和国的国威。每唱完一首，台下都爆发出经久不息的掌声。八一电影制片厂将这一场面拍摄成彩色纪录片，在国内外公开放映，产生了很大的反响。

战争年代，李志民驰骋战场，戎马倥偬，和平时期，他又历任要职，政务纷繁，总是抽不出时间回到家乡浏阳看看。一直到 1980 年四五月间，他才实现了故园重游的宿愿。1984 年，他再一次回到浏阳。他把自己在家乡的房子送给村里，作为村民兵青年活动室。他还亲笔立下捐献字据。他说：“这样就清白了，省得以后别人来找你们麻烦。”[①]李志民为家乡人民考虑得如此周到、细致，使在场的每一位同志都感动不已。此外他还自己掏钱，特意从北京买回 500 多册图书和一架风琴，赠送给当地中学。

1987 年 11 月 16 日，李志民在北京病逝，享年 81 岁。

① 张绍春、邹水生：《悠悠桑梓情——李志民将军对家乡浏阳的关怀》，载《湘潮》1998 年第 8 期，第 10—12 页。

汤　平

他是中国人民解放军开国中将，以善理财而著称，不仅练就了双手打算盘的本领，而且具备丰富的财政工作经验、较高的财政工作理论水平。中华人民共和国成立后，历任中央军委总后勤部财务部部长、中国人民解放军总财务部副部长、总后勤部财务部部长、总后勤部副部长等职务。

汤平，原名王绍高，1903 年 7 月出生于浏阳小河乡一个进步知识分子家庭。大革命在湖南农村兴起以后，汤平积极参加浏阳当地农民运动。1925 年，参加国民党。1926 年冬，加入浏阳农民协会，并被推举为乡农民协会清算委员会委员及农协小组长。其兄弟姐妹也都投入革命。

1927 年大革命失败后，汤平被迫离家，隐匿江西万载等地。10 月，王首道奉湖南省委指示，回浏阳东乡领导恢复和发展党团组织和武装力量，成立了浏东特别支部、浏东暴动委员会、浏东游击队，组织攻打张家坊、沿溪桥等战斗。汤平回乡参加了浏阳党组织领导的地下武装斗争，任浏东游击队会计，改名汤平。游击队开始只有十几个人、两条枪，其余是鸟枪、马刀、梭镖，但是他们以大围山、连云山为依托，与不断来犯的敌人巧妙周旋，坚持武装斗争。

1928 年 10 月，汤平随浏东游击队编入红五军第二纵队，任六大队军需。第二纵队是平江起义部队之一，由黄公略率领战斗在湘鄂赣边界地区，后改编为湘鄂赣边境支队，由黄公略任支队长，下辖 3 个纵队、9 个大队，汤平所在的第六大队参加以浏阳、铜鼓、万载交界的大围山为中心的游击斗争，在军事策略上，执行统一指挥、化整为零、分散游击、昼伏夜出、敌合我散、敌散我合的活动方式和不与敌硬拼的战术。1928 年，他加入中国共产党。历任红三军团第一师第二团连政委、团政治处总支书记、第三团政治处主任、红三军团后方补充团政委、红五军一师政治部地方工作科科长、秘书处处长、红三军团第五师十三团俱乐部主任、第五师政治部破坏科科长、宣传科科长、红三军团第四师供给部部长。先后参加了红三军团和红一方面军两次攻打长沙以及中央革命根据地的历次反“围剿”斗争。

1931 年红军第一次反“围剿”时，坐镇龙冈指挥的国民党军指挥官张辉瓒错误地判断红军主力部队仍远在黄陂、小布一带，强令戴岳旅攻击前进。红三军团二十五团政委汤平同二十七团团长李聚奎主动配合作战，抓住战机，与敌人展开肉搏战，红军很快歼灭了戴岳旅全部和张辉瓒派来增援的一个团，而后一鼓作气直奔龙冈敌总指挥部，发起猛烈攻击。敌人的前线总指挥、师长张辉瓒和第五十三旅旅长王捷俊均被红军活捉。

1932 年，红三军团一师二团利用会昌筠门岭进行的第三次反“围剿”胜利后的休整之际，加紧进行军事政治训练，随后奉中革军委《攻取赣州的军事训令》，从会昌出发，开始攻打敌人重兵守卫的赣州城。汤平作为红三军团一师二团总支部书记，积极配合团长、政委做好思想政治工作，鼓励指战员奋勇杀敌。但因为敌强我弱，五次攻城战斗失利，红军伤亡很大。撤退渡河时被迂回包抄过来的国民党军疯狂扫射，红军指战员与敌人展开激战，打得十分英勇顽强，损失惨重，红一师师长侯中英被俘后被敌人杀害。由于战时政治工作做得好，在战斗中党支部发挥了核心作用，共产党员始终冲锋在前，退却在后，部队得到了实战的锻炼，进一步增强了战斗力。

1934 年 10 月，汤平随中央纵队参加长征，想方设法做好军需工作。为了解决长征部队供给紧张问题，他不顾伤病在身，几次冒着生命危险，潜入敌人防地征购医药、粮草，减少所在部队通过雪山草地的非战斗减员。到达陕北后，任陕甘支队第四供给处处长、红一军团政治部巡视团团长、红一军团直属政治处主任等职。参加了直罗镇战役、东征、西征和山城堡战役。

1937 年春，抗日军政大学第二期开学，毛泽东、朱德参加开学典礼。汤平参加第二期大学部学习，聆听了毛泽东的讲话，接受了抗大的系统教育。

全民族抗日战争时期，汤平历任中国人民抗日军政大学队列科科长、抗大第一分校校务处处长、八路军驻晋办事处政治部主任。八路军驻临汾办事处增设政治处，由汤平任主任，新成立了学兵大队，作为短期训练抗日青年军事干部的学校，成立了中共总支委员会和区队党支部，抓紧培养游击干部。汤平在彭雪枫主持的八路军驻晋办事处领导下，履行自己的职能，发挥了“先行官”和“好参谋”的重要作用。

1939 年以后，汤平任八路军政治部秘书处处长、晋西北行政公署行政处处长、粮食处处长、行政公署秘书长等职。1940 年 1 月在兴县召开的晋西北军民代表会议，决定成立晋西北行政公署，抓紧晋西北地区的三大中心工作，即健全新政权，开展生产建设，加强教育工作。1940 年 8 月 19 日，毛泽东同朱德、王稼祥、谭政致电贺龙、关向应、甘泗淇指出：晋西北在新旧军斗争之后，由于未能妥当地实施政策，一部分地主出现对立现象，一般民众也动摇、彷徨，应引起充分警惕与注意。关于晋西北财政困难问题，“要解决粮食、经费的困难，部队应积极向敌占区扩张。同时，必须停止扩大，把中心力量集中在巩固部队，提高现有质量，不可只求数量的扩充”。1940 年 10 月，汤平撰写发表了《晋西北财政经济建设报告提纲》。他积极参加晋西北地区的抗日民族统一战线工作，支援反“扫荡”、反“蚕食”战斗，大力恢复和发展生产，保障供给，为晋绥军区的后勤工作作出重要贡献。

解放战争时期，汤平历任吕梁行政公署副主任、晋绥行政公署督察处处长、华北财经委员会副主任等职。他与地方同志团结一致，积极开展支前工作，为南下部队筹措了大批的物资和经费。1947 年春，鉴于华北各解放区的财经工作有迅速统一之必要，中央同意成立华北财经办事处作为统一领导机关。4 月 16 日，中共中央发出通知：“为着争取长期战争的胜利，中央决定在太行成立华北财经办事处，统一华北各解放区财经政策，调剂各区财经关系和收支，并决定以董必武为办事处主任，由华东、五台、太行、晋绥各派一得力代表为副主任，并经常参加办事处工作。”1948 年 1 月，汤平代表晋绥解放区到华北财经办事处担任副主任。1948 年 8 月，在华北人民政府筹建过程中，刘少奇提出以华北财经委员会统一管理华北、西北、华东解放区财经工作的具体计划。10 月，中共中央决定成立华北财经委员会。汤平在董必武的领导下，参加华北财经领导工作，采取各种办法和措施，进一步调剂各地区的财政，统筹各地区的贸易，审查并制定各种经济法规，初步实现财政、金融、贸易等方面的统一，为支援全国解放战争和发展生产创造有利的条件。

中华人民共和国成立后，汤平出任中央财经委员会计划局财政处处长。1950 年 11 月，中央军委设立总后勤部财务部后，汤平先后任财务部部长、中国人民解放军总财务部副部长、总后勤部财务部部长、总后勤部副部长等职，负责组建全军的财务系统。当时，国家财政面临严重困难，汤平肩上的责任和困难都十分沉重。他坚持把“铁算盘”打响，将实情摸清、摸透，将账算细、算准，将重点抓紧、抓实。他带领财务部的同志在条件差、人员极为紧张的情况下艰苦奋斗，为军队的后勤供给和财务工作呕心沥血，并在较短的时间内使全军的财务工作走上了正轨。在国家财政困难、军费不足的同时，正确处理和解决了财务方面的各种实际问题，为保证人民军队的建设和发展，为保卫社会主义祖国的安全，做出了特殊的贡献。他具有崇高的品德，虽然经管着全军的财务，但他自己的生活却极为俭朴。入城初期，供电不足，他坚持用蜡烛照明，并在蜡烛上作上记号，每晚只用一截。他对子女要求甚严，不准他们坐公家配给他的车子，并规定每个子女先当 3 年义务兵后才能参加工作。其中有一个儿子具备留北京工作的条件，也被他动员到新疆去了。他的这些高贵品德，使总后和财务部的全体同志深受感动。

1955 年 9 月，汤平被授予中国人民解放军中将军衔，荣获二级八一勋章、一级独立自由勋章、一级解放勋章。

“文化大革命”中，汤平遭到残酷迫害，被扣上种种莫须有的罪名，还被私立专案非法关押。1968 年 1 月 28 日，他在残酷迫害中含冤去逝，时年 65 岁。1977 年 3 月，中共中央和中央军委为他彻底平反昭雪，对他的一生给予了高度评价。

张翼翔

他是中国人民解放军开国中将，中华人民共和国成立时，任第三野战军二十军军长。

张翼翔，1913 年 5 月出生于浏阳张坊镇一个贫苦农民家庭。1927 年，他投身于中国共产党领导的农民运动。1929 年 12 月，他加入中国工农红军，1932 年 4 月，加入中国共产党。

土地革命战争时期，他先后任湘东独立师班长，红十六军第七师九团排长，红八军第二十一师连长、副营长，红三军团第二师四团营长，红六军团第十八师五十二团参谋长。他参加了红三军团攻打长沙的战斗，湘赣苏区第一次、第二次和中央苏区第三次、第四次反“围剿”作战。1934 年 8 月，他随红六军团西征，后参加创建湘鄂川黔苏区的斗争和红二方面军长征。到陕北后任红六军团五十二团参谋长。

抗日战争爆发后，1937 年 11 月，张翼翔进入抗日军政大学学习，次年 2 月结业，奉命赴淮南新四军第四支队工作。他先后任新四军第四支队教导大队大队长、苏浙军区第二纵队副司令员等职。他参加了淮南地区历次反“扫荡”作战，曾率部巧克定远县城，建立淮南地区第一个抗日民主政权。在高塘铺、仙踪镇、界牌集、占鸡风等战斗中，他指挥灵活，处理果断，屡建战功。皖南事变后，为打退国民党顽固派的反共高潮，根据中央军委和新四军军部命令，时任新四军第二师第六旅第十六团团长的他，率部先后参加西杨塘集、杨回岗、古河、黄疃庙等地的战斗，消灭了敌人大批有生力量，有效遏制了津浦路西伪顽军的猖狂进攻，掩护了新四军主力向东发展的战略行动。在西杨塘集战斗中，他不幸负伤，躺在担架上坚持指挥直到战斗胜利。1941 年，国民党顽军李品仙部东犯路西抗日根据地广兴集、周家岗、大桥等地，为保卫路西抗日根据地、打击顽军骄狂气焰，他率第十六团在新张家巧设伏兵，全歼了由广兴集和界牌集出援的敌军，给顽军以沉重打击。新张家战斗，不仅是津浦路西新四军反顽作战的一次大捷，而且在整个皖东也是一次重大胜利。战后，第十六团荣膺上级授予的“铁锤子团”光荣称号。他被任命为新四军第二师第六旅副旅长。

为加强对敌斗争和津浦路西地区的对顽防御，新四军调第五旅到淮南津浦路西兼路西军分区，原第六旅兼路西军分区机关改作第五旅机关，张翼翔任副旅长兼副司令员。在此期间，为粉碎日伪顽军的包围夹攻，打开根据地日趋缩小的困难局面，他参与制定了“南防北攻”的方针，坚持抗日民主阵线的策略，领导路西地区党政军民对陈兵于根据地南缘的桂军和北面虎视眈眈的日伪顽军，进行了针锋相对的斗争，多次粉碎日伪军的“扫荡”“蚕食”和顽军的进犯。1944 年 5 月，日伪军 3000 余人分三路合击津浦路西抗日根据地中心区藕塘镇，他和成钧、赵启民等率部机敏地跳出敌合击圈，指挥第十三团奇袭定远县城，突入城内给守敌以重大杀伤。随后，又指挥第十三、十四团各一部在地方武装配合下，奔袭三河集和殷家涧，乘虚直捣日军老巢，给蚌埠日军指挥中枢以极大威胁，迫使占领藕塘镇的日伪军不得不仓皇撤退。过不多久，不甘心失败的日军 7000 余人加上伪军共近万人，分 7 路合击藕塘镇。张翼翔参与组织主力部队及党政军机关及时转移到外线后，运筹帷幄在运动中创造战机，集中兵力在占鸡岗地区全歼桂系顽军 4 个主力营和地方顽军一部共计 2000 余人，生俘桂军团长蒙培琼和 3 个营长。占鸡岗战斗的胜利，对于改变津浦路西斗争形势、巩固扩大抗日根据地、鼓舞军民胜利信心，都具有重大意义。战后，陈毅高度评价这次战斗：“一次歼灭桂军四个营，在我军战史上还是第一次。”

1945 年 3 月，张翼翔调任苏浙军区第二纵队副司令员。不久，又兼任第二纵队第一旅旅长。他参与指挥了 1945 年春夏季浙东地区大规模反攻作战；参与组织了浙东部队和党政机关撤离浙东地区顺利集结苏北的行动，为巩固和发展淮南抗日根据地、扩大浙东解放区，夺取抗日战争的最后胜利做出了贡献。

抗日战争胜利后，为适应新的斗争形势需要，根据党中央指示，华中局和新四军军部决定组成新四军第一纵队，苏浙军区第二纵队改编为新四军第一纵队第三旅，张翼翔任旅长。不久，纵队执行攻取兖州的作战任务。为保障纵队主力攻击兖州，他率部北上迅速完成了对泰安之敌的严密包围和监视，并示以强大的军事压力和政治攻势，迫使泰安、大汶口地区之日军“至锐”旅团 3000 余人缴械投降。

解放战争时期，张翼翔先后任山东野战军第一纵队参谋长，华东野战军第一纵队参谋长、副司令员，华东野战军第二十军副军长、军长等职，先后参加了宿北、鲁南、莱芜、孟良崮、沙土集、豫东诸战役和进军豫皖苏边区、破击陇海路的作战。他率部坚决执行保卫山东解放区的作战任务，北上胶济线，南下鲁南，在鲁南三战，历时 4 个多月，予进犯的国民党军迎头痛击，为稳定鲁南局势作出了重要贡献。在宿北战役中，他所在的第一纵队担负穿插迂回割裂敌整编十一师与整编六十九师之间联系的任务。他参与指挥部队两度大胆入敌纵深，血战敌心脏，迅速达成战役合围和战术分割的目标，顽强阻击敌整编第十一师北援，迫使敌两个师始终无法靠拢，并与友邻部队密切协同全歼敌整编六十九师。宿北战役歼敌 2.4 万余人，开创了解放战争以来全歼敌人一个整编师的战例。延安《解放日报》在《蒋孤注一掷的失败》的社论中高度评价这次战役："这是苏皖解放区超过以前十一次大捷的空前的大胜利，也是今年 7 月以来整个爱国自卫战争中空前的大胜利。"

1948 年 11 月，张翼翔率部参加淮海战役。在华东野战军第一纵队司令员兼政委叶飞因病不在位的情况下，作为纵队副司令员兼参谋长的他率部驰骋淮海战场。在战役第一阶段，首战窑湾，他指挥部队强行追敌近百里，合围敌黄伯韬兵团第六十三军，创造了用急袭战法以一个纵队兵力歼敌一个军的成功战例；在战役第二阶段，他率部在水口顽强阻击敌邱清泉兵团的疯狂进攻 6 昼夜，彻底挫败其南援企图，有力地保障了兄弟部队围歼黄伯韬兵团作战的顺利进行；在战役第三阶段，他指挥部队猛插芒砀山，与兄弟部队一道完成对杜聿明集团的合围，随后一举攻克敌扼守的夏庄、朱小庄、罗河堤等要点，全歼敌"王牌军"第四十五师，在敌防御北面撕开一道口子，促成了杜聿明集团的全线崩溃。他在淮海战役中，指挥所部奋战 65 天，歼敌 3.8 万余人。

淮海战役之后，张翼翔率部参加渡江、上海等战役，出色地完成了任务。渡江战役发起时，张翼翔和军长刘飞指挥部队自三江营至龙稍港段向扬中岛发起突击，将扬中岛守敌大部歼灭，渡过夹江，登上南岸，乘胜向丹阳方向进攻。渡江战役的胜利，打破了国民党蒋介石集团继续统治中国的梦想。张翼翔和军长刘飞率第二十军由戴埠地区出发参加上海战役，担负消灭浦东地区之敌，随后控制吴淞江以南、黄浦江以西地区，协同友邻部队沿沪杭线从龙华地区攻入上海市区的作战任务。

根据第三野战军首长关于打上海既要打一场城市攻坚战，又不能把城市打烂，要争取把上海基本完整地接管过来的指导思想，张翼翔在战前动员时反复强调，我们的一切作战部署及战法，都要围绕这一指导思想，一定要打出第二十军的威风，务求军政全胜。三个方向的突击，就像三把钢刀，直刺敌人心脏。在血与火的拼杀中，指战员们创造了许多可歌可泣的英雄事迹：有的孤身打入敌人阵地，与敌展开肉搏；有的舍身炸地堡；有的带着数处刀伤与敌拼搏；有的腰折骨断，仍不肯下火线，用鲜血和生命为胜利铺平道路。5月24日，第二十军攻占浦东。张翼翔奉命除留一个师警备浦东外，率主力从高昌庙地区西渡黄浦江进入市区，会同兄弟部队参加市区围歼战，肃清市区残敌。上海解放后，第二十军担任上海第一警备区的警卫任务，同时兼任松江城防。8月初，第二十军奉命移驻嘉定、太仓、罗店、南翔地区，进行渡海登陆作战训练。

中华人民共和国成立后，张翼翔历任陆军第二十军军长兼政委、志愿军第二十军军长、华东军区副参谋长、军区党委常委、浙江军区副司令员。在抗美援朝战争中，张翼翔指挥第二十军屡建奇功，创造了一个又一个中外战争史上的奇迹，圆满地完成了志愿军总部和兵团赋予的各项战斗任务。

1953年7月，张翼翔从朝鲜回国，任华东军区副参谋长。1955年9月，他被授予中将军衔，荣获二级八一勋章、一级独立自由勋章、一级解放勋章。不久，他入南京解放军军事学院战役系学习。1957年底，他学习毕业，调任福州军区副司令员。1958年8月，他兼任炮击金门前线指挥所参谋长，协助福建省委第一书记兼福州军区第一政委叶飞指挥炮击金门作战。1963年12月，他任解放军总参谋部军训部副部长、军训部党委副书记，参与组织部队开展了群众性的练兵运动。1968年2月，他任第七机械工业部军管会主任，6月兼任铁道兵司令员、铁道兵党委书记。1969年5月，他任第二炮兵司令员。他在艰难复杂的情况下，努力稳定局势，保护干部、群众和知识分子。在七机部，为阻止武斗，他不顾个人安危，亲赴武斗现场，一面开展宣传教育工作，争取说服大多数群众，一面采取果断措施，严惩坏头头，使一场大武斗得以平复，保护了国家财产，避免了无谓伤亡。而他本人却因连续4昼夜没有合眼，连累带饿，昏倒在地。周恩来总理得知后，亲自派直升飞机把他接回北京。他顶住林彪、江青一伙的压力，大胆地解放老干部和知识分子，使一度中断的国防尖端科研工作很快得以恢复。他积极组织科研和生产，参与组织指挥了我国第一颗人造卫星的发射工作，为我国核技术、航天技术的发展，为铁道兵、第二炮兵的建设，做出了重要贡献，受到周恩来总理和叶剑英元帅的高度评价。在党的九大、十大上，他均当选为中央委员。

1975年4月，他任中国人民解放军军事科学院副院长、党委常委、副书记（大军区正职），负责常务工作。他参与编写出版了《中国人民解放军战史》《中国人民志愿军抗美援朝战史》，草拟共同条令、战斗条令等，取得多项重大成果，为发展军事科学理论、开创军事科研工作新局面做了大量工作。

1987 年 6 月，张翼翔离职休养。他在长达 60 多年的革命生涯中，对党、对人民、对共产主义事业忠心耿耿。他是中共第九、十届中央委员会委员，第十一、十二次全国代表大会代表。

1990 年 4 月 5 日，张翼翔在北京病逝，享年 77 岁。

饶子健

他是中国人民解放军开国中将，入伍时仅是个炊事兵，身经百战、身先士卒的他，演绎了从伙夫到将军的传奇人生。中华人民共和国成立时，他任第三野战军三十四军第一副军长、南京警备区参谋长。

饶子健，原名饶国汉，1909年9月出生于浏阳古港镇一个贫苦农民家庭。14岁学缝纫，做工谋生。1925年，湖南农村大革命蓬勃兴起，饶子健在家乡参加农民运动，是农民协会和缝纫业工会会员。1927年春，他参加工农自卫军，1929年5月，加入中国共产党。1930年9月，饶子健接到参加工农红军的通知后，踏上了革命的漫漫征途。10月，在近一个月的军事基础知识学习后，他被分配到红四军十师二十九团炊事班当上士。

在艰苦的战斗中，他深深感到做好战时炊事工作，是件十分不容易的事。兵马未动，粮草先行，战时连队的生活保障直接影响到全连官兵的情绪和战斗力。在那艰难的岁月里，管好连伙食，就要解决一系列的难题。第一大难题是经费困难。当时连队生活费是靠打土豪筹款来的，顺利时，每人每天可以得到8分或1毛钱；而一般情况下，每人每天平均只有5分。一个百十号人的连队，一天只有5块多钱的伙食费，在安排使用时，饶子健和炊事班的战友必须精打细算才行。第二大难题是购买难。战时枪炮一响，往往几十里看不到一个摆摊卖货的，很多人家锁门闭户。饶子健只好和战友们耐心细致地一家一家上门做动员工作，向群众宣传红军打仗的意义和当前的革命形势，以获取他们的支持。有时到没人的人家去买米，就会自觉留下银圆和字条。第三大难题就是送饭难。战斗中，不论仗打得多么激烈，往前沿阵地送饭不能耽误。有时敌机在头顶上盘旋、侦察，即使有直径可走，炊事班战士也只能绕行偏僻小道。有时饭刚刚烧好，部队已前行三四十里远，他们只得挑着饭菜向前赶。正是在这艰难的岁月里，饶子健的能力在炊事班工作岗位上得到充分锤炼。据饶子健晚年回忆说，他作战的那么点勇敢、办事的那么点细致周到，都是在炊事班磨炼出来的。

1930年8月，红一方面军攻打长沙时，饶子健参加了红军。此后，饶子健历任红四军班长，红十五军连长、营长、团长，红十五军十三师师长，红三十军八十八师参谋长，参加了中央苏区反“围剿”、漳州战役和二万五千里长征。1936 年 10 月，他参加红军西路军宁夏作战计划，在大西北祁连山麓艰苦转战，备受磨难。

1936 年 12 月至翌年 3 月，饶子健先后任红十五军三十七团团长、红十三师师长兼三十七团团长、红三十军八十八师参谋长、红三十军一支队参谋长。他率部随西路军驰骋河西走廊，与反动军阀马步芳、马步青所部进行了长达半年的艰苦战斗，共歼敌 2 万余人，但西路军指战员也伤亡惨重。在山丹、临泽、倪家营子、梨园口、石窝等战斗中，他身先士卒，冲锋陷阵，协助支队领导果断地指挥部队用大刀、枪刺及自制的长矛同敌人的步兵、骑兵拼杀，坚持与处于优势的敌人血战了一个多月。因表现非常突出，受到上级的嘉奖。由于我西路军部队无根据地作依托，同时又远离后方，孤军奋战，渐渐处于弹尽粮绝、孤立无援的艰难境地。虽给敌以沉重打击，但在敌众我寡的极端不利条件下最终失败，成千上万指战员喋血大漠，壮烈牺牲，在中国革命战争史上写下了极为悲壮的一页。

1940 年 1 月，饶子健回到延安，不久赴淮北抗日战场，任新四军六支队三团团长、八路军第四纵队六旅十六团团长。六旅旅长谭友林赴延安后，纵队党政军委员会认为饶子健政治可靠，军事上也很强，作风正派，遂决定由他代理旅长职务。他率部参加豫皖苏淮广大地区的抗战，积极开展敌后游击战争，指挥了山子头、张楼、睢南、宿南等战役战斗，同日伪顽军进行殊死的斗争，为创建、巩固、发展淮北抗日根据地做出了贡献。1941 年皖南事变后，八路军第四纵队改编为新四军第四师，六旅改编为十二旅。面对日伪军的反复“扫荡”，国民党顽固派掀起“第二次反共高潮”，在敌、伪、顽的夹击下，饶子健率部参加了豫皖苏边区为时 3 个月艰苦卓绝的自卫作战。尔后，从津浦路西转移到津浦路东的洪泽湖地区坚持斗争，渡过了抗日战争中最困难的岁月。

1941 年 10 月，为适应对敌斗争的需要，十二旅进行了整训和缩编，一部补充了其他部队，一部组建了苏皖边区的淮北军区。饶子健任军区副司令员，积极发展地方武装，为恢复与保持淮北敌后抗日民主根据地作出了重要贡献。解放战争时期，饶子健历任华中野战军九纵队副司令员、淮北党政军委员会书记、南京警备区参谋长等职务，他率部参加恢复淮北解放区，进攻徐州，转战津浦、陇海路，参加灵璧、泗县、崔集、半城等战斗和淮海战役、渡江战役、解放南京战役，为中国人民解放事业的胜利和中华人民共和国的建立做出了贡献。

1946 年冬，华东战局发生重大变化，国民党军在付出巨大代价后侵占了苏皖解放区大部地区，中共中央决定派一支劲旅打回淮北，开展敌后游击战争，收复失地，重建人民政权。在决定由谁统率这支部队时，中央军委、华中野战军以及陈毅、粟裕不约而同地想到了智勇双全的饶子健。饶子健被任命为由九纵一部 3300 余人改编成的淮北挺进支队司令员兼政治委员。1947 年 9 月至 1948 年 3 月，随着人民解放战争由战略防御转入战略反攻，饶子健带着部队发起了一系列攻势。他们先后取得了管镇、青阳、泗县、泗东战斗的胜利，解放了大片地区。其中的泗县战斗，首创华中地区攻克县城的范例，取得城市攻坚战的经验。他率领淮北支队拔除了青阳、马公店、上塘集等重要据点，恢复、重建了淮北军区，并任军区司令员。后来，淮北军区奉命与淮南军区合并组成了江淮军区，饶子健任军区副司令员，由淮北支队编成的淮北军区独立旅改为江淮军区独立旅。新华社报道说：与南京仅有一江之隔的华东江淮军区正式宣布成立，华东人民解放军司令部为加强两地对敌斗争，迅速解放全江淮人民，特将淮南、淮北两军分区合并组成江淮军区，任命陈庆先为司令员，饶子健、梁从学为副司令员，至江淮军区成立时，我军已收复广大地区，并正逐渐步入全面恢复的新阶段。

1949 年 4 月，江淮军区部队与淮海战役中起义的国民党第三绥靖区何基沣部编成第三野战军三十四军。饶子健任第一副军长，与军长何基沣密切配合，把人民解放军的优良传统与作风带到这支新组建的部队中。他们率部参加渡江战役，和三十五军一起，攻占瓜洲、涓镇，钳制南京、镇江正面国民党军。中华人民共和国建立后，饶子健历任解放军第三十军军长、华东海军舰队司令员兼政委、上海警备区司令员、南京军区副司令员等职。为驻守海防、建设现代化国防、保卫社会主义祖国，做出了很大贡献。1955 年，他被授予中国人民解放军中将军衔，荣获一级八一勋章、一级独立自由勋章、一级解放勋章。1988 年，被授予一级红星功勋荣誉章，是第五届全国政协委员。

2000 年 9 月 25 日，饶子健逝世，享年 91 岁。

张　藩

他是中国人民解放军开国中将，中华人民共和国成立时，任第三野战军二十九军政委、南京警备区政委。

张藩，原名张环继，1909 年 1 月出生于浏阳张坊镇的一个农民家庭。大革命时期受到湖南农民运动的影响，积极参加反帝反封建斗争。因为三叔张声修、四叔张声竹都是共产党员，受他们影响，张藩懂得了很多革命道理。11 岁时，因父亲去世而辍学。为了生活，他去运土纸、担石灰，一天挣升把米下锅。艰苦的劳动，不仅磨炼了他坚强不屈的意志，也炼就了他一双铁脚板和好身骨。后来，他和其他 20 余名小挑夫组成了“扁担队”，扶困济贫，申张正义，在张家坊颇有影响，连地主老财都不敢招惹他们，就这样一条扁担开始了张藩革命的一生。

1929 年 10 月，张藩加入中国共产主义青年团，同年 12 月转为中国共产党党员。1930 年 3 月，参加中国工农红军。7 月，率队参加红三军团攻打长沙的战斗，随后入红三军团随营学校学习。1931 年，被选为湘鄂赣省巡视团副团长，赴鄂东南道委纠正肃反扩大化错误，曾任鄂东南少共道委书记、中共鄂东南道委常委、代书记、湘鄂赣省反帝大同盟主任、湘鄂赣军区参谋、军区政治部组织部部长、红六军团十六师政治部代主任、红十六师四十八团政委。在艰苦卓绝的战争岁月，他积极参加对敌斗争，在挺进平江、湘鄂赣边反“清剿”等战斗中建立了战功。

1934 年 10 月红军主力长征后，他奉命留在湘鄂赣边区坚持极其艰苦的三年游击战争，曾任湘鄂赣红军第三纵队、第一纵队负责人，为在白色恐怖中保存和壮大革命武装作出了突出贡献。有几次叛徒带着敌人搜捕张藩和受伤的省军区参谋长严图阁，他们都冒险同敌人周旋，死里逃生，仍然坚持斗争不动摇。1937 年 7 月开始，中共湘鄂赣省委派出代表同国民党地方当局在平江、浏阳先后举行三次谈判，初步达成一些协议。8 月 20 日，中共湘鄂赣省委派黄耀南、刘玉堂、张藩等赴武汉就谈判中遇到的问题，请示中央驻武汉代表董必武，由董必武代表中共与国民党武汉行营代表谈判。8 月 29 日，湘鄂赣边游击区谈判成功，国民党武汉行营下令停止对湘鄂边的军事“围剿”，承认湘鄂赣红军游击队改为抗日军第一游击支队，出现了停战抗日的局面。

全民族抗日战争时期，湘鄂赣边区红军游击队奉命改编为新四军。1938年1月新四军正式成立后，张藩先后任一支队一团一营副营长、一团副参谋长、新四军先遣支队副大队长、湖北通山县委书记。1938年4月，新四军组建先遣支队，到苏南敌后进行战略侦察。他广泛宣传和发动群众，扩大新四军的影响，为壮大抗日力量、建立茅山根据地打下了基础。1939年12月，他任新四军挺进纵队参谋长，与叶飞一起指挥部队在扬州、泰州地区开展游击战争。1940年6月，他参加率领新四军挺进纵队北渡长江开辟苏北战场，在郭村休整时遭到敌人包围，在十倍于新四军之敌的轮番进攻下，他临危不惧，指挥若定，发扬了英勇顽强、连续作战的作风，经过7天7夜的激战，打退敌人的多次进攻，歼敌3个团，粉碎了敌人破坏抗日的图谋，为新四军东进抗日创造了有利条件。1940年秋，他率部参加粉碎国民党顽固派进攻的黄桥战役，参与指挥部队用分割包围的战法歼灭突入之敌，取得歼灭敌一个旅和一个师的辉煌战绩。

皖南事变后，在极其险恶的斗争环境下，张藩始终坚信党的领导，团结带领广大官兵，积极开展对日伪斗争。在苏北、苏中等地反“扫荡”战斗中，他率部灵活机动作战，袭击日伪后方重要交通线和指挥中心，亲自冲锋陷阵，鼓舞官兵士气，激发了官兵杀敌热情，打得敌人闻风丧胆，取得歼敌3800余人、缴获大量武器装备的辉煌战绩。1942年初，他入华中局党校学习，毕业后任新四军一师兼苏中军区参谋长、苏中公学党委书记兼副校长、苏中军区副司令员兼参谋长。在苏皖等地坚持抗日与反顽斗争，率领部队出色地完成了发动群众、打击日伪、巩固根据地的任务。

1945年4月，新四军一师主力分两批渡江南下，重新组建苏中军区，司令员管文蔚，政委陈丕显，副司令员兼参谋长张藩。8月，苏中军区适应大反攻的需要，组建17个步兵团，编为第一、二、三旅。1945年夏秋之交，张藩率部参加对日伪军的大反攻，与姬鹏飞一起指挥部队解放了宝应、泰兴、兴化、如皋、盐城等地，共歼敌两万余人，为新四军的发展壮大和抗日战争的最后胜利作出了重要贡献。

解放战争时期，张藩历任华中野战军第七纵队副司令员、华中雪枫大学副校长、华中军区军工部部长兼政委、华中军区第一纵队第一副司令员、华东野战军特种兵纵队政委、第十一纵队兼苏中军区政委、第三野战军二十九军政委。他率部参加了宿北、鲁南、枣庄、开封、淮海、渡江、上海等重大战役战斗。在宿北战役中，他率领部队大胆隐蔽穿插到敌纵深，完成对敌两个师的战役分割，并连续抗击敌人的多次进攻，歼灭了国民党军一个整编师。在渡江战役中，在地下党配合下，他参与组织策动了江阴要塞守军起义，为夺取渡江战役胜利扫除了一大障碍。1949年春，他兼任嘉兴军管会主任，7月以后兼任南京警备区政委、党委书记等职。指挥部队与地方公安局一道，开展了肃清反革命、维护社会治安和发展统一战线等工作。

1947年初，根据党中央“今后军事建设方面的中心任务，是用一切努力，加强炮兵、工兵的建设”的指示精神，华东野战军前委决定建立特种兵纵队，把骑兵、炮兵、装甲兵、工兵统一管起来，赶紧把美式榴弹炮搞起来，争取早一点到前方参战，以适应打大歼灭战的要求。为准备特种兵的更大发展，同时成立一所特科学校，归特种兵纵队直接领导建设。1947年3月，华东野战军特纵特科学校在山东沂水正式建立，陈锐霆、张藩分别兼任校长、政委。学校制定了“战教结合，重点速成”的教育方针，没有足够的火炮，就用板凳和小车当代用品练习操作，缺少教员，就广泛采用“小先生”制，实行能者为师，开展互教互学。教员十分惊奇地说：“你们真厉害，国民党部队要学几年的东西，你们几个月就学会了。”特纵特科学校为加速华东人民解放战争的胜利输送了炮兵技术和战术人才。

中华人民共和国成立后，张藩历任南京警备司令部政委、华东军区空军司令部副司令员兼上海防空司令部副司令员、南京军事学院合同战术教授会副主任、高级兵团教授会主任、战役教授会主任、副教育长兼研究部部长、副院长兼军事科学研究部部长、兰州军区副司令员、顾问、纪委副书记。在长期的军队领导工作岗位上，他勤奋学习，恪尽职守，忘我工作，为培养人才，推进部队的革命化、正规化、现代化建设做出了突出贡献。1955年，他被授予中国人民解放军中将军衔，荣获二级八一勋章、一级独立自由勋章、一级解放勋章。1988年，他被授予一级红星功勋荣誉章。他还是第五届全国政协委员。

2002年3月2日，张藩在南京逝世，享年93岁。

孔石泉

他是中国人民解放军开国中将，中华人民共和国成立时，任第四野战军十五兵团政治部副主任兼广东军区政治部主任。

孔石泉原名孔石苏，1909 年 11 月 18 日出生于浏阳官渡镇一个贫苦农民家庭。高等小学毕业后参加农业劳动。大革命时期，积极投身农民运动，成为当地农会的骨干，从此走上革命人生道路。

1927 年 5 月长沙马日事变后，白色恐怖笼罩三湘，孔石泉被迫转入地下斗争。秋收起义后，他参加乡赤卫队，被选送到县苏维埃政府举办的军事训练班学习。1930 年，正式参加中国工农红军，同年加入中国共产党。土地革命战争时期，任红一方面军总部交通队副政委、总部特务营警卫连政委、中央军委一局参谋。参加了中央革命根据地第一至第五次反“围剿”作战。

1933 年夏，孔石泉、罗舜初、黄鹄显一道调到红军第一方面军司令部一局任作战参谋，在周恩来、张云逸直接领导下从事文书和情报传递工作，有机会经常聆听毛泽东、朱德、周恩来、刘伯承的教导，军政素质很快得到提高。1934 年 10 月，他随红军总部参加长征。在遵义会议时，他任军委一局参谋，参与警卫和保障遵义会议，见证了中国共产党历史上的重大转折。红军抢渡金沙江时，毛泽东对渡金沙江的具体方案作了详细部署，孔石泉、王辉按照毛泽东的发言记录，拟写了《中央军委关于我军速渡金沙江在川西建立苏区的指示》，经周恩来审阅后于 1935 年 4 月 29 日发出，指挥中央红军迅速渡过了金沙江，转入川西作战。孔石泉在通过少数民族地区时，脚上负了伤，走路很困难，叶剑英就把自己的马让给他骑。孔石泉回忆这件往事时动情地说：“叶司令员很关心我，如果没有他的那匹马，我也许走不出少数民族地区了！”

为适应抗日战争的需要，中国共产党于 1936 年 6 月 1 日在陕北瓦窑堡成立中国抗日红军大学。孔石泉进入红军大学第一期学习，毕业后任陕北独立师政治部主任、红军驻西安办事处秘书。西安事变后，他作为周恩来副主席秘书，参与促进国共合作、建立巩固抗日民族统一战线的工作。

全民族抗日战争时期，孔石泉任八路军驻西安、武汉办事处秘书，新四军第四师十一旅政委、师政治部副主任兼组织部部长等职。任八路军联络处秘书时，受周恩来、叶剑英的指派，孔石泉到西安新城监狱，将红四方面军三十军参谋长黄鹄显等西路军干部营救出来。1938 年武汉失守后，孔石泉主动提出要到最艰苦的前线部队去工作的要求，经周恩来批准到河南新四军部队工作。孔石泉先后任河南西华抗日自卫军第二支队政治处主任、新四军游击支队三团政委、新四军第六支队第一总队政委。第六支队第一总队前身是一支群众自发组织起来的抗日武装，部队刚改编不久。孔石泉就任政委后，和总队长鲁雨亭以极大精力抓部队的整顿和训练，很快就使部队面貌一新，军政素质显著提高。1940 年 2 月，日军出动千余人，在两辆坦克掩护下气势汹汹地进攻芒砀山区根据地。第一总队在喜山与敌人展开激战，敌伤亡惨重，被迫退却。3 月中旬，敌人再次进行“扫荡”，孔石泉、鲁雨亭率部跳到外线作战，在永砀公路上伏击敌运输部队，击毙敌佐野联队长、北山大尉以下近百人。接着，夜袭张家屯，围攻王白楼，血战阎井、蒋庄、丁楼，歼敌数百人。1940 年 6 月，新四军第六支队与八路军南下支队在新兴集整编为八路军四纵队，辖四、五、六旅。滕海清任五旅旅长，水东独立团政委孔石泉任五旅政委。此后，孔石泉历任新四军第四师第十一旅政委、第四师政治部副主任兼组织部长。1942 年 1 月，他和滕海清奉命率第四师十一旅由淮宝、淮泗地区，转战泗五灵凤地区，接替第二师第五旅的防务。第四师十一旅主力进到单圩、韦集、晏路等地之后，从灵南到灵北，相继在藕庄、晏路、沙滩、朱集、小王圩、高场、虞姬墓、张营子、大车头、九顶山区的杨集、张大路等地参战，连续不断地对日伪顽势力进行打击。1942 年冬，日寇集中 7000 余人，分兵五路“扫荡”淮北地区。十一旅全力以赴投入到反“扫荡”中，从 11 月 13 日到 12 月 15 日，共进行 11 场战斗并获得了胜利，为整个淮北地区取得反“扫荡”斗争的成功、迫使敌伪撤退，做出了很大贡献。1943 年初，第四师主力由豫东、皖东北地区转战津浦路东，创建新的抗日根据地。在创建根据地的斗争中，孔石泉随军驰骋苏皖广大地区，多次参加粉碎日伪军的“扫荡”，予敌沉重打击，巩固和扩大了淮北抗日根据地。1943 年 2 月，他受命担任干部队队长，带领新四军选送的一批干部到延安中央党校二部学习，一路上备受艰辛，年底胜利抵达延安，先后在延安中央党校二部、一部学习。1945 年，他在延安出席中共七大。

解放战争时期，孔石泉任东北民主联军吉东军区副政委、吉林独立师政委、东北野战军第十纵队三十师政委、第十纵队政治部主任。他同吉林独立师师长方强一道对部队进行了短期整训。独立师是一支新部队，1947年2月1日奉东北民主联军总部命令在吉林桦树林组建成立，不久编为东北野战军战斗序列，为第十纵队三十师。部队虽然组建时间不长，开始武器装备也较差，但在转战吉林、长春地区和中长铁路沿线战斗中得到锻炼，不断成长壮大，并从敌人手中缴获了美式武器装备自己，提高部队战斗力。

1947年5月，据侦察情报得知龟缩在吉林省盘古县城的国民党新六军二十二师，在东北人民解放军的沉重打击下，企图与国民党新六军主力和六十军会合，开始向吉林仓促溃逃。孔石泉和方强立即命令所属八十八团迅速阻击该股敌人。部队连夜冒雨行军，次日拂晓赶到杨木桥子，与敌遭遇，用40分钟就结束战斗，打垮国民党新六军二十二师两个团和一个师部，毙敌400余人，俘敌170多人，缴获轻重机枪10挺、步枪200余支，军用物资一批。他们用手榴弹和炮弹同敌人装甲车战斗，击毁装甲车两辆，阻击了敌人的增援。孔石泉和方强率全师随第十纵队参加东北民主联军对国民党军发动的秋季攻势，大小战斗19次，攻克北吉林、德惠、中固等敌人据点。

1947年底至1948年初，孔石泉随第十纵队参加冬季攻势，攻克开原等城镇。1948年3月在野战军总部统一部署下，积极组织开展新式整军运动，并配合主力部队参与指挥解放锦州、张家口、天津等重大战役，出色地完成了改编北平起义部队的重要任务。1948年9月，东北野战军发动辽沈战役，在东野主力攻锦前后，十纵奉命从开原昌图地区出发，并指挥一纵第三师、辽南独立第二师和蒙古骑兵师，进至新立屯以南地区，组织运动防御，截击廖耀湘西进兵团，成功地迟滞了该兵团的西进，有效地保障了攻锦部队的侧后安全。攻克锦州后，东野总部发起规模空前的辽西会战，将东北国民党军的精锐廖耀湘兵团聚歼于辽西平原。1948年底以后，孔石泉任第四野战军四十七军政治部主任、第四十一军副政委兼政治部主任，奉命入关参加平津战役。北平和平解放后，参加改编傅作义的起义部队工作。后任第十五兵团政治部副主任。

1949年6月，孔石泉率第四十一军渡江南下，参加了著名的衡宝战役。衡宝战役历时34天，歼灭国民党军4.7万余人，解放了湘南和湘西大部分地区，为后来第四野战军主力进军广西全歼白崇禧集团和第二野战军经湘西进军大西南创造了有利条件。在广西战役中，孔石泉率部由湘桂边界地区南下桂林、荔浦、梧州及柳州，攻击国民党军侧后，12月1日解放广西省省会桂林，进至东兰、上林、武宣、梧州一线，追歼国民党军，协同兄弟部队歼灭白崇禧集团主力于广西境内。由于战绩突出，他受到第四野战军总部通令嘉奖。

中华人民共和国成立后，孔石泉历任第十五兵团政治部副主任兼广东军区政治部主任、广州军区党委书记、广东省委书记等职，是中共中央监察委员会候补委员，中共中央军委委员，中共第九至十一届中央委员，中央顾问委员会委员，中共十四大、十五大特邀代表。

2002 年 6 月 22 日，孔石泉在北京病逝，享年 93 岁。

邱　蔚

他是中国人民解放军开国少将，中华人民共和国成立后，历任河北省军区副司令员、中国人民志愿军二十兵团参谋长、六十七军军长等职。

邱蔚，又名邱任，1913年8月出生于浏阳达浒镇一个贫苦农民家庭。大革命时期，他在当地参加农民运动。马日事变后，加入浏东游击队，先后参加了夺取达浒、沿溪桥和三打张家坊的战斗。1928年10月，随浏东游击队加入中国工农红军。1932年，加入中国共产党。

土地革命战争时期，邱蔚历任红三军团第五军第一师一团排长、第六师十七团连长和营长、第四师十一团团侦察参谋、第一师十三团副团长等职，参加了两次攻打长沙和中央苏区反“围剿”斗争，并协助驻地群众开展打土豪，分田地，建立赤卫武装，为巩固苏区红色政权，发展生产，繁荣经济，做了大量的工作。1934年10月，随部参加长征。

1937年12月，邱蔚任晋察冀军区第一军分区（即北岳区）第一支队第三大队大队长。1938年1月，他根据上级的指示，协助当地建立了各级党的组织，改选了各级政权机构，统一了政策法令，改编了抗日武装，受到当地群众的热烈欢迎和拥护。1938年3月，他率部参加了由晋察冀第一军分区第一支队和第三支队为主的攻克敌人据点、摧毁敌伪组织的战斗，解放了平西10余万人口。同年9月，敌人以5万之众的兵力，对北岳区发动大规模的进攻，北岳军民采取坚壁清野、诱敌深入、疲困敌人、以游击战和运动战相结合的作战方针，经过45天的激烈战斗，歼敌5000余人，粉碎了敌人的进攻。第三大队指战员在战斗中奋勇拼搏，受到北岳区党委的表彰。不久担任晋察冀军区第一支队三团团长，在一一五师的统一领导和指挥下，参与创建和发展冀鲁边区及湖西、鲁西、鲁南、鲁中、胶东、清河等地区抗日根据地，并先后率部参加了平汉、正太路及涞源至易县公路沿线的反“扫荡”和攻打新乐、定县、望都、北岳区反“围攻”等作战。

百团大战中，按照部署，邱蔚需指挥第三团八路军攻击日军堡垒东团堡，这是一场血战。东团堡位于河北省徕源县城东北，1940年时是敌人供给线上的一个重要中继站。它与上庄、中庄、王喜洞、摩天岭等据点相呼应，成为敌人在涞源、宣化公路上封锁我八路军抗日根据地的一个支撑点。东团堡周围筑有许多明碉、暗堡和上下三层的炮楼，还有围墙、壕沟、铁丝网、鹿砦等，构成了坚固的环形工事。守敌是日本侵略军独立混成第二旅团的一个士官教导大队，共170多人，全是从下属部队挑选来的，训练有素，武器精良。邱蔚在提前派人进行侦查了解敌人的部署以及武器情况后，决定趁夜带着部队潜入离东团堡十来里的村庄。东团堡的日军经常在附近数十里的村庄烧杀掳掠，无恶不作，乡亲们恨之入骨。三团进军东团堡路过这些村庄时，乡亲们群情激昂，主动帮忙带路。战斗打响后，八路军在东团堡杀了个几进几出。攻击上庄据点的三团一营曾夺得敌人一座堡垒。敌人发动了连续反扑，一营几度力战，终因伤亡过重，不得不撤出。邱蔚亲眼看见一个排冲进去同敌人肉搏，全部壮烈牺牲。沉痛与仇恨使他几乎忘掉一个指挥员的职责，差点跟着冲了进去。经过几个日夜的血战，最后敌军被置入绝境，剩下的20余名日军在日寇指挥官甲田的逼迫下跳入火海自焚。凶狠、顽固的日军东团堡士官教导大队被我军全歼，华北的日本侵略军受到极大震动。东团堡战争的胜利，打击了日军的嚣张气焰，团长邱蔚经过此战后也成了让日军闻风丧胆的人物。

解放战争时期，1946年7月，邱蔚调任晋察冀野战军第四纵队第十旅旅长。这时，蒋介石疯狂地发动了全面内战，在大举围攻中原解放区的同时，以20个旅15万余人的兵力向陕甘宁解放区进攻。大敌压境，全军奋起，邱蔚奉命率全旅指战员投入战斗，先后参加了大同战役、张家口保卫战、易满战役和保南战役，歼灭了大量敌人，粉碎了敌人南北分割晋察冀解放区的企图，解放了望都、定县、新乐等县城，斩断了保定与石家庄之间敌军的联系，使冀晋和冀中解放区连成一片。1948年9月，邱蔚调任东北军区第二兵团第八纵队司令员，先后率部参加了著名的辽沈、淮海、平津、太原、陕中战役和改编北平起义部队的工作，为全国的解放做出了重要的贡献。

中华人民共和国成立后，邱蔚历任河北省军区副司令员、中国人民志愿军二十兵团参谋长、六十七军军长等职。他参加了抗美援朝战争，回国后任中国人民解放军第二十兵团六十四军军长。1955年，他被授予少将军衔，荣获二级八一勋章、二级独立自由勋章、一级解放勋章。

1957年，邱蔚不幸遇难，年仅44岁。

张　和

他是中国人民解放军开国少将，中华人民共和国成立后，历任西南军区后勤部政治部主任兼教导大队政治委员、中国人民解放军总后勤部工厂管理部部长等职。

张和，原名张合，1915 年 9 月出生于浏阳官渡镇一个贫苦农民家庭。他的父亲在土地革命中担任地下联络工作。大哥张开，1928 年加入工农红军，后在战斗中牺牲。张和从小受到父兄革命思想的熏陶。1926 年，他就在当地参加少年先锋队，任小队长，他带领队员积极投入打土豪、分田地的斗争，得到乡农民协会的表彰。

土地革命战争时期，张和加入王首道、张启龙等领导的浏东游击队，任分队长，参加过攻打沿溪、智取达浒、夜袭张家坊等战斗。

1928 年 10 月，张和被编入红五军第二纵队，后随队在浏阳、平江和江西万载一带开展游击战争，又参加了攻打古港、官渡等多次战斗。1929 年 9 月，他因伤回家治疗，伤愈后，加入当地赤卫武装。1930 年 5 月，浏阳赤卫武装统编为六个师，张和在第二师，参加了红五月总暴动和红军攻打长沙的战斗。同年 8 月，赤卫师解散，他与部分队员转入浏阳警卫营，任二连三班班长，同时加入了中国共产主义青年团。这年 10 月，湘东独立师在萍乡大安里成立，他被选送到该师第三团任排长。1931 年 11 月，他调任湘东南独立师第一团二营一连排长。1933 年 6 月，他任红六军团第十七师四十九团副连长，同年转为中国共产党党员，随部参加了湘赣苏区和中央苏区历次反“围剿”作战。

1934 年 8 月，张和随红六军团西征。1935 年 11 月，随红二、六军团长征，到贵州省康溪县时，正欲宿营，遭到国民党军队的突然袭击。反击中，张和由于作战勇敢，动作迅速，受到军团长肖克的表扬。

1937 年 7 月 7 日卢沟桥事变之后，中华民族全面抗日战争爆发，红六军团改编为八路军一二〇师三五九旅。张和被任命为三五九旅七一七团二连连长，随部队东渡黄河，开赴山西发动群众，开辟抗日根据地。1938 年冬，张和率队转战到冀中，在平原上开展抗日游击战。

1941 年 12 月，太平洋战争爆发。日军为了使中国华北地区成为它扩大侵略战争的后方基地，于次年5月1日至6月底，由华北方面军司令官冈村宁次指挥5万余人，对八路军冀中抗日根据地进行大“扫荡”。反“扫荡”开始时，张和任警备旅第一团副团长，协助团长担负保卫冀中军区机关向冀南转移的任务。转移途中，升任为一团团长，旋又调任由冀中军区司令部、警备旅干部及工作人员组成的干部大队的大队长。

7月12日夜，干部大队和警二团急行军一夜，次日晨到达内邱县百扬堡宿营。部队刚驻下，就发现了敌情。原来，这股日伪军在大“扫荡”得势后，即奉冈村宁次的命令四处寻歼八路军主力，妄图将八路军聚歼。

9时许，反围攻战斗打响。经过5次攻击，敌人不仅未能“聚歼”我军，反而死伤累累，只得向华北方面军告急。

次日下午5时许，敌军增加两个大队3000多人向我军进行反攻。面对敌众我寡的不利形势，八路军战士英勇奋战，利用有利地形，一次又一次打退敌人的疯狂进扑。突然，一个掷弹筒在张和身边炸开，他顿时感到右腿像是被重重地击了一下。卫生员看到他右腿负伤，连忙跑来给他包扎。这时，日军吆喝着向阵地上扑来。情况十分火急，张和猛地推开为他包扎的卫生员，忍着巨痛大喊：“别管我，打鬼子要紧！同志们，狠狠地打！”说着，率先扔出一颗手榴弹。日军的疯狂冲击又一次被打退了，而他却摔倒在地，怎么也爬不起来了。

战斗结束后，张和在抗日民众的帮助下，日宿夜行，辗转半个多月，到了冀鲁豫军区驻山东省范县后方医院医治。医生打开绷带一看，只见他的右腿骨关节被炸得粉碎，而且伤口已经糜烂，为了保全性命，立即决定从他的大腿部二十公分处做了截肢手术。伤口还没痊愈，他就出院来到河北省内丘县园枣会村太行军区荣军学校当副校长，和独臂校长陈波一起管理近百名缺臂少腿的荣誉军人，和他们共同学文化和生活，练习骑马、射击和刺杀动作，做重返前线的准备。

抗日战争胜利后，1945年9月，张和被任命为晋绥军区总兵站政委。他由军事主官改为政治主官，由前方来到后方，由做军事工作变为做后勤工作，他接到任职命令后便给自己规定了九个字：廉洁奉公，不多吃多占。

1949年底，成都解放后，正在担任西北军区后勤政治部主任的张和，奉命率领部分机关干部到简阳县石桥镇对国民党军起义人员进行改造，为这批人的新生做了大量的工作。

中华人民共和国成立后，张和相继调任西南军区后勤部政治部主任兼教导大队政治委员，军区后勤部部长，中国人民解放军总后勤部军需生产部副政治委员、部长，总后勤部工厂管理部部长等职。1955 年 9 月，他被授予少将军衔，荣获二级八一勋章、二级独立自由勋章、一级解放勋章。

“文化大革命”中，张和被扣上了“搞独立王国”的帽子，精神上、肉体上受到了残酷的折磨。1967 年 7 月 22 日，张和不幸被迫害致死，终年 52 岁。

1973 年 8 月 31 日，总后勤部党委作出决定，为张和彻底平反，恢复名誉。

李辉高

他是中国人民解放军开国少将，中华人民共和国成立后，历任山东军区后勤部部长、济南军区后勤部部长、济南军区副参谋长等职。

李辉高，又名李由，1904 年出生于浏阳永和镇一个贫苦农民家庭。大革命时期，他积极参加当地的农民运动，任乡农民协会财务。马日事变后，转入地下坚持斗争。1927 年冬，参加浏东游击队，任司务员。同年加入中国共产主义青年团。1928 年，参加中国工农红军，10 月，随浏东游击队编入红五军第二纵队。1930 年，加入中国共产党。

土地革命战争时期，李辉高历任红三军团第四师第一团团部司务长、管理员、四师司令部运输队队长。当时交通不便，运输工具落后，全靠人背、马驮，行动极为困难，李辉高总是想方设法宣传和依靠群众，组织民众运输队伍，及时完成了上级交给的运输任务。与此同时，他还参加了两次攻打长沙和中央苏区反“围剿”作战。1934 年 10 月，李辉高随部参加长征。途中，他克服许多困难，较好地解决了所在部队的供给问题。

全民族抗日战争时期，李辉高随部在恒山、五台山地区坚持游击战争，参与创建以五台山为依托的晋察冀抗日根据地和以吕梁山为依托的晋西南抗日根据地。历任八路军一一五师补充团供给处粮秣股股长、团供给处处长、一一五师教导第二旅供给部副部长等职。1942 年春，调山东军区，先后任鲁南军分区供给处处长、供给部部长、后勤部部长。他认真贯彻党中央制定的抗日民族统一战线的基本政策，在利用各种形式加强物力、财力的筹措和征募工作扩大八路军的供给的基础上，开展以自给自足为目标的生产运动，与此同时大力开展生产节约运动。从 1942 年 1 月至 11 月，生产和节约经费 800 万元，山东根据地人民平均每人减少负担 4 元。山东军区 1943 年生产节约总值为 4700 万元，仅鲁南军分区，1944 年人民负担较之 1942 年减轻 15%~20%。生产发展了，收入增加了，部队的生活得到了有力改善，每人每日增加食油两钱，每月增加津贴 0.5 元，每年增发毛巾 2 条。到 1943 年，部队粮菜与经费大部分达到自给。为此，李辉高曾多次受到军分区领导机关的表彰。

解放战争时期，他历任鲁中南军区供给部部长、山东军区供给部部长，为保障所属鲁中、鲁南、滨海、胶东、渤海 5 个军分区和南下部队的各项物资供给做出了重要的贡献。

中华人民共和国成立后，李辉高先后调任山东军区后勤部部长、济南军区后勤部部长、济南军区副参谋长。1955 年 9 月，他被授予少将军衔，荣获二级八一勋章、二级独立自由勋章、一级解放勋章。

1969 年 4 月 26 日，李辉高病逝于北京，享年 65 岁。

曾　涤

他是中国人民解放军开国少将，中华人民共和国成立后，历任新疆自治区党委书记处书记、中共中央组织部副部长等职。

曾涤，原名曾垂昆，1913 年 4 月出生于浏阳澄潭江镇一个贫苦农民家庭。小时因聪颖过人，被曾家祠堂资助读书至初中。大革命时期当过乡苏维埃秘书、儿童团长、赤色少年先锋队队长。马日事变后，他参加了反击国民党右派许克祥的敢死队。之后，曾涤在堂哥的带领下又参加了农民暴动。他怀着朴素而坚定的信念，以铲除社会的不平为己任，把自己的名字改为曾涤，意为荡涤一切社会不公。

1930 年，17 岁的曾涤加入中国共产党，当上了红军。由于他立场坚定，思想敏锐，善于做群众工作，1931 年他刚满 18 岁，就受湘赣省委指派担任了中共分宜县委书记，不久，又被选为湘赣省委儿童局书记。在此期间，他多次率领游击队神出鬼没地打击敌人，出色地完成了打仗、侦察、扩军、生产、筹粮等各项任务，功绩卓著，受到任弼时等领导的表扬和苏区人民的爱戴。1932 年春，曾涤调任省委巡视员，一度因反对极"左"路线，被打成"AB 团"分子，遭受种种酷刑，后得任弼时解救才幸免于难。

1935 年 11 月，曾涤所在的红六军团胜利完成西征任务后，离开湘鄂川黔根据地，开始长征。途中他历任红六军团政治部俱乐部主任，桑植独立团政治部主任，地方工作团、解放团、军团直属政治部主任等职。这一期间，敌人前堵后追，处境极端艰难，但他仍充满着乐观主义精神，带病坚持行军。部队过金沙江时，他全身浮肿，还撑着竹筏帮助战士们过河。当时最大的困难是买不到粮食，常常几天没有饭吃，有时连野菜都找不到。但他从不声张，悄悄地将自己的皮带分几次烤着吃了，还风趣地向战友们介绍红烧牛皮的味道。过草地时，他染了疟疾，坚持讲故事、说快板，为部队做宣传鼓动工作，使广大指战员保持了坚定的信心和旺盛的斗志。1936 年 7 月，与红四方面军在西康甘孜会师后，红二、六军团改称中国工农红军第二方面军，总结行军工作时，曾涤得到二方面军首长的高度赞扬。

全民族抗日战争时期，曾涤任八路军一二〇师三五九旅七一七团民运股股长，随部向五台山、太行山和华北挺进，参与建立抗日根据地。进入五台山后，他遵照王震指示，带一个工作团和文工队深入晋南，以侯马为中心，在阎锡山的巢穴发动群众，扩大八路军，仅用20多天时间就招收新战士3000余人，组织了侯马团，他任团长兼政委。接着，又率部深入敌后，开展抗日宣传，建立广泛的抗日民族统一战线，为扩大抗日根据地做了大量卓有成效的工作。回师陕北后，他又积极参加了南泥湾大生产运动，超额完成了上级下达的生产任务，受到旅部的表彰。

1942年3月，他和早已相识的女战友常玉文在延安结为终身伴侣。当时，战事频繁，生活极为艰难。他们在一间小房子里举行了简单的婚礼后，曾涤即奔赴前线，此后，他们长期在不同的岗位上奋斗着，共同为新中国成立建功立业。

1944年11月，中央决定派八路军三五九旅主力组成以王震为司令员、王首道为政治委员的南下支队，深入华南敌后，配合广东抗日武装，开辟新的抗日根据地。曾涤参加了这一伟大壮举，任南下支队第三大队政治委员。部队进入湘鄂后，他先后兼任湘北地委书记兼军分区政委、鄂北军分区政委，北返时任中原军区第一军分区政委等职。他随军转战南北，粉碎了敌人的堵截和包围，完成了被毛泽东称赞为第二次长征的伟大任务。

解放战争时期，他和张仲翰一起组建了一支万余人的山东教导旅，任该旅政委，为壮大我军力量，巩固和发展山东革命根据地，夺取山东解放战争的胜利做出了贡献。后来，该部编为西北野战军独立旅，曾涤仍任政委。1948年在陇东战役中该部战绩突出，受到彭德怀司令员的嘉奖。不久，曾涤调任第一野战军第一兵团政治部副主任，他与兵团其他领导一起率部挺进宁夏，解放青海，接着翻越祁连山，进军新疆，为大西北的解放建立了不可磨灭的功勋。

中国人民共和国成立后，曾涤历任新疆军区政治部副主任、副政委兼政治部主任，中共新疆维吾尔自治区党委书记处书记等重要领导职务。1951年，他率领军区减租工作团到伊犁地区开展减租反霸工作。当时，新疆边境地区情况很复杂，封建势力和外面的帝国主义互相勾结，阶级矛盾和民族矛盾交织在一起，民主改革的任务十分艰巨。在此情况下，他发扬了革命战争时期的优良传统，正确贯彻党的民族政策，深入群众，访贫问苦，和哈萨克贫苦牧民实行三同（同吃、同住、同劳动）。同时，他参与领导了改编8万起义部队，组织了进疆部队的大生产运动，为巩固新疆和平解放的成果和后来的社会主义建设奠定了基础。1955年9月，他被授予中国人民解放军少将军衔，荣获二级八一勋章、一级独立自由勋章、一级解放勋章。1956年，曾涤调任中共新疆维吾尔自治区党委书记处书记，分管工业交通和基本建设工作。他经常深入基层调查研究，刻苦钻研业务，夜以继日地工作，使新疆的钢铁、煤炭、石油、轻纺、农机制造工业从无到有并初具规模，公路和铁路等交通运输和基本建设事业得到迅速发展。

1965年，他调任中央组织部副部长。这期间，他曾多次深入基层，并和其他同志一起参加陕西渭南地区的四清工作。

1971年12月14日，曾涤终因瘤体破裂，不幸逝世，享年58岁。

苏　鳌

他是中国人民解放军开国少将，中华人民共和国成立后，历任中央军委军械部部长、西北军区骑兵司令员、河南省军区副司令员等职。

苏鳌，原名树钦，1912 年出生于浏阳洞阳镇一个贫苦农民家庭。幼年丧父，家境贫寒，粗识文字，未能正式入学。为谋生计，12 岁到一家制鞋店学徒，两年后又去湖北崇阳县一家纸厂做工。大革命时期，他在当地参加工农运动。马日事变后转入地下，进行秘密工作。1928 年，跟随他的师傅共产党员张贵福参加了鄂东南游击队。同年，加入中国共产主义青年团。1929 年，转为中国共产党党员。1930 年，加入中国工农红军。

土地革命战争时期，苏鳌历任湘鄂赣独立师排长、红三军团第十六军第七师十团连党代表。1933 年，在担任红六军团第十七师四十九团三营副营长时，奉命率部攻打永和镇，获得全胜，共歼敌 200 余人，缴获重机枪 9 挺、其他枪支 200 余支，受到军团领导的表彰。1935 年 11 月，随部参加长征。1936 年 1 月，红二、六军团长征时，红十八师坚持苏区斗争。五十三团两任团长相继牺牲后，苏鳌调任五十三团团长，成为“游击专家”师长兼政委张正坤的得力助手。这年 7 月，任红十八师参谋长、副师长等职。他参加了湘赣、湘鄂川黔苏区历次反“围剿”斗争。

全民族抗日战争时期，苏鳌历任八路军一二〇师三五九旅七一七团营长、独立第四支队支队长、延安卫戍司令部参谋长、南下第一支队五大队大队长、中原军区鄂北军分区副司令员。参与了保卫延安、南下湘粤、中原突围等多次战斗和南泥湾大生产运动。

1937 年底，他率部在雁北广灵附近配合兄弟部队，与日军激战，消灭了大批日军，并毙日旅团长 1 名。战斗中，苏鳌本人负了重伤，后经白求恩大夫悉心抢救才脱险。

1939 年冬，三五九旅在王震率领下，穿过敌人重重封锁，冒着寒风冷雨，由晋察冀边区调回延安。部队到延安以后，5 个团分驻在金盆湾、南泥湾和临镇。1941 年 7 月，任三五九旅补充团团长的苏鳌带着补充团驻南泥湾。南泥湾的条件异常艰苦。坡上长满了齐人高的蒿子，荆棘横生；深山是遮天蔽日的树林，野兽成群；沟底是黑暗阴森的溪流，浸泡着腐烂的古木和野兽的尸体。虽然此前已身负10余次伤，身上有20余处疤痕，苏鳌仍带头参加垦荒屯田。他和团政委龙炳初带领全团官兵割草、砍树、开荒，每天劳动10多个小时，浑身汗水，泥土沾上去就成了泥人。天气寒冷时，北风刺骨，官兵们就捡些树枝、柴草，点起堆堆篝火，但仍不能入睡。这时，苏鳌的旧伤发作，疼得冷汗直冒，但他咬紧牙关撑着。天亮后，他又扛起锄头与战士上山挖土。开荒告一段落，为不误农时，部队及时进行春播和夏耘。到1942年，全旅开荒种地2.68万亩，收细粮3050余石，粮食自给率96.3%，经费自给率90.2%。朱德曾多次到南泥湾视察，有时还住上几天。他高度赞扬部队生产搞得好。1943年7月，朱德视察南泥湾后，兴奋地赋诗称赞：

去年初到此，遍地皆野草。
夜无宿营地，破窑亦难找。
今辟新市场，洞房满山腰。
平川种嘉禾，水田栽新稻。
屯田仅告成，战士粗温饱。
农场牛羊肥，马兰造纸俏。
……

全国解放战争时期，苏鳌历任晋绥军区第六军分区司令员、西北军政大学副教育长，先后参与指挥了保卫大同和张家口等作战行动。

中华人民共和国成立后，苏鳌历任中央军委军械部部长、西北军区骑兵司令员、西北军区公安部队副司令员、河南省军区副司令员。他为部队军械生产和骑兵、公安部队的建设做出了重要贡献。

1955年9月，苏鳌被授予少将军衔，荣获一级八一勋章、二级独立自由勋章、二级解放勋章。1975年1月15日，苏鳌因病在北京逝世，享年63岁。

刘子奇

他是中国人民解放军开国少将，中华人民共和国成立后，历任湖南军区郴州军分区司令员、湖南省军区参谋长、广东省军区副司令员等职。

刘子奇，原名陈永塘、刘大根，1900年10月出生于浏阳古港镇的一个贫苦农民家庭。3岁时父亲暴病去世，生活无依无靠，后随母改嫁到高坪乡继父刘家。刘家生活同样贫苦，吃糠咽菜。刘子奇无钱上学，12岁时外出从师学织夏布。

大革命时期，农民运动的风暴席卷湘东大地，浏阳贫苦农民积极响应，纷纷成立农民协会。刘子奇受到革命运动的熏陶，带头参加了工人纠察队，领着队员们打土豪、分田地，受到工农群众的赞扬，被选为区、乡工会会员。

1927年春，工人纠察队和农民自卫军合编为浏阳县工农义勇队，刘子奇被编入该队任小队长。同年4月，加入中国共产党，5月，随工农义勇队参加了农军围攻长沙的战斗。农军撤回浏阳后，刘子奇转入山区，坚持地下斗争。

1928年1月，刘子奇在当地参加游击队，任分队长，后游击队合编为农民赤卫军，刘子奇任大队指挥。不久，农民赤卫军改为浏阳农民自卫军，刘子奇任第四路总指挥。7月，率部随红三军团攻打长沙，突破敌外围防线，渡过浏阳河，27日晚10时左右，攻入市区，占领长沙，捣毁国民党省政府、省法院等机关，救出数以千计的共产党员和群众。29日下午，10万群众举行盛大集会庆祝红军入城。8月5日，何键率部大举反攻，红军主动撤离长沙。8月23日，红三军团与红一军团在浏阳永和会合，组成红一方面军。刘子奇即随红一方面军行动，进入一方面军随营学校学习，毕业后任红军独立五师十三团政治委员兼团长，不久升任红军独立三师师长。

1932年3月，红军独立一师、独立三师合编为红八军。1933年6月，以红八军、红十八军为基础组成红六军团，红八军改编为红十七师，红十八军改编为红十八师。8月，刘子奇调任主力团十八师五十三团团长，率部随红六军团西征。9月2日，红六军团由湖南经清水关进入广西，占领灌阳县文市，桂敌十九师主力尾追不舍。军团部命令五十三团及五十团一个营，掩护主力转移。下午，敌十九师两个团，连同湘敌十六师一部，在3架飞机的支援下，连续发起数次猛烈攻击。刘子奇率部占领有利地形，顽强阻击，重创敌军。刘子奇部完成阻击任务后，当晚追赶上主力部队。红二、六军团在黔东地区会师后，创建湘鄂川黔根据地。1934 年 10 月，刘子奇任湘鄂川黔省军区二军分区司令员、中共永顺县委书记，组织工作队在二军分区所辖桑植、龙山、永顺县，广泛发动群众，先后建立了永保、桑植、龙山等 4 个县的县、区、乡党委和苏维埃政权。群众踊跃起来革命，到处打起红旗，组织游击队。1935 年 10 月，刘子奇任红六军团十八师参谋长。11 月，刘子奇随红二、六军团参加长征，7 月，他任红十八师代师长，率部在长征中完成了各种任务。

1937 年 8 月，红六军团和红三十二军、红军总部特务团一部改编为八路军一二〇师三五九旅，刘子奇任参谋长，协助旅长王震率部队开赴晋西北抗日前线。此后，他相继担任八路军晋冀军区民众抗日自卫军政治委员、晋察冀军区第十支队兼第九军分区副司令员、第四路军第三军分区司令员等职。在串道地区，他指挥部队有理有节地解决了妄图抢劫根据地武器弹药的 800 多名顽军，缴获了大批军用物资和骡马。

1938 年 2 月，日寇黑田旅团 4000 余人由大同向晋西北进攻，占领了武宁、神池、五寨、苛岚、河曲、偏关、保德等县，刘子奇又协助旅长王震发起了晋西北战役，历时 3 个多月，收复宁武等地。随后，刘子奇参与雁门关伏击战，成章、灵丘、广灵、冀中五次战役和多次反“围剿”作战。在极端艰苦的情况下，他运用毛泽东的战略战术，团结广大军民英勇奋战，为夺取抗日战争胜利作出了重大贡献。

1945 年 4 月，刘子奇当选为中国共产党第七次全国代表大会代表，光荣地出席了党的全国代表大会。

1946 年春，刘子奇调任东北民主联军二十旅旅长，奉命率部攻打长春，担任艰巨的主攻任务，经过全旅官兵 5 天 4 夜英勇顽强的激烈战斗，全歼守敌，解放了长春。由于指挥果断，战绩显著，刘子奇受到民主联军总部的通令嘉奖。

4 月中旬，刘子奇又奉命参加保卫四平战斗，担任外围高地三道岭、杨树林等地的坚守任务。他带领部队日夜兼程赶到目的地，动员全旅官兵上下一心，团结一致，不惜一切，坚守四平屏障。战斗打响后，敌人成营成团地在强大炮火掩护下反复多次发起进攻，均被二十旅指战员击退。历时 28 天，二十旅歼灭了敌人大量有生力量，守住了阵地。5 月 19 日，我军遵照中共中央“让开大路，占领两厢”的战略部署主动撤出四平，胜利完成了保卫任务。

不久，刘子奇先后被任命为东北野战军独立第八师师长、第四野战军一六五师师长，率部参加了辽沈、南下渡江等重大战役，为创建新中国立下了不朽的功勋。

1949 年 10 月中旬，衡宝战役结束后，国民党败退下去的敌人和留下的大批特务与当地土匪、恶霸势力相勾结，建立反动武装，在湘南的嘉禾、蓝山、临武一带活动。他们抓丁征粮，打家劫舍，烧杀掳掠，无恶不作。11 月中旬，中央军委命令成立湘南剿匪指挥部，并决定组织嘉（禾）蓝（山）临（武）剿匪战役，消灭盘踞在那里的匪特武装，解救受苦受难的人民群众。整个战役由解放军两个主力师和郴州军分区部队共 2 万多兵力参加。我军采取外线包围，内线分割的战术，彻底消灭敌人。刘子奇参与指挥郴州军分区部队，担任东线包围作战。

战役从 11 月底开始，历时 17 天，在广大人民群众大力配合下，消灭土匪武装 12000 多人，活捉少将以上匪首 12 人，解放了嘉禾、蓝山、临武、江华四个县城及广大地区。大股土匪基本肃清后，我军随即转入了对小股敌人和散匪的清剿工作，开展地方政权建设和土改反霸斗争。刘子奇一直坚守在第一线，为战役胜利创立了重要的功绩。

1955 年 9 月，刘子奇被授予少将军衔，荣获一级八一勋章、二级独立自由勋章、二级解放勋章。1962 年，经中央军委批准在长沙离职休养。

1976 年 10 月 23 日，刘子奇因病在北京逝世，享年 76 岁。

苏　鲁

他是中国人民解放军开国少将，中华人民共和国成立后，历任山西省军区长治军分区司令员、解放军军械部第四九五库库长、山西省军区副司令员等职。

苏鲁，原名苏达余，1901 年 11 月 5 日出生于浏阳洞阳镇一个贫苦农民家庭。由于家境贫寒，小时候的苏鲁，先后当过放牛娃、染坊学徒、搬运工等。15 岁时他到长沙，租了部人力车，跟着王震在城里做苦力。长沙青年运动和工人运动蓬勃开展时，苏鲁积极参加斗争，成了工人运动的骨干分子。

马日事变后，苏鲁转入秘密斗争，任地下游击队小队长。同年，加入中国共产党。

1928 年，苏鲁所在的游击队编入王震领导的赤卫第六师。1930 年 10 月，苏鲁随王震赴江西萍乡，加入湘东独立师。1933 年 6 月，奉调湘赣军区红十八师五十二团，历任班长、排长、副连长、连长等职。1934 年 1 月，苏鲁改调五十三团，先后担任副营长、营长、副团长、团长等职，率部参加了湘赣苏区和中央苏区反“围剿”斗争。1934 年 8 月，随红六军团西征，参加了十万坪、陈家河、忠堡、板栗园等多次重大作战行动和湘鄂川黔苏区反“围剿”斗争。1935 年 11 月，红二、六军团参加长征。在行军作战中，苏鲁指挥果断，每战皆捷，多次受到师首长的表扬。事隔多年，王震在一次会见家乡客人时，还一再提及苏鲁。他满怀深情地说：“我与苏鲁一同拉车子，后来又一同打仗。当时，他职位不高，功劳可不小咧！”

长征到达陕北后，1936 年 12 月，苏鲁被派往抗日军政大学学习。结业后，他被中央军委秘密派往山西。抵达太原后，苏鲁按照上级安排来到山西省牺牲救国同盟会，成为国民师范军政训练班的教官，为组建山西新军培养骨干力量。

1942 年 8 月 1 日，山西青年抗敌决死队在太原诞生。苏鲁任决死队第一纵队第三大队大队长，游击一团组建后，又被调任为该团团长。1939 年山西十二月事变后，决死一总队和游击一团合编为二十五团，苏鲁仍任团长。1942 年 1 月，苏鲁调任太岳军区第一军分区司令员，参加了百团大战和马首东征、正太铁路、双峰、红岩头、关家区和太岳区反“扫荡”作战，为夺取山西各地抗日战争的胜利，做出了重要的贡献。

1943年10月初，日寇集中3万兵力由冈村宁次亲自指挥，对太岳区进行规模最大最残酷的“铁滚扫荡”。苏鲁带领二十五团团部特务连和团直机关，巧妙地一次一次地突破敌人的包围，转到外线，相机打击敌人。反“扫荡”结束时，部队行军到安泽金堆村附近，敌人亦分四路向金堆前进，而二十五团只有团直机关和特务连的部分战士，情况十分危急。有丰富战斗经验的苏鲁，沉着机智地指挥部队就地隐蔽观察敌人的动向，当山下敌人刚通过，他就指挥部队迅速向东山冲去，当西山敌人发现时，部队已在东山上休息了。

1944年，反击顽军阎锡山部的两次青俘战役都取得重大胜利，特别是第二次青俘战役的徐子安攻坚战。徐子安是阎锡山插向我方根据地的一个坚固据点，敌人利用徐子安的险要地势，加上阎锡山的主力军七十二师防守，吹嘘为“铜墙铁壁，攻不破打不烂”的典型阵地。苏鲁亲临第一线指挥，只经过半天的战斗，就攻占了阵地，大部分敌人被歼，少部分敌人利用地下通道狼狈逃窜。阎锡山插向我解放区的最后一个据点，被二十五团彻底拔除了。

1945年初，苏鲁到延安参加整风学习。同年10月，苏鲁又回到太岳军区任第一分区副司令员。1948年3月，苏鲁率分区部队参加了徐向前指挥的临汾战役，每次都出色地完成战斗任务。8月，分区部队升编为华北第一兵团十五纵队四十三旅，苏鲁任副旅长。1949年2月，部队又编为十八兵团六十二军一八四师，苏鲁任副师长。4月20日，十八兵团开始攻占太原东门外的红房子据点。战斗打响后，一八四师连续发动攻击，但因敌人垂死挣扎，加上红房子周围是一片开阔地，地形对我方极为不利，几次攻击均未奏效。若不迅速拿下红房子据点，将影响我军总攻太原。苏鲁主动请缨，与政治部主任时云峰一起率领一个突击排，冒着敌人的枪林弹雨，奋勇前进。

在苏鲁、时云峰的带领下，突击排迅速进入了敌人的布雷区。走在前面的突击排排长排除两颗地雷后，刚走两步，冷不防踩响了敌人的连环雷，顿时开阔地上地雷爆炸声连成一片，苏鲁、时云峰和突击排的战士们终于为部队踏开了一条通道。地雷声响过才发现，师政治部主任时云峰、突击排排长和一些战士已不幸牺牲了，苏鲁的左臂也炸得筋断骨折，血如泉涌。“为死伤的战士们报仇！为苏副师长、时主任报仇！”后续部队高举红旗庄严宣誓，踏着战友们的鲜血，终于一举攻下了红房子据点。

战斗结束后，苏鲁被送到战地医院，因伤势过重，左臂无法保留，不得不从大臂约三分之一处做了截肢手术。然而，苏鲁身残志更坚，出院后他又立即返回了部队。

中华人民共和国成立后，苏鲁任山西省军区长治军分区司令员，在这个职位上，他兢兢业业干了 5 年。不久，苏鲁被任命为解放军军械部第四九五库库长。他接到任职命令后，即携同妻子儿女，举家从长治市迁到了太原东山下的剪子湾仓库。

1953 年，为照顾苏鲁的身体，组织上决定他离职休养。1955 年，苏鲁被授予少将军衔，荣获二级八一勋章、一级独立自由勋章、一级解放勋章。授衔后，组织决定苏鲁到山西省军区任副司令员。从 1955 年 9 月到 1975 年退居二线，他在这个岗位上，又整整干了 21 年。

1976 年 12 月 18 日，苏鲁因病在山西逝世，享年 75 岁。

黄曹龙

他是中国人民解放军开国少将，中华人民共和国成立后，历任湖南军区后勤部部长、军委总后勤部军管部部长、兰州军区后勤部部长等职。

黄曹龙，1911年12月出生于浏阳关口街道一个贫苦农民家庭。出生不久，父亲暴病身亡，家庭生活极为贫苦，被迫随母沿门乞讨度日。7岁时，黄曹龙在本村读私塾。9岁后寄养在伯父家，每天帮他家看牛、割草，受尽了种种虐待。两年后跑回家里，到一个砖厂学徒，16岁时给人家当长工。

土地革命战争初期，黄曹龙积极参加革命斗争，任本村少年先锋队队长。1929年8月，加入浏阳赤卫军。1930年5月，参加中共湘鄂赣特委发动的红五月总暴动。7月，随部队参加了红三军团攻打长沙的战斗，从此开始了戎马生涯。

8月23日，红三军团在浏阳永和镇与红一军团会师，组成中国工农红军第一方面军。9月中旬，红一方面军参加第二次进攻长沙未克，移师江西省。黄曹龙随部队参加中央苏区第一、第二、第三次反“围剿”。在攻打吉安的战斗中，他作战勇敢，身负重伤不下火线。随后由班长吴国桂介绍加入中国共产主义青年团。10月间，部队到达分宜后，他的伤口恶化，经组织安排到后方医院休养治疗。

1931年3月，他参加了江西永丰战斗。1932年春天，在乐安战斗中又一次负伤，他忍着剧痛坚持战斗，受到上级嘉奖。这年9月，他被调至后方政治部青年学习班学习。他学习刻苦认真，政治觉悟进一步提高，不久，由后方政治部主任刘石、组织部长谭志才介绍加入中国共产党，成为一名无产阶级先锋战士。同年11月，升任会昌十三兵站政委。1933年7月，调任建宁二十三兵站政委，为部队筹集经费、粮米、扩充兵员等呕心沥血，保证了部队的供应，受到上级的赞扬。1934年8月，调总兵站，任四大队大队长。10月，随部参加长征。

部队到达遵义后，根据中央军委精减整编的指示精神，黄曹龙先后担任过军委三局电台十三中队队长，军委副官处四局警卫排排长等职。在过草地时，黄曹龙旧伤复发，高烧不止，战友们做了一副担架抬他，他坚决不坐，以顽强的毅力边走边爬，终于赶上了部队，胜利到达陕北。1935年

12 月，他被调任延川寓居兵站第十分站站长。

全民族抗日战争初期，黄曹龙任延安抗日军政大学校务部采办站站长。1939 年 4 月，任八路军总部副官处队列科科长。同年 8 月，任北晋公路高坪兵站站长。1940 年 2 月，入太行西北局党校学习，5 月，任晋西兵站站长。在太行地区，为保证刘（伯承）、邓（小平）所属部队的给养搞“骡马后勤”。同年 10 月，任总兵站第四办事处处长，参加开辟晋西北抗日根据地斗争和多次反“扫荡”战斗。1942 年春，黄曹龙调入抗日军政大学第七期上干队学习。1943 年 6 月，入延安中共中央党校学习。通过整党整风和思想总结，他的政治觉悟、思想水平有了进一步提高。

解放战争初期，黄曹龙任辽宁军区后勤供给部政委，1946 年春，任东北军区后勤总兵站部政委、部长。当时，正值国民党数十万军队大举进攻解放区，后勤供应极为艰巨。一次，接到上级指示，在十分紧急的情况下，他亲自带领百余辆大车运送弹药和军用物资，及时保证了前线部队的需求。

北国冰封雪盖，黄曹龙常常冒着零下 30 多度的严寒和土匪、特务的阻击破坏在野外执勤。在“三下江南”“四保临江”“四战四平”等各个战役中，他东奔西走，夜以继日为部队筹集粮草，为战斗的胜利作了大量的工作，受到上级的表扬。

不久，黄曹龙调任山东军区北线后勤司令部司令员。当时，敌人将我军“军事补给线”和后勤保障视为眼中钉、肉中刺，千方百计要搞乱我军后勤机关，公然在电台叫喊：“捉到黄曹龙，赏黄金千两。”敌人的狂叫，对我军区后勤机关没有丝毫损失，黄曹龙依然奋战在各地战场上。

1948 年东北全境解放后，黄曹龙任东北野战军后勤部第四分部部长、第四野战军第十二兵团后勤部部长。在此期间，他多次不畏艰苦，深入群众，开展支前和拥政爱民工作，为支援大军南下解放全中国做出了重大贡献。黄曹龙一直活跃在后勤一线上，曾被赞为后勤虎将。

中华人民共和国成立以后，黄曹龙历任湖南军区后勤部部长，军委总后勤部南宁办事处主任，军委总后勤部军管部副部长、部长，兰州军区后勤部部长等职，为我军后勤队伍的建设和部队农副业生产等方面付出了极大的心血。同时，为支援越南人民抗击法国帝国主义的侵略和越南人民的解放斗争，做出了自己应有的贡献，曾受到越南领导人的接见和赞扬。

1955 年 9 月，黄曹龙被授予少将军衔，荣获二级八一勋章、二级独立自由勋章、二级解放勋章。

1969年春，黄曹龙经中央军委批准离职休养，从兰州迁回湖南，在湖南省军区东湖干休所安度晚年，期间，曾任湖南省政协第四届委员会常委。

黄曹龙离职休养以后，仍关心部队工作和地方社会主义建设，严格要求自己，严格教育自己的子女。在他生命弥留之际，还谆谆嘱咐亲人："要为人民鞠躬尽瘁，甘当无名英雄，为党的事业奋斗到底……"

1979年4月6日，黄曹龙在北京逝世，享年68岁。

戴文彬

他是中国人民解放军开国少将，中华人民共和国成立后，先后担任东北军区卫生部政委兼政治部主任、沈阳军区后勤部副政委等职。

戴文彬，原名明德，又名戴闻民，1909 年 3 月出生于浏阳淳口镇一个贫苦农民家庭。父亲戴紫伯，一生务农，母亲彭氏，家庭妇女。戴文彬 8 岁时在本村私塾发蒙，后因父亲病逝，欠下一百多元债务，生活更加艰难，交不起学费，被迫停学回家劳动。两年后母亲改嫁到张家，他随母下堂，不久，经人介绍学裁缝手艺，但仍然吃不饱、穿不暖。1926 年 7 月，国民革命军进入浏阳，他被选送进入该军新兵连集训。

1927 年 2 月，戴文彬被补充到国民革命军第七十一军二十四师十一连当战士，3 个月后随部开往河南与北洋军阀作战。7 月，调江西南昌，参加了南昌起义，后随军南下，途中因病回乡治疗，病愈后留家种田，但他心里一直想着要继续参加革命斗争。

1929 年 11 月，土地革命高潮在浏阳掀起，戴文彬加入中国共产主义青年团，开始做党的地下工作。1930 年 2 月，当地建立了苏维埃政府，戴文彬在乡苏担任乡少共支部书记。

1931 年 2 月，戴文彬在江西永新县参加中国工农红军，被编入湘东独立师第五团十一连，由于工作积极，作战勇敢，各方面表现好。同年 5 月，加入中国共产党，成为一名无产阶级先锋战士。1931 年 6 月，任班长。9 月升任排长后，率全排参加攻打遂川竹坑和茶陵的战斗。他不畏艰险，冲锋在前，后因负伤，经组织安排转入后方医院治疗。

1932 年 4 月，戴文彬伤愈归队，任十一连政治协理员，5 月，任连指导员。7 月，被选调去苏联学习。到达上海后，因交通不便未能启程。11 月，入湘赣军区营以上干部训练班学习。同年 12 月，任湘赣军区红八军二十七师六十四团代理政治委员。

1933 年 3 月，调任红八军政治部文娱科科长。7 月，任湘赣省战地动员委员会粮食科科长。1934 年 5 月，任湘赣军区总兵站第二分站政委，参加了湘赣苏区的历次反“围剿”战斗，在保证部队军械物资供应方面做了大量工作。同年 10 月，戴文彬任红二军团第六师政治部组织科科长。11 月，在永顺县十万坪战斗中，右腿被子弹打穿，治疗两个月后归队。1935年4月，先后任红二军团第六师政治部副主任、主任，参与领导了湘鄂川黔革命根据地的历次反“围剿”战斗。1935年11月，戴文彬随红二、六军团突围，参加长征。途中，他做了大量的政治宣传工作，在恢复党团组织、提高部队素质、执行群众纪律、补充扩大红军等方面均做出了突出贡献，曾多次受到军团领导的嘉奖和广大指战员的好评。

全民族抗日战争初期，戴文彬随八路军一二〇师进入山西，任宁武、神池两地特派员。1937年12月，任八路军一二〇师独立一支队政委，主要负责扩充兵员，壮大队伍工作。

1939年2月，戴文彬任一二〇师独立第二旅政治部副主任，同年10月，任第一旅政治部副主任。他随部转战晋西北，参与领导了建立巩固的抗日根据地，扩大抗日队伍，纯洁内部组织和反“扫荡”、反“蚕食”斗争。

1941年12月，戴文彬调任一二〇师卫生部政委，在全师卫生系统的政治思想建设，提高卫生系统干部的政治业务水平和做好伤残人员治疗工作等方面都做出了很大的成绩。

解放战争时期，戴文彬历任东北民主联军后勤卫生部部长兼政委、东北民主联军总卫生部政治部主任等职，又为东北部队卫生战线的建设做了大量工作，积累了很多经验。同时，他还主办了《健康报》，受到了部队的欢迎和领导的赞扬。

中华人民共和国成立后，戴文彬先后担任东北军区卫生部政委兼政治部主任、沈阳军区后勤部副政委等职，为沈阳军区部队后勤卫生建设和抗美援朝后勤保证工作付出了大量的心血。

1954年12月，在中国人民政治协商会议第二届全国委员会议上，戴文彬当选为全国政协委员。1955年9月，他被授予少将军衔，并荣获一级八一勋章、二级独立自由勋章、一级解放勋章。1962年，经中央军委批准离职休养，定居在湖南长沙东郊省军区东湖干休所安度晚年。

戴文彬离职休养以后，仍然保持着战争年代的革命精神，他认真看书学习，严格要求自己，处处勤俭节约。虽身患多种疾病，加之战争年代就留下的伤口经常疼痛，但仍继续关心军区的建设，做一些力所能及的工作。在他重病期间，还谆谆叮嘱亲人：要听党的话，不图名、不图利，一生交给党、交给人民，体现了一名共产党人的高尚情怀。

1982年11月28日，戴文彬在长沙病逝，享年73岁。

李　信

他是中国人民解放军开国少将，中华人民共和国成立后，历任中国人民解放军第四十四军副政委、总政干部部副部长、中国人民解放军炮兵副政委等职。

李信，1907 年出生于浏阳洞阳镇一个进步知识分子家庭。父亲李梓轩，是同盟会会员、村塾教师，他思想开明，常在课堂上讲述反帝反封建英雄们的革命故事，对学生影响很大。在父亲的良好教育下，李信小学毕业后，以优异成绩考入长沙工业专科学校。在此期间，他结识了不少进步学友，积极参加了省学联组织的各种革命活动。为进一步唤醒民众，1925 年从工校毕业后，他毅然放弃在长沙就业的机会，回乡执教，并积极参加当地的农民运动。同年冬，他被吸收加入了中国共产主义青年团。次年春，转为中国共产党党员。

1926 年夏，李信由中共湖南省委派驻溆浦县任农运特派员。1927 年 4 月，他离开溆浦，到长沙开会。不久，马日事变发生，形势骤变，李信无法返回溆浦，只好留在浏阳，结束了农运特派员的使命。他在溆浦搞农民运动虽然只有短短数月，但这是他加入中国共产党后第一次受党的指派到外乡工作，锻炼了他做群众工作的能力，提高了他对农村阶级斗争的认识，也积累了对敌斗争的经验。

马日事变后，中共湖南省委和省农民协会决定“扑城讨许（即许克祥）”。李信加入了扑城队伍，随浏阳农军冲进了长沙城。浏阳农军回乡后改为工农义勇队，李信在义勇队副官处工作。7 月底，中共中央指示浏阳工农义勇队与平江农民自卫军合编为国民革命军第二十军独立团，立即开赴南昌参加起义。后因起义提前，滞留湘赣边界。不久，陪同县委书记潘心元去安源向毛泽东汇报湘赣边界情况。在前往安源的路上，他们遭到被南昌起义部队打散的散兵游勇的打劫，身上的钱物被抢劫一空，只好忍饥挨饿走到安源。到安源后，发现形势也很紧张，潘心元一行目标太大，敌人追捕很严。潘心元决定留在安源，派李信等人继续到长沙找省委。没料到，就在李信离开安源不久，中共湖南省委前敌委员会书记毛泽东于 9 月初赶到了安源，正在安源组织群众，发动湘赣边界秋收起义。李信错过了与毛泽东的相见，没能参加毛泽东发动和领导的湘赣边界的秋收起义。

9 月中旬，李信到长沙后，发现中共湖南省委机关已经撤离。这时，李信患上了严重的疟疾，在白色恐怖下的长沙，举目无亲，无法治病，只好潜回浏阳老家治病。大病初愈后，急忙赶赴武汉，寻找党的组织。没想到武汉也是一片白色恐怖，党的联络点早已撤离，无奈之下，李信只好重返家乡。

12 月间，曾在国民革命军第二十军独立团任副官长的苏秉芬（原为区委书记）回到浏阳，李信与苏秉芬取得了联系，两人准备在家乡恢复党的组织活动。不料，1928 年 1 月，苏秉芬被捕牺牲，李信闻讯立刻离开家乡，来到父亲李梓轩工作的永州税局隐藏下来。1929 年春节前，永州县政府有人发现李信曾在溆浦搞过农民运动，派人来税局调查。李梓轩得知后，马上通知儿子李信连夜离开永州，隐藏到浏阳乡下亲友家中。

直到 1930 年春，李信才通过同乡找到了中共湘鄂赣特委派到浏阳县北乡工作的徐洪，才接上了组织关系。徐洪派李信到乡苏维埃任文化教员，随后调至赤卫第六师师部任秘书兼党支部书记。自 1927 年 8 月与党组织失去联系到 1930 年春，两年多的时间里，反动派多次抄李信的老家，到处搜捕他。在一片腥风血雨中，李信要找到党的决心没有丝毫动摇，要为共产主义事业奋斗的信念没有丝毫改变，他历尽磨难，想方设法，终于回到党的怀抱，回到了党领导的革命队伍。

1930 年 10 月，李信随队编入湘鄂赣独立一师，任该师政治部组织科科长。不久该师编入红八军，李信任该军组织部部长。1933 年 6 月 15 日，红八军于江西永新县列宁场改编为红军第十七师。6 月，奉中革军委命令，湘赣苏区的红军组成红六军团。8 月 12 日，红六军团在湖南省桂东县正式成立。1933 年，李信调任红六军团宣传部部长。1934 年 8 月，随部参加西征，沿途做了大量的宣传鼓动工作，保证了各次战斗的胜利。1935 年 11 月，调任红六军团教导团政治委员，参加长征。途中，先后调任红六军团第十八师政治部主任，红二、六军团组织部部长。

全民族抗日战争时期，李信任八路军前方总指挥部政治部巡视员、组织科科长、干部科科长。1938 年 10 月后，任八路军三五九旅留陕部队政治部副主任、主任，后任东北民主联军独立第一旅副政治委员。1942 年 12 月，李信任三五九旅政治部主任。他作为旅党委和生产委员会成员，作为政治机关主要负责人，参与组织领导了三五九旅南泥湾大生产运动。

解放战争时期，李信任东北民主联军三五九旅（恢复原番号）副政治委员。1946 年 5 月，三五九旅进入哈尔滨，6 月，奉命开赴东北牡丹江地区，在合江军区的配合下，负责清剿东安、鸡西、勃利、林口、密山一带的土匪。三五九旅部队以连、排、班为单位组成一支支小分队，深入林海雪原之中，发现土匪就穷追猛打；在军事打击的同时，积极开展政治攻势。李信下到连队蹲点，和干部战士一道调查，研究匪情，实施重点打击；同时进村入户，发动群众，利用土匪亲属、朋友规劝投降，只要缴械投降，立即宽大处理。李信点上的经验推广后，经过几个月的清剿，土匪大部分被歼灭，少数残兵败将窜入深山老林。11 月，李信率一个班的战士深入依兰县一个偏僻的山村做群众工作。他化装为一位猎户的弟弟，利用麅子肉活捉了大土匪谢文东，群众拍手称快。

1947 年 7 月，李信调任东北民主联军第二十八师副政治委员。1948 年 3 月后，相继担任牡丹江军区政治部主任、合江军区政治部主任、一六〇师政治委员。1948 年 11 月，任东北军区整训第一师政治委员。1949 年 6 月，调任第四野战军第十五兵团第四十八军政治部主任。

中华人民共和国成立后，李信历任第四野战军第十五兵团政治部组织部部长、军政治部主任、军副政治委员、总政治部干部部一部部长、总政治部干部部部长、国防科学工作部部长、总参谋部三部政治委员、中国人民解放军炮兵副政委、第二炮兵顾问等职。1955 年，他被授予少将军衔，荣获一级八一勋章、一级独立自由勋军、一级解放勋章。

1985 年 5 月 26 日，李信在北京病逝，享年 78 岁。

黄　霖

他是中国人民解放军开国少将，中华人民共和国成立后，历任湖南省军区益阳军分区司令员兼地委书记、广州军区空军副司令员等职。

黄霖，原名黄古文，1913 年 12 月出生于浏阳中和镇一个贫苦农民家庭。8 岁丧母，父亲拼命劳动，维持一家人生活，并设法供黄霖读了半年私塾。大革命时期，父亲带着他和哥哥姐姐参加了农民协会，黄霖还参加了儿童团、少先队。马日事变后，他曾几次冒着生命危险为游击队传递情报，受到游击队领导的表扬。后来，父亲、兄嫂及姐弟均被反动当局杀害了，他和一个在外做长工的二哥幸免于难。敌人的暴行激起了黄霖对旧社会的刻骨仇恨。

土地革命战争时期，黄霖在当地参加了赤卫武装，1930 年 2 月，经人介绍加入了中国共产主义青年团。这年 8 月红一方面军攻打长沙前夕，他响应党扩大红军的号召，参加了中国工农红军，编入红一军团第三军第七师当战士，在攻打长沙、吉安的战斗中，勇敢积极，受到红七师二十团首长的好评。1931 年 10 月，黄霖加入了中国共产党，并相继担任红三军七师二十团三营四连排长、副连长、连长等职。在此期间，他率队参加了苏区第一至五次反"围剿"战斗，因战绩突出，不久又升任二营营长。1934 年 10 月，随中央纵队参加长征。在突破四道封锁线、血战湘江、飞夺泸定桥和突破腊子口等战斗中，他身先士卒、奋勇冲杀，被中央军委授予"战斗英雄"称号。他指挥的部队，也受到上级嘉奖。

红军到达陕北后，黄霖在直罗镇战役中腹部受重伤，被送往潘龙镇战地医院治疗，由于求战心切，伤初愈，他便和几个战友溜到瓦窑堡，想向中央领导请求让他们上前线。在机关门前他正好碰上了在第四次反"围剿"战斗中接见过他的中央军委副主席周恩来。周恩来一见黄霖，就想起了那次战斗中那个勇敢机智的小连长。他像见到久别的亲人一样，激动地招呼道："这不是黄古文吗？"当得知他的来意后，周恩来很高兴。但见他身体还很虚弱，暂不宜上前线，经过动员，就将他留在自己身边负责管理军用地图。管理地图，看起来单纯，但并非易事，他必须熟悉地理，了解战况，背熟许多符号和数据。黄霖起先不习惯，不安心，后在周恩来的亲切指点下，他理解了这一工作的重要意义，学会了背记地名、符号的要领，很快爱上了这项工作。由于毛泽东、周恩来等中央领导经常要查看地图，研究战例，管图员必须跟随左右，这样黄霖就有更多的机会接受到他们的教诲。通过一段时间的学习，黄霖各方面都得到了提高，他深深感激周恩来给了他一个这样好的学习机会。

1936 年秋，中央所属单位进行调整，中央军委警卫营和红四方面军总部通讯营合编，成立了中央军委警卫团，黄霖被任命为这个团的团长，肩负起保卫中央机关和中央首长的重任。在此期间，他曾出其不意地抓获了破坏国共合作、切割我中央机关电话线的国民党特务，并曾带领 4 个排的兵力奇袭了进驻甘谷驿妄图进犯延安的国民党高桂滋部，生俘敌 160 多人，接着又率警卫团打退了敌人向宝塔山和延长县的进攻。这两次作战行动，打得果敢灵活，受到了毛泽东、周恩来的高度评价和表彰。不久，周恩来率一工作组路过崂山，遭到敌人阻击，情况非常危急。毛泽东命令黄霖迅速赶到遇险地点，救护周恩来等领导同志。黄霖受命后立即奔赴崂山，火速投入战斗，很快击溃了敌人，救出了周恩来等 10 多位领导。这年 12 月 16 日，黄霖又受毛泽东的指派，护送周恩来、秦邦宪、叶剑英等去西安参加谈判。在此期间，他精心部署，日夜守护，保证了谈判代表团的安全，又一次出色地完成了毛泽东交给的特殊任务。

由于敌人的封锁阻截，当时，中央机关和警卫团本身的生活非常困难，每人每天只有 4 分钱伙食费，买不到蔬菜，粮食也很短缺。面对这种情况，黄霖想着中央领导为了抗日和全国人民的解放事业日夜操劳忙碌，由于缺乏营养，身体日渐瘦弱，极为痛心。于是，他便发动和带领警卫团的指战员在附近的一片山坡上开荒，种上蔬菜瓜果，还养了一些鸡和羊。在他们的耕作和管理下，这些瓜菜和鸡羊，陆续地进入了机关食堂。毛泽东有一天散步时见到山坡上的菜地，非常高兴，他对黄霖说："嗯，不错嘛！红米饭，南瓜汤，这是我们井冈山的传统。长征时吃树皮，啃菜根，我们都撑过来了，延安短几天粮，怕么事嘛？你们自己动手，种菜养鸡，用双手摆脱困难，这好嘛！"此后，黄霖还想了很多办法，改善中央机关和警卫团指战员的伙食，毛泽东曾多次肯定了警卫团自行解决供应问题的经验。

全民族抗日战争爆发后，黄霖被调任整编后的八路军一二〇师三五九旅教导营营长。1940 年，他受命奔赴豫皖抗日前线，参加新四军行列，先后任新四军第五师第一支队参谋长、第五支队副司令员、豫南二纵队司令员兼政治委员、豫南指挥部指挥员、新四军第五师十三旅副旅长兼参谋长、新四军第二游击纵队司令员兼政治委员、河西游击兵团司令员兼工委书记等职，参与指挥了百余次战斗，为打击日寇、团结友军、争取伪军、巩固豫皖苏抗日根据地做了大量的工作，受到中原局和华东局领导的高度赞扬。

解放战争时期，黄霖历任桐柏军区司令员兼政治委员、中原军区第五军分区司令员、独立第三旅副旅长、第四军分区司令员兼中共豫皖苏第四地委书记、第二野战军十一军二十三师师长等职。1946 年，参加了李先念领导的著名的“中原突围”战斗，胜利地完成了牵制敌人的任务。随后又参加了淮海战役和渡江战役，为中国人民的解放事业做出了重要的贡献。

中华人民共和国成立后，黄霖历任湖南省军区益阳军分区司令员兼地委书记、华南军区防空司令部第一副司令员、粤中军区司令员、广州军区防空军副司令员、广州军区空军副司令员等职。1955 年 9 月，他被授予少将军衔，荣获二级八一勋章、一级独立自由勋章、一级解放勋章。1977 年，在第五届全国政治协商会议上当选为全国政协委员。1982 年，被批准为正兵团职待遇。黄霖一生都对人民军队怀有特殊的、诚挚的情感，他常说：“革命队伍就是我的家，战士们就是我的亲兄弟，我一生从戎，是人民军队培养了我，造就了我。”离休多年，他一直戎装在身，从不穿便服，以表达他对人民军队的眷恋之情。逝世前，他十分动情地指着自己那身洗得发了白、褪了色的旧军服，对前来看望他的领导同志说：“我是一个老战士，希望死后给我穿上一套新的空军服。”

1986 年 6 月 24 日，黄霖因病在北京逝世，享年 73 岁。

杨世明

他是中国人民解放军开国少将，中华人民共和国成立后，历任中国人民解放军第二十兵团师长、副军长，内蒙古生产建设兵团副司令员等职。

杨世明，1907 年 4 月出生于浏阳金刚镇一个贫苦农民家庭。他于 1926 年春参加农民协会，任土地委员。期间，曾率队为北伐军带路、运送子弹至江西南昌，受到北伐军的奖励。1927 年 8 月，任乡少年先锋队队长，参加了毛泽东领导的湘赣边界秋收起义。起义部队南下后，他留当地坚持斗争。

土地革命战争时期，任浏阳赤卫军第三师中队长。1930 年 8 月，随队配合红军攻打长沙时，加入中国工农红军。翌年加入中国共产党。历任中央工农红军第三军排长、连长、指导员、供给主任等职。参加了中央苏区第一次至第五次反“围剿”作战。1932 年 7 月的南雄水口战斗，被诸多将帅称之为惨烈的战斗。红军与 7 倍于自己的敌人在水口遭遇，战斗随即展开。三天两夜的拉锯战，尸横遍野。杨世明当时是机枪连的连长，他身先士卒，英勇冲杀，在头部负重伤的情况下，率 1 个排歼灭敌人 1 个连，被红三军授予“模范连长”称号。1934 年 10 月，他随中央纵队长征，参加了著名的四渡赤水、抢渡金沙江、强渡大渡河、夺占泸定桥等战斗，并几度率队去敌占区征购粮草、医药，为部队解决了供应问题。

全民族抗日战争时期，杨世明先后任八路军晋绥联防军教导二旅一团政治处主任、独立团参谋长、晋察冀军区第二军分区第四十三团政治委员、第二军分区副政治委员兼政治部主任。参加了百团大战。在极其残酷的环境中，带领部队进行了反“蚕食”、反“扫荡”和扩大解放区的艰苦斗争。在此期间，他共参加大小战斗 250 余次，身负重伤 7 处。1942 至 1944 年，率部在同蒲路北段作战期间，他创造了支高铁轨破坏法，毁坏日寇军用火车 43 列、车头 29 个、车箱 274 节、铁甲车 2 辆，占同蒲路全线敌机车 25%，有力地配合了晋察冀根据地军民的反“扫荡”斗争，被晋察冀边区领导机关授予“第一等战斗英雄”称号。

解放战争时期，历任晋察冀军区独立第一旅副政治委员、北岳军区第三军分区副政治委员、第六军分区副司令员、察哈尔军区察南分区副司令员、华北军区第二十兵团第一九六师副政治委员、察北分区司令员等职。参加了平津、石家庄、清风店、涞水等重大战役。曾率部1个团歼灭敌三十五军军部，受到纵队领导的通报表扬。

中华人民共和国成立后，杨世明随同中国代表团赴朝鲜访问，参加了朝鲜“八·一五”解放五周年庆祝活动，并以中国人民解放军战斗英雄的身份，同朝鲜人民英雄代表座谈，受到了金日成的接见。1952年入军事学院学习。毕业后，历任第二十兵团六十六军一九七师师长、十三陵水库现场总指挥、第二十兵团六十五军副军长、华北农垦兵团司令员、北京军区内蒙古生产建设兵团副司令员等职。1955年，他被授予少将军衔，荣获二级八一勋章、二级独立自由勋章、二级解放勋章。

戎马一生，家规甚严，这是杨世明的女儿对父亲的评价。“没有吃没有穿，自有敌人送上前，没有枪没有炮，敌人给我们造。”当时八路军的补给很大程度上是依靠缴获，杨世明所在的部队也不例外。每次战斗过后下属把战利品送到杨世明家中，他的妻子有些好奇，想看看都缴获了些什么，结果遭到杨世明的严厉制止。他指挥下属将战利品分发下去，自己什么都没有留下。在大同的时候，女儿和同学们在杨世明工作的农场表演，农场为同学们准备了一些笔记本，以资鼓励。但女儿却接到父亲的“命令”：别人可以领，她不能要。

1986年6月29日，杨世明因病在北京逝世，享年79岁。

罗若遐

他是中国人民解放军开国少将，中华人民共和国成立后，历任中央军委通信部副部长、中国人民解放军南京军事学院通信兵教授处主任、北京高等军事学校通信兵教研室主任等职。

罗若遐，曾用名岳夏、岳公远，1907 年 12 月 15 日出生于浏阳沿溪镇一个贫苦农民家庭。父母因穷困无力抚养，小时被过继给家境稍好的叔父为嗣子。8 岁时，他在当地私塾发蒙，后入村小学习，因刻苦攻读，成绩优异，1919 年升入狮山高级小学。1927 年夏，罗若遐在长沙雅礼中学毕业后，又以优异成绩考取南京军事交通技术学校。次年 7 月，入交通技校所属上海无线电系学习。1929 年 1 月毕业后，被分配到无线电广州总台工作。后因患病，期间曾多次调动。1932 年调往汉口总台时，在军事技校同学、共产党人黎升翀的影响下光荣地加入地下中国共产主义青年团。

当时，上海总台地下团支部处于国民党交通部通信枢纽堡垒之中，位置十分重要，工作十分机密。为安全起见，团中央决定该组织不由团上海市委领导，而由江苏省团省委书记单线领导。罗若遐在团内担任秘密图书管理员，并负责文书和联络工作。他用自己的工资在法租界租住一间亭子间进行地下联络工作。有一次，罗若遐与交通员约定了时间接送文件，但交通员未在约定时间出现。事后，罗若遐从房东处取回两个盒子，里面装着煽动上海警备区与国民党驻军三十七旅不要开赴苏区打红军的传单、列宁的《国家与革命》、共产国际通讯录（英文）。在仔细检查盒子后发现有打开过的痕迹，当时正值白色恐怖时期，罗若遐深知事态严重，立刻通过电台向团委汇报，团委要求罗若遐回到亭子间应对搜查。罗若遐接受了团委安排，缴纳房租排除怀疑，冒着生命危险坚持在上海开展地下工作。

1932 年夏秋之交，上海总台地下团支部组织微薪报务人员罢工，在选举产生的理事会（罢工斗争委员会）中，由社研会员李传彬任理事长，罗若遐任理事兼秘书。这次罢工是当时上海地下党组织的上海市总同盟罢工的一个组成部分，给了上海反动当局很大的震动。

1933 年初，为了建设和加强中央苏区无线电通信工作，经中共苏区中央局书记周恩来的指派，罗若遐和安若恒在交通员护送下乘轮船途经汕头、潮州、大埔、峰市等地，由福建永定县进入中央苏区，随后到达瑞金。时任中央苏区组织部长的任弼时，热情接待了他们。他们不顾长途跋涉劳顿，立即投入工作，受到苏区领导的表彰。这年 9 月，罗若遐由共青团员转为了中国共产党党员。

1934 年夏，罗若遐调任中央军委三局通讯组织科科长。长征前夕，组成军委通讯团，罗若遐改任无线电营营长兼一分队队长，是中央苏区红色中华通讯社（新华通讯社前身）新闻电台最早负责人。这段时间里，他在人员紧张、条件艰难的情况下，完成了收抄电讯的任务，及时向中央苏区领导提供了国内外情况，为中央苏区的历次反“围剿”斗争做了大量的工作。1934 年 10 月，罗若遐随中央纵队长征。

在完成抄送陕北党中央红色中华社和国民党中央社的电讯的同时，上级要求罗若遐设法抄收国外电讯社电台播发的文字新闻。当时，无线电一分队对国外通讯社播发的新闻呼号、波长等没有相关资料，然而罗若遐欣然接受任务。他与另一名报务员一起，每天将所有收到的国外电台的呼号、波长、出现时间等记录在专用本子上，经过半个多月的分析研究，罗若遐先后发现了苏联伯力电台播发的塔斯社的英语新闻、莫斯科塔斯电台播发的英语新闻、日本东京电台的日语新闻、西贡电台播发的法语新闻和柏林电台播发的德语新闻。国外电台的发现对党中央了解当时国际形势起到了很好的作用。

在张国焘分裂党、分裂红军、擅自非法成立伪中央的猖獗时期，张国焘对红一方面军留在红四方面军中对他的反党分裂路线表示不满的同志和红四方面军中深明大义的同志采取了镇压手段，朱总司令和刘伯承总参谋长也身陷困境之中。在愤怒和期待之中，罗若遐和部分战友曾找到朱德的夫人康克清，托她向总司令请示，在这种党内非常状态下，应该采取什么态度？不久，康克清口头传达了朱总司令的指示，大意是：红四方面军全体指战员都是雇农、贫农、下中农出身的，阶级成分很好。红一方面军留在红四方面军的所有同志，都应全心全意地关心爱护这支兄弟部队，要少讲空话，多做实际工作，不做无意义的牺牲，用中央红军建党、建军、建立地方政权以及练兵、作战的经验，诚心诚意地帮助红四方面军，指导它建设成为一支党所领导的更加坚强的武装力量。听到朱总司令的指示后，罗若遐和战友们顿时感到心明眼亮，决心在逆境中坚持下来，埋头工作，听候党中央的决策。

1936 年 8 月，罗若遐由新闻台调总司令部第二局工作，一直到红军三大主力在会宁胜利会师为止。这年 10 月到 1937 年 3 月，罗若遐相继在红军总部任新闻台台长、军委三局无线电第二十四分队队长等职。

1937 年 3 月，罗若遐奉命赴山西中共中央驻太原代表彭雪峰同志处工作，任电台台长兼秘书，化名岳公远。

1938 年 10 月，罗若遐积极投入抗日战争，随新组建的新四军游击支队挺进豫东。皖南事变后，新四军游击支队正式改编为第四军第四师，罗若遐任该师司令部秘书长。

1942 年 3 月，组织上调罗若遐到华中局任秘书，华中局和新四军军部的组织机构短小精干，陈毅军长、张云逸副军长身边都未配专职秘书，他们的文牍工作都由罗若遐兼任。

解放战争时期，罗若遐任旅大电气工程专门学校副校长，是中国人民解放军第一所电信专业高等学校——旅大创办人之一。在他担任该校领导期间，培养和培训了 200 多名电信工程和机务人员，为加强部队的通信建设输送了大批人才。

中华人民共和国成立后，罗若遐历任中央军委通信部副部长，中国人民解放军南京军事学院通信兵教授会主任，北京高等军事学院通信兵教研室主任、战略教研室副主任等职。1955 年 9 月，他被授予少将军衔，荣获二级八一勋章、二级独立自由勋章、一级解放勋章。

1988 年 3 月 12 日，罗若遐因病医治无效，在北京逝世，享年 81 岁。

李　贞

她是中国人民解放军开国少将，中华人民共和国成立后，历任西北军区政治部秘书长、中国人民解放军军事检察院副检察长、中国人民解放军总政治部组织部顾问等职。

李贞，1908年2月出生于浏阳永和镇一个贫苦农民家庭。因父亲长期生病，生活更为艰难，三个姐姐都被迫做了童养媳，李贞也未逃脱这一悲惨命运，6岁时被用箩筐挑着嫁到了邻村的古家，小小年纪就不得不从事一些力所不及的家务。

1926年5月，北伐军由广东乘胜入湘，各地工、农、青、妇等群众团体纷纷成立，李贞等一批苦大仇深的姐妹，跳出了火坑，成了当地妇女运动的积极分子。1927年3月，她光荣地加入了中国共产党。

马日事变后，古城上下，刀光剑影，一片白色恐怖。为了反击敌人的猖狂进攻，根据省农民协会的指示，浏阳县委组织了数万农军攻打长沙。李贞率宣传大队随军行动，沿途做了大量宣传鼓动工作。1927年9月，毛泽东在湘赣边举行秋收起义的队伍来到浏阳，李贞积极响应，开展宣传，筹集物资，参加战斗。这年10月，王首道由省委派回浏阳，帮助恢复和发展党的组织。不久，原永和区委书记张启龙也辗转回到了家乡。他们很快成立了中共浏东特别支部，建立了浏东游击队。李贞迫切要求与男同志一起打游击，经特支研究，派她任士兵委员会委员长。游击队在斗争中得到发展壮大，年底，平江游击队入浏，与浏东游击队合编为平浏游击队。敌人对游击队恨之入骨，特从县城请来大批人马，并谎称贺龙部，与游击队商谈合编事宜。商谈中，对游击队发动突然袭击，为了保证伤病员安全转移，李贞、王绍坤等主动向大坳上最高峰祖师崖运动。面对敌人的步步逼近，早已作好牺牲准备的李贞，带头向崖下跳去。所幸的是，李贞并没有死，但肚子里的孩子没能保住。

为了支援平浏人民的武装斗争，彭德怀、滕代远特将红五军红二纵队派往浏阳，与平浏游击队合编，由黄公略任纵队长、张启龙任党代表。李贞则调任平江县委军事部长，仍随红二纵队活动。1929年夏，李贞调任浏阳县委委员兼妇女部长。在此期间，她一边发动苏区妇女投入支前工作，一边动员白区妇女参加对敌斗争和“三抗”（抗租、抗税、抗粮）运动，不断扩大红色区域。1930 年 4 月，浏阳县苏维埃政府宣告成立，李贞被选为县苏维埃执行委员兼妇女联合会主席。这时，县委按照湘鄂赣边特委的统一部署，决定在全县发动“红五月总暴动”。为了组织好这次暴动，县苏维埃将分布在各地的赤卫队合编为浏阳县赤卫军，并选拔部分女队员组成女兵大队，由李贞兼任大队长。这次暴动，在红六军一部的支持下，第一次攻占了浏阳县城，镇压了长期统治浏阳的反动势力。浏阳县委、县苏维埃机关正式迁至县城办公，着手领导全县人民开展查田分田和经济建设。为了健全各级妇女组织，发挥妇女在生产建设中的作用，县委妇女部特在县城召开了各区、乡妇女代表会议，李贞在会上作了报告，总结了两年来的工作，布置了下一阶段的任务，为后来浏阳妇女运动的发展，奠定了良好的基础。

1930 年 7 月和 8 月，红军两次攻打长沙后，湘东苏区不断扩大。为了调整和充实湘东特委的领导力量，李贞调任特委妇委书记、中共吉安县委军事部长。后改任省委妇女生活会主任兼省军区医务学校政委。不久，湘赣红军妇女团成立，李贞任团政委。她们一共参加了三次较大的战斗，分别是江西永新突袭战、安福附近的阳城阻击战、永新和莲花之间伏击战。

1934 年春，李贞接替张平化任湘赣军区红军学校政治部主任。她克服重重困难，为培养部队基层骨干作出了很大的成绩。1934 年 6 月，根据中革军委指示，湘赣边根据地红军和湘鄂赣边根据地红军一部受命组成红六军团，李贞被任命为军团组织部长。1934 年 8 月，为了给党中央机关和中央红军主力探索战略转移路线，红六军团受命退出湘赣边，向湖南中部挺进。10 月 24 日，红六军团与红二军团在印江木黄会师。10 月 28 日，任弼时、贺龙率红二、六军团主力从酉阳县南腰界出发，经湖北来凤、湖南龙山等地向湘西进军。一路上，李贞经常深入连队、阵地与入党对象谈话，参加新党员宣誓，发展了一大批党员。同时，她还直接参加了十万坪、陈家河、桃子溪、忠堡、板栗园等重要战役。11 月 26 日，在中共湘鄂川黔省委成立大会上，得到了任弼时、贺龙等领导的高度评价和表彰。

1935 年 11 月，红二、六军团离开湘鄂川黔苏区开始长征。这时，摆在两个军团面前的是一条比西征更加漫长而艰险的路途，对每个指战员都是一次更大的考验，而对一位孕妇来说困难就更多了。由于过度的劳累和饥饿，李贞感染了可怕的伤寒病。过草地前，贺龙曾送给李贞三副清热解毒的草药，但李贞用这三副草药救活了得伤寒病的两位战士。偏偏这时怀孕7个月的李贞又早产，没有药品和食物，身染伤寒病又身体虚弱的李贞和极其瘦小、缺少血色的婴儿挣扎在死亡线上。14天后，虽然众人悉心呵护，但没奶吃的婴儿还是夭折了。无法行走被绑在马背上继续前行的李贞，用她的勇气与坚毅战胜了死神，完成了伟大的长征。但她因此而终身不孕，留下了深深遗憾。

1936年7月，红二、六军团在甘孜与红四方面军会师后，奉命组成红二方面军，李贞任该方面军组织部副部长，丈夫甘泗淇任政治部主任。不管职务如何变动，他们在工作上互相支持，生活上患难与共，一起渡过了道道难关。10月22日，红二方面军在将台堡与红一方面军胜利会师。总结会上，贺龙称赞甘泗淇、李贞是“两个模范干部，一对革命夫妻”。

1937年7月，抗日战争全面爆发，不久红二方面军与部分陕北红军合编为国民革命军第八路军一二〇师，奔赴华北抗日前线，李贞任师教导团组织科长。9月底，李贞随部进至忻口、原平、崞县一带，参加了雁门关伏击战。正在这时，军委首长任弼时、李富春派人通知李贞，嘱她去总部接受新的任务。赶到总部报到后，李富春告诉她，总部决定办一所妇女学校，由她担任校长。次日，她就和几位分配来校工作的干部研究建校问题和教学计划。第三天，他们沿着滔滔延河选择了校址，并亲自动手将几间破旧的窑洞整修一新作为教室。为了适应抗日战争的需求，李贞采取速成的办法，加班加点，很快为部队充实了急需的女干部，受到总部首长的好评。

女校工作结束后，李贞重返前线，参加了百团大战，在破袭娘子关的战斗中，她带几个女战士率先登上城门，大展了八路军的雄风。不久，回师陕甘宁，调任陕甘宁晋绥联防军政治部组织部组织科科长，参加了晋绥军民反“扫荡”、反蚕食、反封锁斗争。1941年春，她积极响应党中央号召，参加了南泥湾大生产运动，并获得了师部授予的“劳动模范”称号。

1943年6月，蒋介石调集大批军队阴谋对陕甘宁边区进行所谓“闪电”袭击。边区军民为保卫党中央、保卫延安，严阵以待。时任一二〇师直属政治部主任的李贞，为反击敌人的进扑做了大量的思想动员工作。1945年4月至6月，中国共产党在延安举行了第七次全国代表大会，李贞当选为候补代表，光荣地出席了这次盛会。

抗战胜利后，蒋介石扩军备战，准备进攻解放区。根据当时的实际情况，党中央提出了“向北发展，向南防御”的战略方针，对所属部队进行了调整。

李贞调任新组建的晋绥野战军政治部秘书长，随部参加了上党、察绥、邯郸、津浦路等战役，打退了敌人进扑，实现了一月停战。不久，又参加了大同战役和保卫张家口战斗。

1947年，胡宗南大举进犯延安，晋绥野战军及相关部队组成西北野战军，转战陕北。李贞直接参加了保卫和收复延安的战斗，并在战火中得到了进一步的提高，成为了一名能文能武的高级指挥员。

1948年9月，李贞随部参加了大荔以北的对敌攻击作战，歼国民党军粤系精锐主力整编六十五师等部25000多人。随后，又参加了11月15日发动的冬季攻势，在陕中洛河地区三战三捷，歼敌24000多人，俘敌七十六军军长李日基。

1949年2月，西北野战军改称第一野战军，李贞仍任政治部直属政治部主任，先后参加了解放西安、榆林、宝鸡、凤翔和占领西宁等战斗。在抗美援朝战争中，第一野战军积极响应党中央的号令，抽调主力参加这一伟大的作战行动。甘泗淇被任命为志愿军政治部主任，李贞任志愿军政治部秘书长，成为志愿军领导成员中夫妻并肩作战的范例，他们的这一行动给全体指战员极大激励和鼓舞。到达朝鲜后，李贞不顾长期征战的劳苦，克服了种种预想不到的困难，立即投入到紧张的战斗，她的工作多次受到志愿军首长的好评和表彰，得到朝鲜党政军领导的感激和尊重。金日成亲自接见了她，并授予她朝鲜民主主义人民共和国二级自由独立勋章。

1953年秋，李贞、甘泗淇等载誉归来，毛泽东、朱德、周恩来、刘少奇等党和国家领导人亲切地接见了这对功勋卓著的英雄夫妇，表彰了他们的国际主义和爱国主义精神。

不久，李贞调任军委防空军政治部干部部部长，为防空军的干部队伍建设做了大量工作。1955年9月，她被授予少将军衔，荣获二级八一勋章、二级独立自由勋章、一级解放勋章，成为新中国第一位女将军。

1957年，李贞改任中国人民解放军军事检察院副检察长，粉碎“四人帮”后，在党中央和邓小平的关怀下，她在总政组织部担任顾问工作。1982年9月，在中共十二大上，李贞当选为中央顾问委员会委员。1987年12月，在中共十三大上，作为特邀代表出席了会议。李贞和丈夫甘泗淇将军没有子女，但是长期以来，经他们抚养的烈士遗孤却有二十几个。李贞像疼爱亲生子女一样，把真挚的爱无私地奉献给孩子们。

1990年3月11日，李贞因病医治无效，在北京逝世，享年83岁。

石敬平

他是中国人民解放军开国少将，中华人民共和国成立后，历任东北军区装甲兵司令部参谋长、中国人民解放军武装力量监察部计划处处长、中国人民解放军总参谋部三部顾问等职。

石敬平，原名李梓荣，1916 年 5 月出生于浏阳大围山镇一个贫苦农民家庭。因生活所迫，1927 年随母亲、二哥等去外祖父家寄居，母亲帮助管理家务，二哥种田。石敬平在外祖父的资助下进入围山小学读书。外祖父家是一个进步知识分子家庭，其大舅钟楚生是毛泽东在湖南第一师范的好友、新民学会会员，二舅钟书晃是浏阳早期共产党员。在舅舅们的影响下，石敬平幼小的心灵里播下了革命的火种。1930 年 8 月，石敬平刚满 14 岁，经乡苏维埃政府选送，参加了中国工农红军。同年，加入中国共产主义青年团。1937 年 5 月，转为中国共产党党员。

土地革命战争时期，石敬平先后担任红三军团政治部文印员、宣传员、译电员、军事裁判所干事、缮写员等职。随部参加了中央苏区第一至第五次反“围剿”斗争，表现勇敢、坚定。1934 年 10 月，随中央纵队长征。途中，在身患重病的情况下，出色地完成了上级交给的各项任务，受到军团领导表彰。

全民族抗日战争时期，石敬平一度担任甘肃庆阳陇东特委宣传部宣传干事。1938 年 8 月，入延安边区党校学习，任学员队区队长。不久，转入延安军政学院学习，任大队长。1939 年后，历任中央军委总政治部锄奸训练班政治指导员、华北战地考察团锄奸组组长、军委总参谋部机要秘书、机要参谋、军委一局科长等职，为部队机要文秘工作做出了贡献。

解放战争时期，石敬平任东北民主联军总部参谋处副处长。1946 年 8 月，调任合江省军区副参谋长。1947 年 5 月，调回东北民主联军总部任参谋处处长兼东北军区测绘学校校长。1949 年 2 月，任东北军区参谋处处长兼中国人民解放军测绘学校校长。

中华人民共和国成立后，石敬平任东北军区装甲兵司令部参谋长。1952 年 5 月 5 日，装甲兵司令部下发了《为选调女战车手》的通知。按照要求，东北军区装甲兵党委责成东北军区装甲兵技术部在长春市南岭第三活动修理营开办东北军区装甲兵首届坦克驾驶修理培训班，培训技术骨干（含培训女学员）。石敬平多次在教练场上观察她们的驾驶情况，指示操作要领。10 月 1 日，东北军区装甲兵的 11 名女坦克手，参加了沈阳 50 万军民隆重举行的庆祝中华人民共和国成立三周年大会，接受了东北军区首长对陆海空三军的检阅。在受阅的装甲兵部队中，行驶在最前列的 4 辆坦克就是由这 11 名女坦克手驾驶的。

1954 年 8 月，石敬平入南京军事学院装甲系学习。1955 年 4 月，调任中国人民解放军武装力量监察部叶剑英部长办公室主任。1955 年 8 月，任中国人民解放军武装力量监察部计划处处长。1959 年 10 月，任总参谋部第三部四局政治委员。1961 年 1 月，任总参谋部第三部九局局长。1955 年，他被授予大校军衔，1964 年，晋升为少将军衔，荣获三级八一勋章、二级独立自由勋章、二级解放勋章。1978 年 4 月，任总参谋部三部顾问。1982 年，获一级红星功勋荣誉章。

1990 年 10 月 30 日，石敬平因病医治无效，在北京逝世，享年 74 岁。

汤　池

他是中国人民解放军开国少将，中华人民共和国成立后，历任湖南军区后勤部副部长、部长等职。

汤池，原名汤代春，又名汤壬海，1909 年 3 月出生于浏阳达浒镇一个贫苦农民家庭。父亲汤世贵以佃耕为生，一年劳动所得无几，靠糠菜来充饥度日，农闲时常到河沟里捕鱼捉虾赚几个零用钱。汤池排行老大，因家庭生活贫苦，无法上学，9 岁时才在亲友支持下发蒙，小学毕业后在家务农。

大革命时期，汤池和他父亲都积极加入了当地农民协会，父亲担任乡裁判员。汤池在父亲带领下投入打土豪、分田地的火热斗争，受到乡农会的表扬。1926 年 7 月间，北伐军叶挺独立团途经浏阳，汤池受乡农民协会的派遣，为北伐军带路、送弹药，受到北伐军的教育和影响，懂得一些穷人为什么穷，富人为什么富的道理，还学到一些军事知识。他回到家乡后，立即报名参加了农民自卫军，担任催粮、送信等任务。马日事变后，浏阳一片白色恐怖，农民自卫军被迫解散，汤池和他的战友转入地下，坚持斗争。

土地革命战争时期，汤池在当地苏维埃政府做宣传工作。1930 年 4 月，加入中国共产主义青年团，不久，担任支部书记和少年先锋队大队长，负责筹款、催粮草和扩军工作。这年秋天，红三军团和红一方面军两次攻打长沙，汤池受苏维埃政府指派，带领 130 多名少先队员参加了攻打长沙的战斗。因战斗勇敢，工作积极，返回浏阳后，他被吸纳加入中国共产党。1930 年 10 月，汤池编入地方红军浏阳县总队部任宣传员。1931 年 4 月，总队部改编为浏阳县警卫团，汤池任军需处会计科会计。他工作认真负责，处处勤俭节约，大公无私，多次受到领导的称赞。

1932 年 3 月，汤池调任湘赣军区独立一师经理处会计科科长，9 月，晋升为经理处副处长。当时，环境极为艰险，经费和物资都十分缺乏，他精打细算，多方筹资，较好地解决了部队的供应，改善了部队的生活，被指战员誉为“红管家”。

1934 年 6 月，汤池随部队编入红六军团十八师五十二团，任团供给处主任。8 月，参加西征，他一边行军，一边想方设法解决部队的供应问题，为十万坪、陈家河、桃子溪、忠堡、板栗园等战斗的胜利提供了后勤保障。

1935年1月，汤池调任湘鄂川黔军区卫生部供给部主任。同年11月，随红二、六军团突围长征，任红六军团供给部会计科科长。部队到达贵州毕节县时，他在驻地一个军阀大院的夹墙里机智地发现了大批贵重物资，其中有短枪3支、部分子弹、20多斤黄金及几箱珠宝首饰，当即全部上交，为部队解决了经费问题，受到军团领导的通令嘉奖。部队出草地时，粮食十分缺乏，汤池千方百计筹集到几万斤白面、几千头羊和400多头牛，不但保证了红六军团的供应，还挤出一部分支援了红二军团，受到总指挥部的赞扬和奖励。到达陕北后，汤池被调任中央红军教导师军需科科长。

全民族抗日战争时期，汤池历任延安留守兵团供给处科长、西安八路军办事处经理科科长、抗日军政大学总校供给部部长等职。当时，八路军西安办事处是从延安到新四军前线、从新四军前线返延安的必经之地，除供应过往人员的吃、住以外，还要负责过往人员的车辆和安全，同时还要为延安总部筹集药品、布匹、纸张以及百货等物资，甚至还要设法和各方面人士接触，做抗日统一战线工作。那时，在敌占区工作要求十分谨慎和机智灵活，稍不小心就可能被秘密警察和便衣特务陷害。汤池办事谨慎，警惕性很高，各方面工作都做出了突出的成绩。在担任抗日军政大学供给部长时，延安物资十分缺乏，条件十分艰苦，他参与组织全校数千名师生积极响应毛泽东主席“自力更生”的伟大号召开荒种地、纺纱织布。晚上，他还经常在灯下和夫人冯甦（供给部被服厂指导员）一起纺纱，两人每晚能纺半斤纱，受到校领导和师生的好评。

解放战争时期，汤池先后历任冀热辽军区供给部部长、东北军区第二部财务处处长等职，为保证东北部队的军需物资、枪支弹药的供应，为东北的解放，做了大量的工作。

中华人民共和国成立后，汤池历任湖南军区后勤部副部长、部长。1955年9月，他被授予少将军衔，荣获二级八一勋章、二级独立自由勋章、二级解放勋章。1965年2月，经中央军委批准离职休养，享受副兵团级待遇。1988年8月，他被授予一级红星功勋荣誉章。

1996年4月7日，汤池因病在广州逝世，享年87岁。

熊　晃

他是中国人民解放军开国少将，中华人民共和国成立后，历任中国人民解放军师政治委员、新疆军区副政治委员、乌鲁木齐军区顾问等职。

熊晃，1913 年 11 月出生于浏阳北盛镇一个贫苦农民家庭。兄弟共 4 人，他排行最小，由于经济困难，9 岁才入学。在校期间，正逢浏阳早期共产党员潘心元、田波扬等回乡传播革命思想，进步思想深深地影响了他。小学毕业后，因筹措不到学膳费，辍学回家务农。农闲时，他常随父亲去浏阳县城做勤杂工，以补家用。

1926 年 7 月，北伐军入境后，各种革命组织公开成立，熊晃在家乡参加了农民协会，任村儿童团团长。他经常带领儿童团员参加打土豪、清财产、斗贪官的活动，多次受到乡农协的表扬。马日事变后，熊晃潜往县城，以学缝纫作掩护，继续从事革命活动。不久，他加入王震、张正坤等为首组建的浏阳游击队北乡第一支队，担任文书工作，随队参加了攻打蕉溪、淳口、砰山团防局和奇袭玉皇殿的战斗。1930 年，他加入中国共产党，随浏北一支队编入湘鄂赣红军独立第一师，历任该师连副指导员、指导员等职。独立一师归建红六军团后，他任第十八师第五十二团政治处俱乐部主任。在此期间，先后参加了飞袭永安市、攻占株木桥和湘赣苏区、中央革命根据地、湘鄂川黔苏区历次反“围剿”作战。1934 年 8 月，随红六军团西征，途中参加了十万坪、陈家河、桃子溪、忠堡、板栗园等多次重大战斗。1935 年 11 月，参加长征。

全民族抗日战争时期，熊晃历任八路军一二〇师第三五九旅七一七团政治处宣教股长、第七一八团政治处主任、副政治委员、代理政治委员等职。1943 年 10 月，调任三五九旅特务团副政治委员。1944 年 11 月后，任八路军南下支队第四支队政治委员、湘东军分区司令员、鄂北军分区副政治委员兼政治部主任。1946 年 3 月，任中原军区第一军分区副政治委员。先后参加了陕甘宁边区建设及巩固冀中根据地和北岳区的反“扫荡”作战。他常利用战前动员和战后休整的机会，深入连队和前沿阵地，做大量思想政治工作，对鼓舞和激发部队斗志，增强部队战斗力，保证任务的完成和战斗的胜利起了重要作用。

解放战争时期，1946 年 7 月，熊晃任华东军区新编第十一师教导旅副政治委员。同年 12 月，调任西北野战军第二纵队独立第六旅副政治委员。1949 年 6 月，调任第一野战军第一兵团第二军第六师副政治委员。他参与指挥了保卫延安、解放大西北等多次重要战役和作战行动。

中华人民共和国成立后，熊晃历任第一野战军第一兵团第二军第六师政治委员兼新疆军区焉耆军分区政治委员，中共焉耆地委书记，新疆军区政治部副主任、主任，新疆军区副政治委员等职。他为新疆部队的革命化、正规化、现代化建设和新疆的社会主义建设做出了重要贡献。

熊晃在刚担任焉耆地委书记时，那里可谓是一片“三无”之地，无党组织、无党员、无国家工作人员，熊晃就这样扎根在新疆，一干就是 20 多年。后来王震回新疆视察，战友相见，两人都红了眼眶，王震还特意提出熊晃在新疆吃了不少苦，想要将他调回北京，但是熊晃果断拒绝了。他说北京虽好，但我还是留在新疆吧，哪怕当个顾问，也是咱当年一兵团的象征。

1955 年 9 月，熊晃被授予少将军衔，荣获二级八一勋章、二级独立自由勋章、二级解放勋章。1987 年 6 月，在中国人民政治协商会议第六届全国委员会议上当选为常务委员，并担任乌鲁木齐军区顾问、中共新疆维吾尔自治区顾问委员会副主任。

1996 年 10 月 13 日，熊晃因病在乌鲁木齐逝世，享年 83 岁。

何志远

他是中国人民解放军开国少将，中华人民共和国成立后，历任中国人民解放军第二十六军政治委员、山东省军区第二政治委员等职。

何志远，1912 年 6 月出生于浏阳张坊镇一个贫苦农民家庭。大革命时期，积极投入当地农民运动，参加了农民自卫军。马日事变后，转入地下，坚持斗争。1929 年参加乡赤卫队，任小队长。1930 年 10 月，加入中国共产党。

土地革命战争时期，何志远参加了中国工农红军，先后担任红三军团第十九师五十五团特务连战士、班长、排长、瑞金卫戍司令部警卫连政治指导员等职。1933 年春，调任赣南军区独立第三师三团政治委员兼东北分区特派员、中共县委书记等职，参加过中央苏区第一、二、三次反“围剿”。年底，调任福建军区政治部宣传队队长。中央主力红军长征后，何志远留在闽西南地区坚持游击战争，曾任闽西南中共区委书记、代县委书记、岩连宁中心县委书记等职，参加了闽西地区历次反“围剿”作战。

1938 年 1 月，何志远调任新四军第二支队第三团三营副营长。1940 年 3 月，任第三支队第五团政治处副主任。7 月，调任新四军第七师十九旅五十团政治处主任兼皖中军区无为县总队副队长。先后转战于皖南、皖东地区，经历皖南事变，参加了这一地区的反“扫荡”和反顽斗争。1941 年 1 月起，先后担任新四军江南西路保安司令部第七师五十五团政治处主任、沿江独立团政治处主任兼中共桐东县委书记、沿江独立团政治处主任等职。1945 年 7 月，调任新四军第七师含和支队政治委员兼含和军分区政治委员、中共含和地委书记，为皖南抗日根据地的建立和这一带抗日斗争的开展做出了积极的贡献。

解放战争时期，根据党中央“向北发展，向南防御”的重要战略方针，1946 年 6 月，含和支队奉命编入华东野战军。何志远随军北上，参加根据地的建立和巩固工作，任该军第二十一旅副政治委员兼政治部主任。1947 年 3 月，任华东野战军第七纵队第二十一师政治委员兼政治部主任。1949 年 1 月，任第三野战军第二十五军第七十五师政治委员，率部参加了济南战役，经过激战，共歼敌 10 万余人，生俘国民党军第二绥靖区司令官王耀武。这一战役的胜利，使华北、华东两大解放区完全连成一片，大大加速了全国解放的步伐。七十五师在该役中打得勇敢、主动，出色地完成了阻击任务，受到军党委的表彰。

中华人民共和国成立后，何志远历任中国人民解放军第二十五军政治部主任、副政治委员、政治委员。1954 年 8 月，相继调任中国人民解放军第二十六军政治委员、济南军区人民武装动员部部长、山东省军区第二政治委员等职。1955 年 9 月，他被授予中国人民解放军少将军衔，荣获二级八一勋章、二级独立自由勋章、二级解放勋章。

何志远是中国共产党第八、第九、第十、第十二次全国代表大会代表。1981 年 6 月，任济南军区顾问，1982 年起离职休养。何志远在日常生活中有个原则，决不为自己、家人、熟人谋私利，大事小事都不徇私。作为高级干部，他在大是大非面前，在关系到党和国家命运的时刻能出以公心，决不动摇。在一些小事情上，他也从不谋私利。这在有些人看来是不值一提，但恰恰正是这些小事情反映出他的高尚品质。他下部队有三个不准：一不准前呼后拥，带一大批人；二不准基层迎送；三不准生活上有特殊照顾，要与战士同吃住。这三个不准坚持始终，他自己从不破例。1963 年，解放军总政治部曾发出号召，全军向何志远学习。济南军区政治部、山东省军区政治部相继发出通报，号召学习何志远将军。当时全国有十余家报刊、电台宣扬了他的事迹，他被誉为“永不褪色的老红军”“艰苦奋斗的模范”“人民公仆”。

1992 年 9 月 11 日，何志远因病在济南逝世，享年 80 岁。

黎东汉

他是中国人民解放军开国少将，中华人民共和国成立后，历任中国人民解放军军事电信工程学院（现为西安电子科技大学）院长，总参谋部通信部副主任、顾问等职。

黎东汉，1914 年 10 月出生于浏阳北盛镇一个贫苦农民家庭，祖辈和父辈都以佃耕为业，受尽土豪劣绅的压迫和剥削。为翻身解放，1926 年，父亲黎代发、叔叔黎代坤、姑姑黎秋莲等积极参加了中国共产党发动和领导的大革命运动，在斗争中加入了党的组织，成为了运动的骨干。在这种革命形势蓬勃发展的影响下以及革命家庭的教育下，年仅 13 岁的黎东汉立志要参加革命，年纪轻轻的他就显示出了了不起的担当精神。

1930 年 8 月，黎东汉报名参加了工农红军，在独立一师特务连当兵，10 月，加入了中国共产党。1931 年春，任该连支部书记。1933 年 1 月，被选送到军区学习无线电。结业后，分配在军区电台工作，从此开始了他漫长而艰巨的军事无线电生涯。

1934 年冬，黎东汉奉调去中央苏区电台工作，行至赣江边遇到敌人封锁，被留在湘赣军区。1934 年 8 月，随红六军团西征。红二、六军团在印江会师后，调军团指挥部任无线电大队报务员。1935 年 11 月，红二、六军团突围北上时，留下红十八师牵制敌人掩护主力长征。为保证任务的完成，组建了红十八师电台队，调黎东汉任电台队队长。当时，敌人以几十倍的兵力对这支孤军实行追剿。在如此严峻的形势下，电台是联络红二、六军团的主力、获得敌情和行军路线的唯一途径，因此格外重要，黎东汉和全队战友决心以生命来保护好机器，并提出了用电线代替无线等应急措施。

1935 年 12 月的一天，红十八师主力转移至桑植的上河溪，得悉敌人一个团由鹤峰方向扑来。张正坤师长认为这是歼灭该敌的极好机会，决心吃掉它。次日拂晓，师长把机关、野战医院和电台安置在一个山头上，建立起临时作战后方，他率领主力进攻敌人。上午 9 时许，在苦竹坪与敌军遭遇，经过一场激战，消灭敌人 100 多人，缴获 100 多支枪。不料敌人越打越多，原来敌孙连仲的二十六路军主力有 6 个团跟上来了。张师长率领部队边打边撤，直到黄昏才甩掉敌军。

由于情况突变，安置在山头的临时后方一时没人指挥而乱糟糟。这时，黎东汉挺身而出，负起指挥责任。他首先派出有作战经验的老战士担任警戒，然后组织大家烧水、做饭，要求大家不要乱跑，让缕缕炊烟迷惑敌人，猜不透兵力的虚实，延缓敌人前进，他自己又跑到前哨阵地观察，发现约有一个营兵力的敌军尾随而来。他马上组织起电台和机关里能作战的人员，共约一个排的兵力，选择有利地形阻击敌人。这时敌人已进到了对面的山脚下。山下有条河，河上架着一座石桥，敌人要攻打这边的山头就必须经过那座石桥。黎东汉指挥这个排居高临下，用火力严密地封锁了桥面。为了不让敌人摸清兵力情况并节省子弹，他命令战士们以点射的方式射击敌人。从上午10时直打到黄昏，始终没让一个敌人通过石桥，保障了临时后方和主力侧翼的安全。

红十八师历经60多天，辗转湘鄂川黔4省15个县，以3000余人牵制了敌人10万兵力，有力地掩护了红二、六军团的战略转移，这主要靠师首长的正确指挥和全师指战员的英勇战斗，但与电台队艰辛的工作也是分不开的。在这60多天中，黎东汉身兼数职，他不但是电台队长也是报务员、机修员，更是指挥员和战斗员。因此，部队总结时，师首长对电台队的工作给予了充分的肯定和高度的评价。

1936年10月，红二、六军团到达陕北，黎东汉先后调任红六军团、八路军一二〇师三五九旅电台队队长。这时，敌后抗日形势很好，部队发展很快，一时感到报务员不足。面对这种情况，王震旅长指示由黎东汉负责组建无线电训练班。通过5个多月艰苦工作，培养出了10多名报务员，后来他们都成了各部队电台的骨干力量。学习班工作结束后，黎东汉参加了神堂堡战斗和保卫延安等重大作战行动。为了加强对无线电的领导，当时，电台业务由军委三局直接管理，并设立三科（通信科），由黎东汉任三科科长。

1944年11月，党中央为创立和发展江南抗日根据地，决定由三五九旅部分部队组成以王震任司令员、王首道任政治委员的南下支队，挺进华南，深入敌后开展抗日斗争。黎东汉以三科科长兼电台中队队长职务参加这一伟大壮举。南下是在远离党中央情况下单独执行任务，除沿途的艰辛外，还要面对日伪军的围追堵截和国民党顽军的干扰破坏。情况的复杂，对通信联络工作要求更高。为了保护好电台，带齐配件和修理工具，黎东汉和全队同志一再轻装，除少量衣衫外只带了条薄薄的被子。由于采取了有力的措施，部队在一天170多里的急行军情况下，机器、设备和工具均能及时到达，保证了南下支队与党中央的联系。8月下旬，南下支队胜利完成了南下任务，挥师北返，于10月中旬回到中原，恢复三五九旅番号，被编入中原军区第二纵队序列。不久，中原军区司令部成立了通信处及无线电大队，任命黎东汉为处长兼大队长。

1946年1月，国共两党通过谈判宣布停战，黎东汉受命随王震去武汉军调小组工作。半年后又随董必武去重庆，同年6月返回延安。

7月，蒋介石悍然撕毁停战协定，向解放区发动全面进攻。同时，调集30余万兵力大举进犯陕甘宁边区和党中央所在地延安。为粉碎敌人的阴谋，党中央决定集中西北主力组建以彭德怀任司令员兼政委的西北野战兵团。1947年3月，又组建了以任弼时任司令员、陆定一任政委、叶子龙任参谋长的中央支队，下设三个大队，一大队即为电台大队，由黎东汉任大队长。任命下达后，黎东汉即由瓦窑堡赶到中央支队驻地枣林沟，接着，随部经绥德以西向卧牛城地区前进，投入新的战斗。当时，由于行军作战，只能配备小功率的电台，要与外地联络必须经军委三局后方总台转发。一天深夜，有两份十万火急电报要发给华东台。接通后方总台后，五点钟总台就将电报发出去了，因电磁波的变化，总台没听到收据，误认为电报没发出去，毛泽东、周恩来等领导同志焦急地等待着。直到天亮后换了白天的波长，才知道华东台早已收到。毛泽东得知后很高兴，对大家说："现在开饭！"电台队通过此事深深感到自己责任的重大。数月的转战中，黎东汉和电台大队战友们克服重重困难，出色地完成了党中央、毛主席直接下达的各项任务，受到中央支队首长的嘉奖。

1948年1月，黎东汉调西北军区司令部通信处工作。由于通信处同志已经受了多次战斗的考验，业务素质不断提高，因此，通信工作保证得比较好。但这时新的问题出现了，蒋介石、胡宗南先后启用了日本和美国制造的测向机，对我军的行动和位置进行了测向侦察，从中分析和了解我军的作战部署，对我军作战造成很大的威胁。为了对付敌人这一新花招，通信处想了很多办法。不久在清涧战役中缴获了一台测向机，毛泽东、周恩来等领导同志得知后很高兴，特别指示电台人员注意保密，并指示通信处开展反测向活动。黎东汉和电台大队同志一起投入到分析研究中，提出了勤换呼号、波长，对通信战术进行必要的调整等办法。在大家的共同努力下，反测向工作取得了一定的成绩。

1949年1月，西北野战军第一兵团成立，黎东汉调任该兵团通信科科长兼作战处副处长。在此期间，他先后参加了扶眉战役、兰州战役、宁夏战役、河西战役和进军新疆等重要作战行动，随部完成了解放西北五省的光荣使命。

中华人民共和国成立后，黎东汉任中国人民解放军通信部干部处副处长，不久，改任业务处副处长。1952年，调任志愿军司令部通信处处长。正准备奔赴抗美援朝前线时，因部队开展“三反”运动，被留任通信部三反办公室主任。三反结束后，他去南京军事学院学习。1955年9月，他被授予少将军衔，荣获二级八一勋章、二级独立自由勋章、二级解放勋章。

1955年冬，黎东汉调任中国人民解放军通信工程学院（现为西安电子科技大学）第一副院长。1961年8月，黎东汉升任院长。他与院党委的其他领导同志坚持贯彻中央“调整、巩固、充实、提高”的八字方针，教学、科研都取得了可喜的成绩。此后，他先后调任中国人民解放军通信兵部副主任，总参谋部通信部副主任、顾问，为中国国防通信事业的发展和军队现代化建设做出了贡献。

2007年6月7日，黎东汉在北京逝世，享年93岁。

江　文

他是中国人民解放军开国少将，中华人民共和国成立后，历任总参通信部副部长、武汉军区副司令员、总参通信部主任等职。

江文，原名陈辉侃，别名江腾芳，1914年出生于浏阳张坊镇一个贫苦农民家庭。大革命时期，在中国共产党的领导下，江文积极投身反帝反封建的斗争。

1927年，湖南军阀许克祥发动马日事变，江文参加了少先队，配合赤卫队的游击斗争，参加打土豪、分田地。他年少志高，经常走村串户作宣传，为农民协会站岗放哨查路条，表现非常突出。1928年，他光荣地加入了中国共产主义青年团。

1930年，江文随少先队、赤卫队配合红军攻打张坊和浏阳城。7月，随少先队、赤卫队配合红军攻打长沙。战后，年仅16岁的江文参加了中国工农红军，开始了他的军旅生涯。江文作战勇敢，先后任战士、宣传员。1930年10月，江文调红军总前委秘书处工作。1931年，红军总前委改组为中共中央苏区中央局，江文在苏区中央局秘书处工作。这年，江文加入中国共产党。

1932年4月，江文被派到江西瑞金军委无线电学校学习无线电技术。毕业后分配到红军总司令部电台工作，参加了中央苏区第四次反“围剿”斗争。

1933年4月，江文随红军总司令部回到瑞金。5月，为了加强湘赣苏区的领导，党中央派任弼时任湘赣省委书记兼政治委员。江文奉命带一部电台随任弼时从瑞金赴湘赣。路途中，他用电台及时向中央报告有关情况，随时与湘赣军区保持联络，相互配合，暗渡赣江，突破了敌人封锁，保证了任弼时安全抵达目的地。

江文到湘赣军区后做的第一件事，就是接收在棠市战斗中缴获的一部电台和被俘的敌电台人员，参与筹建军区无线电中队。该队成立后，由阎知非任队长、江文任政治委员，统管三部电台和一个无线电训练班。他们除担任军区的通信联络任务外，还负责无线电侦察和抄收红色中华通讯社播发的新闻，任务极为繁重。

1934年初，湘赣军区主力红十七师北渡袁水，与在湘鄂赣活动的十六师会合，破坏南浔路，配合中央苏区的第五次反“围剿”斗争。敌人乘十七师北上之机，大举向湘赣军区驻地永新进犯，并于2月中旬突破了我永新防线，向永新城猛扑过来。军区撤离时非常仓促，没能通知无线电中队。当时中队长外出未归，形势危急，江文当机立断带着电台和训练班人员紧急向北突围，一边与地方赤卫队联络，加强侦察警戒，一边派人寻找军区。经两天一夜才赶上了大部队。江文这一果敢举措保住了军区通信指挥中枢，受到军区首长的奖励。

1934年8月7日，红六军团奉命突围开始西征。原湘赣军区的无线电中队改称为军团无线电中队，江文仍任政委。艰苦转战两个多月后，红六军团于10月24日在贵州省印江县木黄与红二军团会师。两军团实现统一行动后，江文与阎知非带一部电台和部分人员从六军团调到总指挥部工作。

1935年1月，敌人对湘鄂川黔根据地发动了大规模“围剿”，江文和全体通信人员，在保证作战指挥和与中央联络的同时，还开展了对敌无线电侦察，及时截获和破译了敌人的电报，为首长指挥作战提供了准确的敌情，有力地保证了反“围剿”斗争的胜利。

粉碎敌“围剿”后，8月下旬，红二、六军团进占石门、澧州、津市、临澧等城镇和广大地区。这一时期红军得到较大的发展，组建了第五、第十六师，增加了5部电台，并在总指挥部成立了无线电大队，阎知非任队长，江文任政治委员。对于这期间的通信、侦察工作，任弼时曾给予充分的肯定，他说：“红二、六军团钳制了大量敌人，在配合主力红军行动中完成了自己的任务。而完成这一任务中，无线电通信、侦察工作起了重要作用。”

9月，蒋介石调集9个师加1个旅的兵力，再次对湘鄂川黔根据地发动更大规模的“围剿”。根据当时敌我兵力对比过于悬殊和根据地尚未巩固等实际情况，红二、六军团军委分会决定撤出湘鄂川黔根据地。11月19日，部队从桑植的刘家坪出发，开始突围长征。途中，江文在无线电大队做了大量的政治思想工作，使全体同志团结一致，克服了种种预想不到的困难，保证了红二、六军团首长对部队的指挥和与中央的联络。1935年8月红一、四方面军会合后，原中央军委与红二、六军团联络的电台随左路军行动，由于张国焘背着党中央率部南下，致使红二、六军团的电台与中央军委失去了联络。9月29日，才与红四方面军的一个电台沟通了，无线电大队即将任弼时给周恩来的一份电报发出，后来才知道该电台是由张国焘控制的，并察觉了张国焘在进行分裂活动。在红二、六军团首长的指导下，江文和无线电大队全体同志轮流守听，直到1936年1月，红二、六军团才恢复了与党中央、中央军委的通信联络。但后来由于张国焘从中作梗，为照顾大局，团结四方面军北上抗日，红二、六军团被迫中止了与中央的联络。

红二、六军团于7月2日与红四方面军在甘孜会合后，于7月5日奉中央命令成立红二方面军。任弼时通知江文“要尽快与中央军委恢复直接联络，密码由他向朱总司令去要”。他和阎知非通过很多办法拜访了红四方面军总指挥部通信工作主要负责人宋侃夫，在宋的帮助下，红二方面军沟通了与中央军委的直接联络，先后收到中央给红二方面军具有战略意义的3份电报指示。红二方面军恢复与中央军委的直接联络，对团结红四方面军北上，实现红军三大主力的会师，推动抗日民族统一战线的发展，创建新的根据地起了重大作用。

1937年7月7日，卢沟桥事变，全民族抗日战争开始。红二方面军编为八路军一二〇师，江文在一二〇师无线电队任政治委员。当时通信任务繁重，通信器材和专业技术人员极为缺乏。江文带领全队人员，发扬吃苦耐劳精神，想方设法克服困难，保证了工作的正常开展。10月18日，该师七一六团在雁门关地区伏击日军汽车运输队，接连取得重大胜利，歼敌数百，毁伤敌汽车数百辆，使大同到忻口的公路运输线一度中断，有利地配合了忻口战役行动。在这次战斗中，江文只身带一部电台保障了该团整个战斗的通信联络，受到参战部队的高度评价。

1938年春，一二〇师连续出击，取得了收复晋西北7座县城的重大战果，使根据地得到了很大的发展。江文利用战斗间隙在岚县举办了无线电培训班，培训了一批技术骨干，缓解了技术人员缺乏的矛盾。同时自力更生建立了有线电通信网络，还组建了骑兵通信队，从而增强了通信工作后劲，提高了通信速度和效率，为保障更大战斗的需要奠定了基础。

1939年5月，江文奉军委电令调到冀中军区兼三纵队无线电中队政治委员。1940年，八路军发动了百团大战，整个战役都是用无线电指挥的，只有在正大路执行破路任务的部队用上了有线电话。冀中军区在战役三个阶段中都靠无线电指挥，江文此时身患重病，但他坚持工作，带领全队同志，保障了作战指挥的顺畅。

1943年8月，冀中军区与晋察冀军区合并，江文任晋察冀军区通信科科长兼无线电大队政委。9月中旬至12月中旬，日军调集5万兵力，对晋察冀北岳区进行了长达3个月的大“扫荡”。为了防范敌人的无线电侦测，达到隐蔽军区指挥机关并保证其安全的目的，江文根据以往经验，决定采用电子斗争方式与敌周旋，制造假象，迷惑敌人。他把电台人员分成两队，自己带领军区4部电台和一个侦察班百余人，在与军区领导机关行动相反的河北阜平西北和山西繁峙县东南一带大山里频繁转移、单独活动；另一队由大队长旷泉吉率领并带1部电台随军区机关行动。电子战的部署是：军区对上、下及友邻的通信，均由江文所带的电台联络，给敌以为这是军区机关所在地的错觉。军区下属台仍和平常一样收发电报（预先做好的假报），随军区机关的电台这时也模拟成下属的一个台，对上对下都不联络，作为有线电中断时传报用。在3个月的反“扫荡”中，江文所带的人员和电台，常常远离军区机关百里之外。这个由电波制造的假军区机关，常遭敌人的合围和轰炸。江文带领这百余人和敌人在大山里捉迷藏。敌人来合围时，他们翻几个山头就可跳出合围圈；敌机来侦察时，他们就暂停工作，迅速伪装隐蔽起来。由于他们需要频繁转移，吃住条件异常艰苦，但在困难面前大家精神饱满、斗志昂扬，因为他们觉得这是一场保护军区领导机关安全的特殊战斗，任务重要，也很光荣。这次电子战更为逼真，既保证了军区领导不间断地指挥，又保障了领导机关的安全。此次行动，成为抗日战争中我军成功的一次电子战实例。

抗战胜利后，党中央决定成立中共中央东北局，江文被指定为北上通信干部的领队，不久任军区通信处处长兼热河省电政管理局局长，负责尽快整顿好热河的电话网和广播电台。

1955年，江文调任总参谋部通信部副部长。7月，他被授予少将军衔，荣获二级八一勋章、二级独立自由勋章、一级解放勋章。1956年，中央军委决定成立通信兵部，江文任通信兵副主任兼参谋长。1960年，任中国人民解放军通信兵主任。

1968年后，江文历任兰州军区副司令员、武汉军区副司令员、总参通信部主任等职，参加了抗美援朝，为部队革命化、现代化、正规化建设做出了贡献。他是第三、五届全国人大代表，中共第十一次全国代表大会代表，第六、七届全国政协委员。

2010年8月18日，江文因病医治无效，在北京逝世，享年96岁。

田波扬　陈昌甫

"成千成万的先烈，为着人民的利益，在我们的前头英勇地牺牲了，让我们高举起他们的旗帜，踏着他们的血迹前进吧！"这是毛泽东同志在《论联合政府》一文中对先烈的深情颂扬。所述先烈中，有一对非常特殊，那便是献身信仰、共奏绝响的浏阳青年田波扬和他的妻子陈昌甫。

田波扬，字佐储（佐渠），笔名易水，1904年3月24日出生于浏阳北盛镇。1910年，未满6岁的他，开始在本乡私塾发蒙，田波扬苦心攻读，往往"饭菜文章一起咽，常就油灯到三更"。3年后，他父亲见他读书用功，必有期望，便将他转入邻乡的琼瑞学校读初小三年级。这个学校提倡新学，教师的思想也比较活跃，对田波扬产生了很好的影响。1915年，田波扬顺利地升入了高小部，老师彭霞仁是同盟会的老会员，他常在课堂上向学生进行反帝反封建的爱国主义教育，课后还讲述一些"林则徐虎门禁烟""太平天国金田起义""辛亥革命武昌首义"的故事。在彭先生的熏陶下，田波扬注意关心国事，思想逐步倾向革命，与几个同学志约"以天下为己任"。

有一天，田波扬在上学的路上，看到一个农民因赌博把家里的东西输尽了，还拿老婆出气，闹得妻离子散，心里感到很不是滋味。他和同学们相约一起挨家挨户讲赌博与吸鸦片烟的害处和妇女剪发的好处，还将油印的小册子《戒牌歌》《禁烟快板》赠送给乡亲们。这些歌谣言简意赅，通俗易懂。几天后，乡间许多人都会背诵吟唱了。通过他们的宣传，不少人砸了烟枪，烧了牌具，改了恶习。

1916年，琼瑞学校停办，田波扬转入卓然高小读二年级。这里的师生思想更加活跃，是浏阳北乡进步力量的摇篮。他酷爱史地，长于写作。他写的《主权为立国之要素》《敬告同胞勿忘国耻书》等作文，立论精辟，见解独特。如《敬告同胞勿忘国耻书》一文写道："乃我国建立五千年，国非不古也；人民四百兆，民非不众也；二十二行省地，地非不广也。以此论之，自必能独立世界，称雄于五洲，何致如此受辱乎？"任课老师陈菊霖审阅后，喜不自禁，这位老先生欣然命笔，在旁批道："不平则鸣，是亦有心于国事者。"仍觉言犹未尽，又在文后写下"少年有此峥嵘之才，实是难得"的评语。

陈菊霖先生的侄孙女名昌甫，字爱贞，1905年6月4日出生于浏阳沙市镇。她出身在几代都以开馆教书为业的书香门第，随祖父在馆学文习字，成绩颇佳，备受邻居称羡。在陈先生的首肯下，1921年新春，田波扬与陈昌甫结为夫妻。婚后夫妻俩志同道合，很是恩爱。这年夏天，在妻子的大力支持下，不满17岁的田波扬第一次来到湖南革命中心长沙，开始追求救国救民的真理。

田波扬考入了学膳费用较低的楚怡工业学校，这时，他的好友潘心元则考进了长沙岳云中学。他们常相邀去潮宗街文化书社看书读报。他们最喜欢的是《新青年》杂志，以及一些宣传五四新思潮和介绍苏俄社会主义革命的小册子。文化书社是毛泽东、何叔衡、易礼容等发起筹办的，由易礼容负责经营，是宣传新文化新思想的重要阵地。田波扬在这里结识了易礼容、郭亮、夏明翰等革命同志。不久，即由他们介绍参加了社会主义青年团的组织。

由于楚怡工业学校的学究味太浓，没什么求新气息，1922年下学期，田波扬便转学到思想活跃、革命活动较多的兑泽中学。此时，毛泽东正在湖南指导工人运动和学生运动，田波扬、潘心元等人学习毛泽东组织新民学会的做法，联合驻省会的同学30余人，成立了一个进步的青年学生组织“浏北新民社”，他们还自筹资金，办起了不定期的《新民》（十六开本铅印杂志），他和潘心元共同担任该刊的主编。田波扬除搞好自身的学习外，常在夜间利用走廊里的路灯写作。他借用“风萧萧兮易水寒”中“易水”为笔名，先后在该刊发表过《洪水与猛兽》《好人的罪恶》等文章和《我要》等诗篇。

兑泽中学是湖南“学潮”的发源地之一。由于这里进步师生日增，利于开展革命活动，不久，省学联由湖南自修大学迁到这里办公。田波扬和他所领导的浏北新民社成员，都积极投入了省学联组织的各项活动。

1923年初，田波扬开始负责兑泽中学学生会的工作，并被选进省学联执委会。社会活动更多了，他挤出宝贵的时间，往返于长沙各校开展活动。这段期间，田波扬协助省学联负责人组织长沙学生声援长沙泥木工人和京汉铁路工人大罢工。

2月7日，北洋政府直系军阀吴佩孚残酷镇压京汉铁路工人大罢工，这就是二七惨案。惨案发生后，乌云笼罩着全国，工人运动被迫转入低潮。

此时的湖南，党领导的工会组织仍在积极地进行斗争。1923 年 3 月，距二七惨案发生不到一个月，为了抗议日本帝国主义拒不归还租借期满的辽东旅顺、大连二港，田波扬与夏曦、夏明翰和省工团总干事郭亮等，发动长沙 22 个工会团体、50 余所学校以及社会各界的 6 万群众举行集会，声讨日本帝国主义的罪行，并向日本政府驻长沙领事馆递交了《警告书》。同时成立湖南外交后援会（郭亮任主席），促成北洋政府与日绝交。在这一活动中，田波扬参加省工团、省学联组织的纠察队，他与臂带袖章、手提木棍的纠察队员日夜封锁码头，巡查商店，禁运和禁销日货。每查出日货即予销毁，日本驻湘领事为此大伤脑筋，请求军阀赵恒惕的省政府出面保护。迫于长沙的紧张局势，田波扬和一批在长沙读书的浏阳籍学友回到家乡，在浏阳东乡官渡镇、南乡大瑶镇等地成立外交后援公会，并组织演讲团上街演讲，散发革命传单，演出《二七惨案》《旅大始末》等节目。

不久，他与陈昌甫的第一个孩子出世了，家里人抱过来要他取个名字，他略一思索，对陈昌甫说："是个女孩，就叫藕姑吧。藕，出淤泥而不染，孩子生在旧时代，长大要做新主人。"

为了照顾陈昌甫，在潘心元等同学的力劝下，这段时间田波扬回家多了一些。他坐在床头给昌甫读进步书刊，讲述在长沙的所见所闻和乡下发生的变化，引导她走向革命。昌甫被精深的革命理论和外界沸腾的生活所吸引，他们的心贴得更紧了。1923 年秋夏之交，她在田波扬的鼓励下，征得波扬父母的同意，冲破封建陋习，毅然把刚断奶的孩子留在家里，到长沙去求学，考入了崇实女校。从此，这对革命队伍里的战友，两人互相勉励，共分忧愁，昌甫成了波扬从事青年运动的有利助手。不久，她也被吸收加入了社会主义青年团组织。

1923 年 5 月，经郭亮和夏明翰介绍，中共湘区委员会吸收田波扬为中国共产党党员。1924 年底，湖南各教会学校为反抗帝国主义利用宗教进行文化侵略，举行罢课。在反教会斗争中，湘区团委为了加强对学生运动的领导，1925 年 2 月，成立了学生运动委员会，由肖述凡、田波扬、何铮夫、柳家汉等人组成，肖述凡任书记。同时，省学联也进行了改选。在湘区团委的帮助下，省学联于 5 月 27 日至 29 日在长沙召开了第一次全省学生代表大会。会议在兑泽中学举行，田波扬是主要筹备人之一。大会正式选举肖述凡担任省学联主席、田波扬为总务委员，负责处理省学联日常工作。新的省学联领导班子刚刚建立，马上迎来了一场暴风骤雨般的斗争。上海五卅惨案点燃了全国反帝斗争的熊熊烈火。在中共湘区区委和湘区团委的部署下，由省工团和省学联发起成立了“青沪惨案湖南雪耻会”，省学联负责人田波扬、曾三当选为湖南雪耻会执委，负责领导学生方面的斗争。6月5日，雪耻会组织了一次社会各界的游行示威。当时天下大雨，田波扬和陈昌甫走在队伍前面，领着各校学生，高举校旗，昂首前进。

这年6月，全国学联在上海举行第七次代表大会，田波扬被推选为湖南省学联的代表，出席了这次盛会。当时，大会的一个主要议题是总结各地声援五卅运动的斗争经验，协调今后的斗争行动，田波扬报告了湖南学生运动的开展情况，并着重提出要把学生运动与当时的革命斗争实践，特别是要与工农运动紧密地联系起来。他的意见，得到了与会代表的赞同，大会选举时，他被选为全国学联的常务委员，分工负责湖南学区工作。

自沪返湘，已近酷暑，田波扬在长沙兑泽中学修完了中学课程。毕业后他决定到北京去，一方面继续求学深造，另一方面吸取外地学生运动的经验教训，以便今后更好地指导湖南的学生运动。

在田波扬离开长沙赴北京求学期间，陈昌甫为了从事业上支持田波扬、减轻家庭经济负担，从1925年下期起便辍学回到浏阳北乡。陈昌甫回来后与党组织取得了联系，党的负责人潘心元分配她做妇女工作，她热情地接受了这个任务。从这时起，她背着小孩，在捞刀河畔、马兰山冲，走东家、串西家，向妇女群众宣传革命道理，一些年轻的姑娘很快地接受了新思想，成了她做妇女工作的有力助手。

当时，农村妇女很少有文化，陈昌甫便问她们：“你们愿不愿意识字呀？”她们争着说：“我们正想请你这个在城里读过大书的人教我们开开眼界呢，就怕你不愿意教。”还有人说：“我们笨嘴笨舌的，又有孩子拖累，就怕学不好。”陈昌甫笑着说：“我们又不是学了考秀才，识了字就能明白道理，不受人欺负，像男人一样，将来干一番事业。”于是，她们便在晚上办起了识字班，许多老嫂子也来听课。陈昌甫结合识字学文化，把穷人为什么受土豪劣绅的压迫剥削，妇女为什么受封建主义压迫的道理，讲给她们听，大家感到搬开了一块压抑在心头上的石头，回到家里讲话也硬朗多了。

由于家庭经济不支，田波扬无力修完学业。1926年3月底，他忍痛退学，回到离别数月的长沙。此时，陈昌甫在革命洪流中迎风破浪，迅速成长，被选为北盛区妇联主任，成了妇女运动中的一名坚强战士。不久，21岁的陈昌甫加入了中国共产党，她与田波扬一起并肩站在了共产主义的旗帜下。

田波扬忘我的工作、突出的成绩，得到了省委的好评，受到了广大群众、特别是广大青年学生的拥戴。1927 年，组织上决定田波扬正式接任共青团湖南省委书记，不久组织上又将陈昌甫调到长沙，担任共青团湖南省委通讯处的联络员，协助田波扬做团的工作。她看到田波扬日益消瘦的身体，感到很心疼，经常深夜帮田波扬抄写文稿，分担他的工作。

时代的大浪向前推进，难免泥沙俱下。随着革命的发展，潜伏的危机逐渐暴露出来，国民党新军阀开始篡夺北伐革命的胜利成果。在上海发生四一二反革命政变前后，四川、江苏、浙江、安徽、福建、广西和广东等省也发生以“清党”为名，对共产党人和革命人士进行大屠杀的事件。在大革命生死存亡的紧急关头，党的第五次全国代表大会在武汉召开，湖南代表团一行 9 人，在团长省委书记李维汉的率领下前往参加，田波扬作为湖南的代表出席了这次大会。在针对要不要与国民党右派开展斗争的问题上，田波扬发言支持毛泽东、蔡和森、瞿秋白等同志的意见。田波扬的发言引起了毛泽东的重视。会议期间，夏明翰又向毛泽东汇报了田波扬领导湖南青年和学生运动的情况，受到了毛泽东的赞扬（1938 年，毛泽东在延安会见陈昌甫的弟弟陈昌霖时，还提到过此事，并对田波扬夫妇的牺牲深表痛惜）。

马日事变后，长沙及附近各地陷入一片白色恐怖之中，党组织被迫转入地下活动。为了反抗国民党新军阀的屠杀，出席五大的湖南代表不顾个人安危，匆匆从武汉赶回长沙。田波扬化装成工人，乘坐一列运煤的火车回到长沙。在出席五大前，田波扬夫妇曾相约，待田波扬从武汉回来后，一起回家去看望父母与孩子。几年来，由于工作的繁忙，家人很少在一起团聚，父母牵念他们，孩子也很少得到他们的疼爱。但由于时局风云莫测，瞬刻即变，现在又顾不得回家了。他们转而投入到反抗国民党新军阀屠杀政策的斗争。敌人到处搜捕田波扬，他几次都是在工人和学生的掩护下虎口脱险的，面对这种情况，同志们劝他暂避他地。但他坚定地回答：“斗争需要我留下，即使死了也值得。”他日夜在敌人的鼻子底下周旋，始终没有离开长沙一步。在党最困难的时候，在亲人最危急的时候，陈昌甫一直陪伴在田波扬身边，一同坚守在斗争前线。

5 月 30 日夜晚，由于叛徒告密，国民党反动军警包围了设在学宫街的中共湖南省委秘密机关。田波扬和他的妻子陈昌甫以及其他 6 位同志不幸被捕。

因为田波扬是湖南青年和学生运动的领袖，在他被捕的当晚，敌人就开始提审。审讯官假惺惺地叹惜田波扬“走错了路”，他“很爱惜人才”，只要能在公开的报纸上发个声明表示“悔悟”，“与共产党脱离关系”，便可以得到“释放”。田波扬理直气壮地说：“我走的路是光明正大的，不需要悔悟，只有你们背叛革命才绝对地错了。”审讯官气得七窍冒烟，咆哮如雷。敌人残酷地折磨着田波扬，竹签扎破了十指，大杠压烂了双腿，逼他供出党的组织和同志。敌人的伎俩用尽，仍没有从田波扬口中得到一个需要的字。

敌人在田波扬身上无计可施了，他们突然想起了陈昌甫，想用他们深厚的夫妻感情和生死离别进行恐吓，然后要陈昌甫代替田波扬在自首书上签字。陈昌甫牢牢记着波扬“一心为党，宁死不屈”的教诲，抓过敌人手中的笔，在纸上写下：“我宁可代替他死，但决不代替他叛党。共产党员是杀不绝的。血债一定要偿还！打倒国民党反动派！”表现了共产党员视死如归的浩然正气。

1927 年 6 月 6 日，星光微明，天未破晓。一队荷枪实弹的军警把田波扬、陈昌甫等 8 名同志叫出牢房。大家知道最后的时刻到了。他们相互以目光道别。这时，周围很静，田波扬轻轻对身边的妻子说：“我们要一起走了，向战友们告别吧。”陈昌甫咬着下唇点点头。敌人将他们押到火车站旁的一个刑场上，临终前，他们用尽最后的力量，发出雷鸣般的呼喊：“打倒国民党新军阀！”“中国共产党万岁！”口号声划破长空，震撼着黑暗的世界，呼唤着沉睡的大地山川。湖南青年运动的先驱者之一，党的好儿女田波扬和他的妻子陈昌甫英勇就义了。这时，田波扬刚满 23 岁，陈昌甫才 22 岁，且身怀有孕。他们兑现了自己的誓言，为人类共产主义事业献出了自己最宝贵的青春。

邵振维

“女县长上任了！”1927年春天，比那铁树开花更新鲜、更稀奇的消息像长了翅膀似的，传遍了浏阳全县。乡亲们口中的女县长就是浏阳历史上的第一位有红色背景的女县长邵振维。

邵振维，乳名新春，1905年2月出生于浏阳北盛镇一个贫苦知识分子家庭。11岁时，她进入父亲执教的邵氏宗祠小学就读。当时，农村的女孩子读书是件稀罕事，她是这所学校唯一的女生。自尊心极强的邵振维，读书不甘落后，成为品学兼优的学生，4年后即升入附近的卓然高小。卓然高小聚集着10多位进步教师，他们热心时事，提倡新学，对学生的启发很大。特别是刚从这里毕业的田波扬、潘心元，常从长沙文化书社买一些进步书刊寄来，还将自己办的《新民》杂志免费赠给师生阅读。邵振维从这些书刊中，初步领会了阶级斗争、共产主义学说，开始用新的眼光审视社会。

1922年夏，邵振维从卓然高小毕业。17岁的她怀着一颗忧国忧民的心，翻过高高的蕉溪岭，进入浏阳女校学习。这所女校是浏阳维新志士刘善涵兴办的，谭嗣同夫人李闰曾任学监，是浏阳进步知识分子集中的场所，这里读书气氛浓，思想活跃。邵振维除了更加勤奋地学习外，还积极参加学校组织的各种政治活动，很快成了进步师生交相称赞的先进分子。

1923年3月，湖南各界为抗议日本帝国主义拒不归还租借期满的旅大军港，成立“外交后援会”，举行游行示威，敦促政府与日绝交。田波扬、潘心元等参与其中。由于军阀赵恒惕派军警镇压，田波扬、潘心元等人被迫离开长沙，回到家乡。在浏阳，他们成立了外交后援分会，继续开展反帝宣传。得知消息的邵振维立即报名参加分会，她邀了几个女校的同学和长沙来的男学生一起组成演讲团，奔赴东乡官渡镇、南乡枫林铺等地散发革命传单，进行反帝演讲，还化装演出了《二七惨案》《旅大始末》等戏曲节目，大大激发了群众的爱国热情。1925年5月，青岛、上海相继发生惨案，消息传到湖南，激起了湖南各界民众的义愤，湖南成立了“青沪惨案湖南雪耻会”进行声援。此时，潘心元通过邵振维联系发动一大批女校师生，在县城开展大规模的反帝宣传。这年暑假，她被秘密吸收加入了中国共产党。其时，她刚刚20岁，是浏阳女学生中最早的中共党员。

1926年冬，为了把大革命的浪潮推向农村，邵振维奉上级指示，到浏阳石膏乡筹建乡妇女联合会，推动当地的妇女运动。邵振维非常关心贫苦妇女的生活，经常走家串户，帮助她们缝补衣服、照看小孩，在和她们拉家常的过程中穿插解释国民革命的政策，想方设法启发她们的觉悟。细心而又大胆的邵振维让广大贫苦妇女感受到了组织的温暖，她们都把邵振维看作贴心人，纷纷申请加入妇联。妇联组织逐渐成长为农民运动的重要力量。

邵振维敢于向封建礼教挑战，在她的带领下，浏阳掀起了妇女解放运动的高潮。有一次，邵姓族长在祠堂摆宴祭祖，禁止妇女参加。邵振维带领几十个妇女抢先进入祠堂，酒席刚刚摆好，她们一拥而上，分头占住座位，把酒席吃光，气得族长在厅堂里跺脚，连说了几句“人心不古”。因为当时是革命军北伐的高潮时期，农村政权已由“泥腿子”掌握，他抖不起往日的威风，只好怏怏作罢，一面说着“好男不与女斗”，一面狼狈地从后门溜走了。

1927年初，邵振维筹备了浏阳县第一次妇女代表大会。随后，中共浏阳县委书记潘心元提议，增选邵振维为县委委员。不久，北伐战争以来的第一个三八节来临，县妇联决定举行公开的集会，进一步促进妇女解放运动发展。邵振维为筹备纪念会，忙了几个昼夜没合眼。她特意将会场选在孔庙，主席台搭在大成殿前。3月8日，各区、乡妇联分会的代表和县立女师的学生400多人来到会场，邵振维担任大会执行主席，她英姿勃发地站在主席台上，报告了三八节的来历和妇女解放的使命，号召大家团结起来，反对封建压迫，争取婚姻自由和男女平等。会后，她率与会妇女依次走过大成殿。当集会的妇女们走过以往只有个别高中科举功名的人才有资格经过的这里时，一个个笑逐颜开，痛快淋漓。

1927年4月8日，根据中共湖南省第六次代表大会公布的选举法，中共浏阳县委通过国民党县党部，召开了各界代表大会，进行民主选举。通过选举，邵振维出任县政务委员会主席，履行县长职权。4月下旬，中共浏阳县委书记潘心元当选为中共五大代表，赴武汉开会，全县工作的重担落在邵振维的身上。她意识到肩上的担子很重，决心依靠党的力量和工会、农协的支持，抓紧县政建设，开拓新的局面。当时正值春荒时节，她以政府名义发出布告：要地主平粜粮食给农民；实行减租减息，按照定租额，一律减纳25%；宣布取缔高利贷，规定年息一律不超过两分；组织清算公产委员会，清查被土豪劣绅侵占的公共财产。蕉溪乡财主罗雁峰贪污光洋

1700元，莲溪乡团总张桂生侵吞公产谷800担，都被追回。这些被追回的资财，为兴办学校等公益事业奠定了经济基础。

在有条件的区、乡，邵振维试行平分土地。她直接指导枫浆乡的分田运动，取得经验后，县政府选择一些具备条件的乡，由农民协会主持插标分田。邵振维的做法得到了省农民协会的肯定和赞扬。同时，为了活跃农村经济，提高农民的生活水平，她主持会议，专门讨论建立县、区、乡各级生产合作社和消费合作社的问题。在很短的时间内，全县的红茶、石灰、土纸、土布、鞭炮和竹制品等合作社纷纷建立起来，城乡经济逐渐活跃，市场日趋繁荣。其中，古港区的红茶合作社，组织茶农采制红茶700多箱，计重2万多斤，运往长沙、武汉销售。此外，邵振维还发起查赌、禁烟运动，将麻将、骨牌等赌具集中焚毁，动员嗜好鸦片者自动缴烟枪、烧烟土。由于严禁鸦片、赌博，社会风气明显好转。她还十分重视文化、思想建设，倡议开办平民夜校，女子职业学校，并亲自讲课。邵振维的种种措施，受到了人民群众的拥护和赞扬，进一步激发了他们的革命热情。大革命时期的浏阳，成为全省的模范县。

1927年5月21日，长沙发生马日事变，国民党反动派疯狂屠杀共产党人和革命群众。29日夜，中共浏阳县委响应临时省委围攻长沙的号召，组织农民自卫军上战场。一夜间，上至东乡、下至北乡，沿途200里的道路上，都是络绎不绝的农民自卫军战士。他们自带干粮，扛起锄头、梭镖、鸟铳等武器，高举火把，汇成浩浩荡荡的洪流，向长沙方向开去。队伍里响起了新编的歌谣："朝打铁、晚打铁，打把梭镖送农协。农民兄弟暴动起，豪绅地主定消灭。""梭镖亮亮光，捉贼先擒王。打倒蒋介石，活捉许克祥！"邵振维是浏阳农军的指挥者之一，她剪着齐耳的短发，腰扎武装带，手提驳壳枪，全副武装，英姿飒爽。按照部署安排，她本来是留守永安镇的，但她坚决要求上前线，潘心元就让她和第一路纵队行动。5月31日晨，邵振维与干训班的200人抢先到达长沙城下，埋伏在韭菜园一带。当第二路纵队在浏阳门打响时，他们也立即向小吴门发起攻击。浏阳农军孤军深入，虽然毙敌连长一人、排长二人、士兵数十人，但缺乏攻坚武器，自己所付出的代价更大。邵振维在小吴门外指挥扑城，跃出掩体，被流弹击中左臂。她稍事包扎，准备再次组织出击时，却接到退兵的命令，只好忍痛撤出战斗。

7月7日，浏阳工农义勇队奉命开赴平江，邵振维因伤未愈被留下来做地下工作。工农义勇队一走，反动派随即卷土重来，占领县城。国民政府平江县县长王紫剑调任浏阳县县长。这是一个杀人不眨眼的刽子手。他悬赏 5000 块光洋，要活捉邵振维。邵振维带领游击队，昼伏夜出，声东击西，贴标语，埋地雷，搞得敌人如芒在背，惶恐不安。王紫剑向长沙求援。国民党派阎仲儒为平（江）、浏（阳）清乡委员会主任，率部进驻浏阳。形势变得越发严峻了，城郊已被敌人控制。邵振维决定将队伍分散行动。她在五虎山组织了一支暴动队，夜间出其不意地打击敌人。她还召开群众大会，警告反攻倒算的土豪劣绅。

10 月，中共浏阳县委扩大会议决定邵振维到石膏乡工作。敌人得知消息后，调来大批团丁搜捕邵振维。没有找到邵振维的团丁，就把她母亲抓来，妄图利用骨肉之情劝降邵振维。邵母不肯就范，敌人无计可施，只得将邵母毒打一顿后放了。11 月初的一个夜晚，邵振维摸回家里，看望遍体鳞伤的母亲，痛哭失声。不幸的是，邵振维的行踪被敌人掌握了，他们立即包围了她的家，嚎叫着要抓活的。她的侄女冲出屋子，想把敌人引开。邵振维不愿侄女为她而牺牲，追出去对着敌人大喝一声："好汉做事好汉当，我邵振维在这里！"邵振维被捕后，被押到浏阳县城。敌人将她绑在老虎凳上，先是抽打，接着用烧红的烙铁烫她的肩膀，烧得皮开肉绽。邵振维咬紧牙关，没吭一声。敌人还不罢休，往她脚下垫砖，一块一块往上垫，直到膝盖骨被折断昏死过去。

11 月 6 日，邵振维被从监狱里拖出来，用箩筐抬着，押往状元洲。她知道敌人要下毒手了，忍着剧痛沿途呼喊着："同胞们，共产党是杀不尽的。共产党万岁！"年仅 22 岁的邵振维壮烈牺牲。

陈　昌

1950年，毛泽东在住处与宋任穷谈起陈昌时说过，陈昌是他在湖南第一师范的同学，两人关系很好，在一起时朝夕相处，分别后常有书信往来，还说陈昌是一位出色的宣传鼓动家。

陈昌，字章甫，祖籍浏阳镇头镇，1894年7月14日出生于广西省梧州市。8岁时，随父母迁回故里。10岁入私塾发蒙，1908年考入金江高小，毕业后因家贫辍学助耕。1911年，考入不收学膳费的长沙中路师范学堂（后改名湖南省第一师范学校），编在第二班。1913年春，毛泽东考入五年制的湖南省立第四师范。1914年春，第四师范并入到第一师范，毛泽东被编入第八班。在当时的湖南，一师堪称培养新青年的摇篮。陈昌与毛泽东一接触，即被他的政治见解和社会活动经验所折服，与他成为志同道合的朋友。

1915年9月，毛泽东与陈昌商议后，做了一件很特别的事情，在长沙城内各中等学校传达室门口均贴出一张征友启事。毛泽东用古典文体书写，字体为兰亭帖体，八裁湘纸油印。征友启事的大意是：今日祖国正处在危急存亡之秋，特邀请有志于爱国工作的青年组织团体，砥砺品行，储蓄才能，共同寻求救国之道。启事原文引用“愿嘤鸣以求友”，并指出，结交的朋友是对学问、时政感兴趣，能吃苦耐劳，意志坚定，随时准备为国捐躯的青年。启事还说明来信“由第一师范附属小学陈章甫转交”，落款署名“二十八画生”。在邮寄启事的信封上还注明：“请张贴在大家看得见的地方。”

陈昌对毛泽东很是佩服，毛泽东也对陈昌十分欣赏。早在1915年6月25日，毛泽东就在给湘生的信里指出：“来日之中国，艰难百倍于昔，非有奇杰不足言救济……同学陈子（指陈昌），有志之士，馀不多见。”意思是，要拯救内忧外患的中国，没有杰出的人才是不可能的，你熟悉的同学陈昌就是一位有志之士。

毛泽东通过征友和在第一师范的活动，为创建新民学会准备了力量。陈昌为此东奔西走，做了大量的宣传和组织工作。1918年4月14日，经毛泽东、蔡和森、何叔衡、邹鼎丞（即邹彝鼎）、张昆弟等组织发动，在长沙溁湾镇刘家台子蔡和森家正式成立了新民学会。出席这次成立会议，并首先加入该会的浏阳驻省青年有罗章龙、陈绍休，未及到会的陈昌、傅昌钰、彭道良都是基本会员，后来钟国陶、熊淑彬、熊季光也先后入会。

暑假后，蔡和森等新民学会会员先后出国，陈昌本来想去日本，但毛泽东希望他能留下协助工作。他还特写信与蔡和森商量陈昌的去留问题，蔡和森也同意陈昌留下：“可帮办会务，为学会立其基础。”此后，陈昌与毛泽东同住长沙天鹅塘青山祠，生活犹如一家。陈昌的女儿呼毛泽东为舅。在毛泽东与杨开慧结婚时，陈昌夫妇帮助张罗，还将他们自己结婚时的纪念品用来布置新房。

五四运动之后，毛泽东在长沙组织俄罗斯研究会和文化书社，推动湖南建党。陈昌积极参加了研究会和书社的活动。1920 年秋，他受毛泽东的委派回浏阳，在母校金江高小开办了文化书社浏西分社。据保留至今的文化书社社务报告记载：浏西分社第一次批发书籍花了 60 元大洋，包括《新青年》《劳动界》《女界钟》等杂志，以及《共产党宣言》《马克思“资本论”入门》《社会主义史》等书籍。年底，陈昌回长沙向毛泽东汇报。毛泽东肯定了书社的成绩，还特地买了一副梨木刻字印板送给陈昌，要他带回浏阳，翻印宣传共产主义的书刊。同时，吸收陈昌加入社会主义青年团，并留他出席 1921 年元旦召开的新民学会年会。会中，在讨论学会宗旨“改造中国与世界”时，出现了争论，陈昌发言支持毛泽东的意见，他说：“言改造世界，范围较大，可以世界为家，心情愉快得多，故我赞成改造中国与世界。”新年过后，瑞雪满城，陈昌赶回金江高小。按当地风俗，每年正月初十学校要祀孔。在祀孔仪式上，陈昌发表演说，历数旧教育制度积弊，倡导教学改革。不久，他当选为训育主任，经过一翻改革，金江高小教学出现了新气象，受到校内外的称颂。

8 月，毛泽东、何叔衡从上海参加党的一大回湘。陈昌利用暑假往长沙聘请教师，毛泽东从自修大学派出共产党员夏明翰去金江高小。这年冬，夏明翰受何叔衡的委托，发展陈昌入党，并着手在宋任穷、陈安怀等学生中培养青年团员。当时，浏阳各校不招女生，陈昌认为要促进文化，应先从妇女起，提出卖掉农场几百担谷子，作为开办经费，在高小内增设金江女子职业学校，并聘夏明翰的姐姐夏明玮为校长。第二年，全县女子职业学校增至 3 所。此外，陈昌还办了金江农民夜校，教附近的农民识字。

为了团结更多的进步力量，1922 年春，陈昌、夏明翰、黄甫笙、潘介棠等又为首组建了浏西文化促进会，推陈昌为会长，会员多是来自西乡各地的教师和进步人士。其活动除撰写文章、举办演讲会、宣传新文化外，还定期举办马克思主义研读会，联系浏阳的社会实际，探索革命的真谛。

1923年2月，金江高小的师生集会，抗议日本帝国主义拒不归还旅顺、大连军港，成立由陈昌任会长的外交后援会浏西分会。陈昌率师生步行到普迹镇游行，有的学生还写了反对省长赵恒惕充当帝国主义走狗的作文。浏阳反动当局见状，把陈昌、夏明翰等教师排挤出学校，金江高小的革命成果被摧残殆尽。

1924年初，陈昌由中共湘区委员会派遣，前往本省兰田镇发展党的组织。然后，又受聘往醴陵、宁乡师范讲习所，一边教书、一边从事建党工作。不久，国共合作的统一战线局面形成，湘区委员会调陈昌回长沙负责统战工作。

1925年春，国民党全省第一次代表大会在岳麓山秘密举行，陈昌与夏明翰、周以栗等一道，被选为第一届省党部执行委员。北伐前夕，为争取湖南境内的地方实力派，陈昌作为国民党省党部的代表，前往湘西贺龙驻地，动员该部出兵援助广东革命政府。当时，北洋军阀孙传芳、陈家漠的代表也在游说，陈昌舌战群儒，痛斥封建军阀对内残害人民，连年混战，对外投靠帝国主义，卖国求荣。一番慷慨陈词，贺龙听得眉飞色舞，连连称赞："共产党的道理对！"陈昌是贺龙接触最早的共产党员，对他投身革命产生了很大的影响。不久，贺龙率部移驻常德，接受周逸群率领的北伐军宣传队开展政治工作，并在澧县开办政治讲习所，训练连营指战员，陈昌多次到讲习所讲课，他演说时潇洒的风度及生动的内容，给学员留下了深刻的印象。

1926年夏，陈昌、刘汉之分别被委任为省党部特派员和省总工会特派员，到水口山铅锌矿开展工人运动。水口山矿有3000工人，工人运动在二七惨案后遭受很大的损失，陈昌等来到这里，首先秘密恢复了共产党的组织，由刘汉之任书记。陈昌还公开筹建了国民党水口山市党部，并任委员长。水口山铅锌矿总工会也紧锣密鼓开始筹备，成立那天，衡阳、岳北、安源等地的工农团体纷纷派代表前来祝贺。陈昌登台演说，指出："我们恢复了矿工会，要巩固下来，必须建立工人武装。"矿长黄荃见工人势大，假惺惺地赶到总工会道喜。陈昌提出向矿警队借枪，当场扣留了黄荃，换取了矿警队的80多条枪，并在此基础上办起了工人军政训练班。

接着，湘区委员会又派何叔衡来矿，与陈昌一道，带领水口山矿的工人党员，帮助附近农村建立了18个农会，发展会员2万余人，开展了减租退押、阻运平粜、打击团防等斗争。

在反动军官许克祥制造马日事变前夕，陈昌回长沙参加全省各界县市党部负责人联席会议，恰逢北伐军需要一批军政干部，陈昌被派赴河南前线，担任第三十五军第二师政治部主任。1927 年 7 月底，陈昌到了南昌，在贺龙的第二十军担任团长，参加了南昌起义。之后，陈昌率部向广州撤退，途中与敌遭遇，千方百计保护周恩来等脱险。

1929 年底，陈昌受党中央派遣以特派员身份去湘西贺龙部工作，1930 年 1 月到达湖南澧县时被捕，2 月 23 日在长沙浏阳门外英勇就义。

潘心元

他是中共浏阳县委第一任书记、中央巡视员，是我党早期从事工农运动和武装斗争的重要领导人之一。

潘心元，原名国卿，化名彭清泉，1903年1月24日出生于浏阳北盛镇一个富裕家庭。他8岁入琼瑞小学就读，12岁转入卓然高小。他思想活跃，性格开朗，接受新事物快。当学校倡导妇女剪发放足、查烟禁赌时，他偷偷地剪掉了祖母的“巴巴头”。1916年为了反对袁世凯称帝，他和田波扬等同学组织起同心会，从事反袁宣传，并演出了《声讨袁逆》的小戏剧。1921年8月，潘心元考入长沙岳云中学。他积极投入新文化运动，与当时在长沙兑泽中学读书的田波扬一起组织了30余人参加的浏北新民社，并创办主编了一份取名《新民》的刊物，常用斯人的笔名在刊物上发表抨击时弊、宣传革命的文章。

1923年6月，经夏明翰、田波扬介绍，他加入了中国共产党。由于潘心元积极从事革命活动，1924年下学期，他被学校“以不务正业”除名。随后，由中共湘区区委派回浏阳指导工农运动，发展党的组织。为了将农民发动起来，他首先在自己家里闹革命，给佃户开出一些收条，要佃户们拿着到他母亲那里抵租，以此减轻农民的负担，深得农民的感激和拥护。他还帮助佃户同岳父周玉卿进行斗争，把岳父气得直发抖。

为了迅速发展党的组织，潘心元于1924年冬先在浏阳北乡吸收了小学教师郭起、农民赵金贵等10多人入党，并于次年清明节组建了中共浏阳第一个农村党支部。随后，又建立了乌龙乡党支部。至1926年10月，全县党的基层组织大部分建立。10月5日，中共浏阳县第一次代表大会在县城文庙召开，潘心元当选为书记。

县委成立后，潘心元更加放手发动群众，壮大工农力量，进一步打击地主豪绅反动势力。当时，全县各区乡团防团丁达千余人，有700多条枪，老百姓称团局为“乡军阀”，是发展工农运动的主要障碍。1927年2月，他与县农协委员长罗纳川商定，以国民党县党部的名义，邀请各界代表和团总来县城开会，宣布各团防局枪支一律交县农民协会接管，并当场逮捕了不肯交枪的普济镇团总张梅村，处决了企图叛乱的县警备队长唐秉忠。

浏阳工农武装建立之后，被命名为浏阳工农义勇队，由他兼任党代表。后来，这支队伍在毛泽东的亲自领导下，成为湘赣边界秋收起义的主力之一。

四一二反革命政变后，潘心元作为湖南代表之一赴武昌参加了党的五大。会上，他极力支持毛泽东等同志提出的武装工农的思想，并给主持县委工作的同志写了一封信，要求他们不管遇到什么情况，都必须加强武装斗争，不断扩大武装力量，要力争“在很短的时间内，成立一个师，搞到三千支枪”。返回浏阳后，他即全力抓武装建设，加紧工农义勇队的训练，派干部到全县各地发展和组建农民自卫军，积极准备开展武装斗争。

马日事变后，潘心元按中共湖南临时省委和省农民协会关于“扑城讨许”的决定，立即进行全县总动员，并在离长沙很近的浏阳北乡永安镇设立前线作战指挥部。5 月 30 日，在指挥部召开的军事会议上，他下达了进攻长沙的命令。次日，农军分成两路纵队，直取长沙，一度攻占小吴门等敌阵地，后因陈独秀派人指令各县农民退回，浏阳农军入城后孤军无援，旋奉命撤回浏阳。后来，潘心元在给中央的报告中指出：“浏阳农民之围攻长沙，虽然失败，但其伟大意义决不因失败而减少”，“它确是成为湖南革命退兵时英勇的一战。”

7 月中旬，潘心元按照党中央的部署，将浏阳工农义勇队带往平江，拟与平江工农义勇队会合，编入贺龙率领的国民革命军第二十军，参加南昌起义。当他们到达修水县城时，得知起义已提前举行，起义部队已沿闽赣边界南下。9 月初，潘心元在安源见到了毛泽东，并参加了毛泽东在安源张家湾主持召开的地方党组织和军事负责会议，会上，他汇报了湘赣边界工农武装情况。会后，他陪同毛泽东赶赴铜鼓。途中，在浏阳境内的七溪坳遭到 10 来个民团团丁的拦截。这伙团丁要把毛泽东、潘心元押到团防局去。在这危急关头，潘心元为引开团丁，掩护毛泽东，便故装傲慢，大发雷霆，要一个人去找团防局的团总。潘心元昂首阔步，只身向前往团防局的那条路扬长而去，团丁见状，大部尾随前往，仅剩下 3 个团丁看守毛泽东，为后来毛泽东脱险提供了条件。最后，潘心元被扣押了几天，即被押送县城。当走到离县城还有 30 多里的古港炭棚时，潘心元趁负责押送的团丁不备时，一头窜进路旁的丛林。脱险后，他抄小路乘夜潜入县城，在地下党员董薇家隐蔽起来。

9 月 9 日，湘赣边界秋收起义爆发。15 日，工农革命军第二团攻克浏阳县城。团长王新亚等因几战皆捷，产生了麻痹轻敌，未听潘心元等同志的好意劝告，没有及时转移，遭到敌军的包围，部队被打散。潘心元突出重围后，曾赶到文家市找毛泽东，但这时毛泽东已率部沿湘赣边南下。他只好去安源，经与党组织联系后，返回平浏醴地区开展游击战争。

1927年冬，潘心元带头成立了浏北游击队，部队活动于北盛、沙市、社港一带，他与时任平浏醴特委书记的夏明翰一起开展了夺取北盛团防局枪支的战斗。游击队的活动，极大震惊了浏阳县反动当局。县长谭鼎急令各团防局加紧清乡，限期捕捉潘心元，并四处张贴如下通缉令："通缉共产党匪首潘心元一名，有捕捉或献首级者，赏大洋1500元。"

1928年7月22日，彭德怀、滕代远领导了平江起义，成立了红五军，在平江、浏阳一带开展游击战争。潘心元带领游击队，支援了这次起义，并将收集到的子弹送往驻铜鼓的由黄公略率领的红五军第二纵队。随后，又配合红二纵队在浏阳歼灭了一批挨户团，镇压了一批土豪劣绅，在很多区、乡建立了苏维埃政权，开展了土地革命，使浏阳成了湘鄂赣边区工作最活跃的地区之一。对于这一段斗争，潘心元曾追述说：平江起义"对于平、浏的工农群众斗争，确有大的发展。……平浏游击队增四倍以上的枪支……建立了十几个区苏维埃的组织。斗争的发展已波及到修水、铜鼓、万载、武宁各县"。这年冬，潘心元被增选为中共湖南省委委员，并受命担任省委农民部部长。虽工作有所变动，但他仍特别注重武装斗争。他在总结前一段游击战争的战略战术时，曾概括为如下几句话："彼集我散，彼散我集，昼伏夜出，化整为零。只要会打圈，不要会打仗。"这些宝贵的经验，对后来游击战争的发展和深入，起了重要的指导作用。

1929年4月，潘心元接到党中央派他去苏联学习的通知，行至武汉后，得知中苏边界已被封锁，只得换船改去上海。在上海停留期间，他以湖南省委委员的名义，向党中央写下了上面引述过的《秋收起义前后浏醴平的革命斗争》的报告。附记中他深情地写道："这份材料是用烈士们的血和肉写成的，为了纪念先烈，请中央永久保存。"现在这份报告，已成为极其珍贵的文献。

潘心元在上海党中央工作了一段时间之后，以中央巡视员身份，前往湘赣红军部队传达党的六大决议。他用彭清泉的化名到红五军军部与彭德怀商议成立红六军的有关事宜。接着，潘心元又在湘赣边区召开的军队和地方党的联席会议上传达了党的六大决议。

1930年2月7日，毛泽东在赣南吉安坡头召开红四军前委，红五军、红六军军委，赣西特委联席会议，潘心元当选为红四、五、六军组成的总前委常委。总前委书记是毛泽东，常委还有朱德、曾山、刘士奇等人。因红三军政委蔡会文未到，不久，由潘心元代理政委职务，军长是黄公略。

1930年7月，在中央“左”倾冒险错误的指导下，红军发动攻打长沙的战斗，潘心元与黄公略率领红三军编入红一军团，在军团领导的统一指挥下，从江西万载进入湖南，先在文家市歼敌戴斗垣一个旅，缴获长短枪数千支、轻重机枪30余挺、各种子弹数万发。为了配合红三军团攻打长沙，红三军与浏阳、醴陵赤卫总队协同作战，曾三次打下浏阳县城，缴获了一些食盐、布匹，用船运往浏东苏区。不久，红一军团与从长沙撤出的红三军团会师浏阳永和镇，合编为红一方面军。这时，潘心元又被调回红四军任政委，并被选为红一方面军前委委员、中国革命军事委员会委员。8月底，红一方面军回师入赣，潘心元离开部队，仍以中央巡视员身份在湘赣苏区指导工作。

1930年8月下旬，潘心元回到上海中共中央驻地，向中央呈报了《巡视湘鄂赣三省红军报告》。随后，潘心元受党中央派遣到浙南巡视工作，他巡视了瑞安、温州、台州、海门等地，调查了解了浙南党组织和红十三军的情况后，于9月下旬回到上海向中央写了《关于浙南的党务军务及工作困难情况》的报告，提出了对发展浙南党组织和红十三军的许多重要指导意义的建议。10月，在红十三军处于非常困难的情况下，党中央任命潘心元为红十三军政委，回浙南重图发展红十三军。10月19日到温州后即参加浙南特委的紧急会议，讨论下步工作计划，提出要集中台属红军首先夺取玉环、温岭、黄岩等县的胜利，并要集中全部部队，攻打温州。随后，潘心元到在温岭、玉环一带活动的红十三军二师中工作，开展革命宣传、发展群众，集中整顿训练部队、组织购买子弹等活动。12月上旬，潘心元接通知从玉环县苔山岛坐船去温州开会，不料船到乐清湾上的九眼江洋面即被国民党水警队拦截，潘心元不幸落入敌手，壮烈牺牲，年仅28岁。

袁德生

他是工人出身的优秀共产党员，安源工人运动的积极分子和江西农民运动的领导者，湘赣革命根据地重要领导人之一，曾任湘赣省委常委和省苏维埃主席。

袁德生，1894年出生于浏阳普迹镇一个贫苦农民家庭。幼年读书半年。成年后，辗转于湘潭、株洲、醴陵、渌口等地，给地主种田做长工，后来到安源煤矿做矿工。

1921年，毛泽东、李立三等共产党人先后来到安源，点燃了革命的熊熊烈火。袁德生在朱少连、周怀德的鼓励下，进了工人学校读书，参加了路矿工人俱乐部。通过工人学校的学习和参加俱乐部的活动，他逐步认清了工人受剥削受压迫的根源，精神面貌焕然一新。

1922年9月，毛泽东、李立三、刘少奇、朱少连领导了安源路矿工人罢工，袁德生率领直井五段工人参加了斗争。罢工胜利后，袁德生出席了安源路矿工人俱乐部第一次工人代表大会，并在会上当选为直井五段工人部代表。1923年初，袁德生光荣地加入了中国共产党。

1925年春，袁德生被选拔到中共安源地委党校学习。10月初，党通知他去广州农讲所学习，他立即移交工作，匆匆打点行装，奔向广州。12月，袁德生参加了彭湃率领的曲江农运实习队，赴韶关出席了曲江农民协会的成立大会，并就地调查农村阶级状况。实习结束后，党分配袁德生等10多个党员回湖南开展铁路沿线的农民运动，为迎接北伐作准备。

回到湖南后，袁德生任国民党湖南省党部特派员，被派往株（洲）萍（乡）铁路沿线开展农运工作。这时正值湖南军阀赵恒惕杀害农运领袖汪宪宗不久，白色恐怖严重。袁德生秘密恢复了湘潭、株洲、醴陵等县的一批区乡农会。他沿着株萍铁路，由西向东逐步发展，建立乡农民协会。1926年2月，袁德生秘密抵达湘赣交界的老关，组织车站周围的农民，成立了召圣乡农民协会，这是萍乡县第一个农民协会，也是江西省最早的乡农民协会之一。

由于袁德生和农会的革命活动都是在晚上进行，开展对土豪劣绅、贪官污吏的斗争也是在晚上进行，一时被称为“黑杀党”，威慑敌人，震动赣西。1926年4月，袁德生又吸收经过实际斗争考验的农民参加中国共产党，在老关建立了中共安源地委第 17 支部，这是萍乡县第一个农民党支部。这个党支部后来发展到 60 多人。

1926 年 9 月以后，北伐军连克湖南各城，进入江西、湖北。湘赣各地农民协会相继公开。袁德生领导的株萍铁路沿线农村的 21 个乡农民协会也迅速发展起来。到 11 月底，会员发展到 6400 多人。12 月，株萍路农民协会一致推选袁德生和晏方贤为代表，出席了湖南省第一次农民代表大会。株萍铁路沿线农村的农民运动，成为湖南农民运动的重要组成部分，也是赣西农运的旗帜。

不久，江西省第一次农民代表大会在南昌召开，萍乡的代表是袁德生等 7 人，代表萍乡 8 万会员，占全省四分之一。会后，袁德生被留在南昌工作，成为省农协委员长方志敏的得力助手。他利用各种条件为萍乡总工会纠察队购买枪支弹药。4 月，他参加了方志敏组织发动的反击国民党右派的斗争，驱逐了李烈钧，改组了国民党右派把持的省党部、南昌市党部。四一二反革命政变后，全国的革命形势迅速恶化。6 月，萍乡发生了反革命事变，刘昌炎、周怀德等人英勇牺牲，各工、农会组织被破坏，农会干部遭杀害。20 多个安源工人、10 多个农会干部和革命知识分子逃到南昌，请求支援。袁德生热情接待他们，设法救济受害者家属。不久，朱培德“礼送”共产党人出境，袁德生等 200 多共产党人从江西到了武汉。7 月，汪精卫在武汉反共，大革命遭到失败。此时党的临时中央决定举行南昌武装起义，中央要求江西的同志回江西工作，配合武装起义。于是袁德生又秘密回到了南昌，走上了新的革命征程。

1927 年 8 月 1 日，南昌起义爆发。袁德生参加了起义，但未随贺、叶军队南下。9 月 9 日，湘赣边界秋收起义爆发，袁德生等领导醴陵南乡、西乡农民暴动，从南面进攻醴陵县城，接应从安源出发的工农革命第二团强渡渌水，攻克醴陵县城。

1928 年 2 月，湘东特委成立，滕代远任书记，袁德生为特委委员。5 月，湖南省委书记王一飞和涂正楚等牺牲后，党中央再次确定了以湖南为中心的湘鄂赣三省总暴动的战略计划。袁德生被组织派往长沙担任市委书记。他带 4 个人力图恢复长沙党组织，工作刚有头绪，就发生市委委员袁晓祥被捕叛变，供出了袁德生等活动详情的事件。袁德生被敌通缉，省委只得把他召回安源。袁德生从长沙回来后，省委即决定由他携带省委指示去井冈山，巡视和帮助井冈山的工作。袁德生穿过敌人的重重封锁线来到井冈山。

毛泽东、朱德对袁德生的到来非常高兴。袁德生面交了省委指示信，传达了省委七条决定，为了确保省委决议案的贯彻执行，指示信最后明确规定袁德生“参加特委、军委工作，期限一月”。袁德生在井冈山工作不到一个月，他出席了湘赣边界特委和红四军军委的一系列会议，参观了红军的营房，目睹红军指战员上下一致，餐餐红米饭、南瓜汤，夜夜睡稻草的艰苦生活。他还观看了他们严整的军事操练和五大哨口的防御工事。他这次井冈山之行，实地考察和学习了“工农武装割据”的基本内容和丰富经验。对比之下，他认识到过去搞暴动之所以不能成功的原因，深信井冈山的道路就是今后前进的方向。

11 月 6 日，毛泽东召开湘赣边界特委扩大会议，袁德生以湖南省委代表的身份参加了这次会议。会后，毛泽东从极其困难的经费中筹措出 4 两黄金，亲自交给原在安源工作过的袁德生，派他回到萍乡，重建秘密交通机关。袁德生不负重托，先后在安源筲箕街设立交通站，在五陂下和萍乡“鸿宾”旅馆建立情报联络点，在“春和生”药店设立赣西物资采运处，还在莲花县芦溪镇设立交通站，开辟了一条通往武功山的山区交通线，后来成为沟通上海党中央与湘赣根据地，连接瑞金与湘鄂赣根据地之间的主要交通线。为护送干部安全通过白区，袁德生还在萍乡县委领导下建立了一支武装交通队，又将萍乡交通联络点发展为安源交通局。这一系列交通联络工作，为配合和支持井冈山的斗争发挥了积极作用。

1930 年 8 月，湖南省委重建湘东特委，由张启龙任书记、袁德生任特委委员兼湘东工农兵政府主席。翌年 2 月，湘东特委改名为湘东南特委，石青任书记，袁德生任特委委员兼湘东南工农兵政府主席。1931 年 7 月，全国各革命根据地陆续成立省委。苏区中央局决定江西北路行委、赣西南特委、湘东南特委合并，成立临时湘赣省委，并将分属行委、特委领导的武功山、棋盘山、九陇山、东固山等革命根据地合并统一为湘赣革命根据地，指定王首道为省委书记，袁德生、张启龙、林瑞笙、甘泗淇为常委。10 月 17 日，第一次工农兵代表大会召开，湘赣省工农兵政府正式成立。会上袁德生当选为省政府主席，张启龙、彭德怀当选为副主席。

湘赣省委成立后，立即作出了关于政权、土地、军队、游击战四项决议。执行四项决议是省工农兵政府的纲领，袁德生指示召开各级工农兵代表大会，普遍建立和整顿县、区、乡三级工农兵政府；重新分配土地，然后建立耕牛共耕队，生产合作社经济；实施财政经济统一，建立各级人民财政委员会，筹款征税，发行公债，将各县打土豪的金银收归省管，上交中央。大批银圆集中后，成立拥有二万元资金的省工农银行；工农银行有造币厂，发行自造的银圆和铜币。袁德生还广招银匠、铜匠、铁匠，并从红军中抽调安源工人，扩建湘赣兵工厂。兵工厂人数最多时达1500人，日产子弹12万发。袁德生还指示招收女工开办被服厂，建立医院，在重要交通路口广设接待站，接待过往红军，转送伤员病号。袁德生很重视苏区文化教育工作，亲自批准县区设列宁高级小学，乡设列宁小学，村设列宁夜校、墙报、读报组、识字牌，以提高广大苏区人民的文化素质。

1932年8月1日，湘赣省第二次工农兵代表大会在永新召开，袁德生再次当选为省工农兵政府主席，张启龙、谭余保当选为副主席。11月7日，湘赣省举行第二次党代表大会，袁德生再次当选省委常委。

1933年1月，临时中央从上海迁到中央苏区。当时各革命根据地全面推行王明“左”倾冒险主义，给党带来了极大的危害。4月，苏区中央局错误地作出了《关于湘赣省委的决议》，并改组了湘赣省委。省委袁德生第一个被抓，接着王首道、张启龙等一大批干部被停职反省、撤职、关押，遭到“残酷斗争、无情打击”。袁德生长期被关押审讯折磨，于1934年4月不幸被害，牺牲于泰和县的赣江中，时年40岁。

易荡平

“五团政委易荡平负重伤。这时，敌人端着刺刀上来了。荡平同志要求他的警卫员打他一枪。警卫员泪如泉涌，手直打颤，岂能忍心对自己的首长和同志下手。荡平同志夺过警卫员的枪，实现了他决不当俘虏的誓言。”聂荣臻在《奔袭道县，强渡湘江，突破敌人第四道封锁线》中回忆。

易荡平，原名汤世积，1908 年出生于浏阳达浒镇。14 岁时考入长沙楚怡中等学校。1926 年毕业后回到家乡，担任恒丰仓高小教员。在教学期间，他曾响应共产党员黄建中、彭商人的号召，动员其兄汤世和筹集资金，在达浒开设归文书局，出售各种进步书刊，以促进农村新文化的普及。

当北伐军进入浏阳后，易荡平在区农民协会担任宣传工作，为首组织集会游行，兴办平民夜校。同年冬，他经黄建中、彭商人介绍，加入了中国共产党。

1927 年 9 月，秋收起义部队离开浏阳，达浒的反动势力卷土重来。这时，党的组织遭到破坏，许多共产党员和农运骨干惨遭杀害，易荡平自己也不得不隐蔽起来。第二年 3 月，当中共浏东特委组建浏东游击队时，他率先报名参加，并在宣誓会上宣布不再用汤世积的名字，他说：“我要以荡平天下不平为己任，不消灭反动派，决不放下枪杆子！从今天起，我正式改名易荡平。”

易荡平在浏东游击队，以作战勇敢机智著称。在拔掉姜卢埚达浒挨户团的一次战斗中，他针对挨户团所在地孔家大屋围墙甚高，易守难攻的情况，找了一个可靠的厨师先打入挨户团，当了伙夫。几天之后，他领着几个游击队员深夜潜伏在挨户团大院门外，当伙夫清早出来买菜，拉开门闩时，他们一跃冲进院内，不费一枪一弹，顺利地缴获挨户团所有的 13 支步枪，处决了罪大恶极的团总孔昭泗。

大光洞是地处平浏边界一处地势险要的地方，中共浏阳县委决定在这里建立革命根据地。但这里的敌我斗争情况十分复杂，有的人表面上装得老实支持革命，暗地里却给敌人通风报信。如果不把这些人的面貌揭穿并加以处置，就很难做好根据地的巩固工作。这时浏东游击队正奉命改组成平浏游击队，前往平江编入红五军。在行军途中，易荡平建议全队都换上国民党军的军装，装作熊绍文的联防队，押绑着当地农协骨干廖克平等4人，大摇大摆来到大光洞行宫。那些平日假装老实的反动分子以为是国民党的军队来了，兴冲冲地赶到行宫，指着廖克平等人大骂，要求“联防队”将他们就地正法。正当他们得意忘形之时，易荡平把大门一关，将廖克平等松绑，刹那间，这伙反动分子吓得目瞪口呆，跪地求饶，就这样大光洞根据地一大隐患得以清除。

1928年秋，平浏游击队在平江与兄弟部队合编为红五军第二纵队，下辖第五、第六两个大队。易荡平被任命为第五大队二中队党代表。1929年，他升任红二纵队第五大队党代表。这年冬，他率部在浏阳和萍乡交界的上栗市附近，击溃了敌军1个团。旋即随红二纵队移驻宜春桐木蔡家冲休整。在这期间，他得知当地有一位在北伐军当过团长的开明人士，因为不满蒋介石弃官回乡隐居，并带回10多支步枪和1支手枪。于是，他多次登门拜访，与这位团长谈孙中山的三大政策和北伐战争，谈红军的政治主张以及目前面临的困难。经过交谈，这位团长主动将埋藏的13支枪挖出来赠送给红军，作为支援革命的礼物。为此，他受到纵队领导的表扬。

1930年，易荡平参加了两次攻打长沙和第一、第二次反“围剿”的作战，升任红五军一师一团政委。1931年12月，红五军团成立，他又被任命为红五军团十三军三十九师政委。他调任三十九师政委后，着重提高部队的政治素质和军事素质，他要求师各级干部要带头发扬红军传统，严以律己，宽以待人，特别强调要搞好党与非党军事干部的团结。通过他的努力，新编的三十九师面貌发生了很大变化，成为红五军团的主力师之一。

1933年5月，这个军团的红三十八师、三十九师合编为红十三师，他仍任政治委员。翌年4月，他因参加广昌保卫战有功，被中央革命军事委员会（中革军委）授予二等红星奖章。关于他在这一期间的工作战斗情况，他的老战友，后来担任中共中央顾问委员会副主任的宋任穷回忆说：“易荡平在三十九师任政治委员，他政治上很强，不但善于做政治工作，而且作战勇敢，为人正直，团结同志，泼辣果断，是一位优秀的共产党员和政治工作者。”

1934年初，易荡平任红一军团二师五团政委。这时，部队刚从第五次反“围剿”的战斗前线撤换下来，急需休整和补充兵员。他到任后，立即与四团政委杨成武、六团政委王集成等分赴兴国、瑞金、会昌等县，协同县苏维埃政府动员青年参军，保证部队的兵员和给养在短时间内得到补充，使每个团的人数都补充到了2000人以上。这年10月，中央红军主力开始长征，易荡平奉命率红五团随军战斗。他在江西瑞金附近的桃江歼灭余汉谋部守敌1个团，保证红一军团迅速从王母渡和古陂之间渡过桃江；11月21日，他又率部抢占湖南道县县城，保证红军主力顺利渡过潇水。27日，在红军开始抢渡湘江的战斗中，他和团长钟学高率红五团从道县出发，作为先头部队抢占全州以南的渡口。但这时，何键部已抢先进占全州，于是他当机立断，改变攻打全州的计划，迅速率部抢占全州以南的脚山铺。脚山铺离全州30里，离南面红军控制的渡口50里，守住脚山铺，就可以保障红军渡口北翼的安全。他占领脚山铺后，立即组织部队连夜挖掘战壕，构筑工事，准备阻击敌人。

天蒙蒙亮，敌人10多架飞机开始向脚山铺进行轮番轰炸。接着，敌军刘建绪和薛岳部分四路向脚山铺的红五团阵地进攻。刚满26岁显得消瘦的易荡平，在前沿阵地指挥作战，率部多次打退了敌人的进攻。第二天，敌军不仅加强正面的轮番进攻，还以部分兵力迂回两侧，战斗越来越激烈，红五团的伤亡越来越大，然而他临危不惧，激励战士誓死守住脚山铺，为红军主力渡江争取时间。特别是在团长钟学高身负重伤后，他一人挑起指挥之责，并坚持了5个昼夜，没有在阵地前后退一步。经过5天5夜的浴血奋战，他已多处负伤，尤其是腿已经受重创。当中央和军委纵队即将全部安全渡过湘江的消息传来时，他和战士们沾满泥土的脸上露出了笑容，他激动得大声呼喊："大功告成，死而无憾！"

在一阵猛烈的炮火轰击之后，大批敌人向阵地涌来。这时，易荡平命令身边的指战员迅速撤退，由他来掩护。警卫员想要背他一起走，他果断拒绝了，他不愿有同志为他牺牲，也不愿当俘虏，他夺过警卫员的手枪朝自己胸膛开了一枪，实践了他"死而无憾"的誓言，时年26岁。

寻淮洲

1938年5月，陈毅率部经过泾县茂林时，特意登上蚂蚁山为一位红军烈士祭祀扫墓，他心情激动地说“青山有幸埋忠骨”。陈毅将军特意来祭祀的这位烈士名叫寻淮洲，牺牲时年仅22岁，是红军中最年轻的军长。

寻淮洲，1912年8月29日出生于浏阳社港镇一个贫农家庭。由于家境贫困，他幼年体弱多病，4岁还不能站立行走，9岁时才上学读书。1925年，寻淮洲考入莲溪乡高小。他喜爱文史、擅长作文，常在作文中抒发自己忧国忧民的思想感情。马日事变后，怀着“参加义勇队，消灭反动派”的决心，他加入了浏阳工农义勇队，不久随部队参加了毛泽东领导的秋收起义，并走上井冈山。1928年春节，年仅16岁的寻淮洲，加入了中国共产党。

1928年5月，寻淮洲在中国工农红军第四军第一师三十一团的三营担任连长。他跟随毛泽东在永新一带打游击，做群众工作，保卫工农政权。毛泽东常在战斗间隙向红军干部讲解游击战的战略战术，使他受到很大的启发和教育。

1929年1月中旬，为了打破湘赣之敌对井冈山的围困封锁，红四军主力向赣南、闽西进军。这年春节，红四军在瑞金的大柏地与尾追之敌刘士毅部的两个团展开激战。战斗中，寻淮洲率领全连猛打猛冲，子弹打光了，就用石头作武器，奋力拼搏。他的左肩受了伤，自己从衣服上撕下一块布包扎好，又继续指挥连队追歼敌人。不久，红四军开辟了以瑞金为中心的中央根据地。随后，寻淮洲又随部参加了三战闽西、九攻吉安的战斗。

1930年春，闽西地方武装编为红十二军，他在军中红三十四师第一〇〇团担任营长。同年11月，革命根据地的军民开始了第一次反“围剿”作战。寻淮洲所在的红三十四师配合红三军、红四军在根据地中心地区小布、黄陂一带集结待命，后在龙冈调伏，敌张辉瓒师9000多人全部被歼。战后，寻淮洲因指挥得力，被提升为红三十四师第一〇〇团团长。1931年3月，第二次反“围剿”开始，他率全团与兄弟部队一道，先后在富田、白沙、中村歼灭了大批敌军。5月27日，又在广昌歼灭许克祥1个团。不久，他调到红三十五师任师长，这时他才19岁。

1932年6月，自封为“铁军”的国民党军阀陈济棠部1个团，向赣南苏区进犯。寻淮洲率红三十五师配合红三军团，在粤北南雄的水口圩和赣南池江地区连打两仗，挫败了敌人，守卫了苏区南线，使红军得以抽出兵力挥师北上，有力地策应了鄂豫皖和湘鄂西苏区的反“围剿”斗争。同年8月，红三十五师参加了乐安、宜黄战役。在战斗中，他率部插入敌后，牵制敌数师兵力，有力地配合了主力红军反“围剿”斗争。年底，他调任红三军团第五师师长。

1933年2月初，敌分三路向苏区进犯。处于“左”倾冒险主义统治的党中央，指令红军攻占敌人重兵防守的南丰，久攻不克。而敌陈诚部又三路增援，妄图合围红军。这时，周恩来和朱德当机立断，令攻南丰的红军“改强攻为佯攻”，以主力消灭增援之敌。寻淮洲率部与兄弟部队向西转移到东韶、洛口、吴村地区，20余天的战斗中，取得了黄陂、草台冈两战役的胜利，歼敌3个师，缴枪万余支，彻底打垮了敌人的第四次反革命“围剿”。此时，寻淮洲师已成为红军主力师之一。

同年7月，为了解除闽西敌军对中央苏区的严重威胁，中央军委以红三军团为主，组成东方军，入闽作战，该军以彭德怀为司令员、腾代远为政委。入闽后的第一仗，是拔除宁化县的泉上土堡，红五师担任主攻任务。在寻淮洲的指挥下，红军战士将地道挖到土堡城墙下面，把装满土硝的棺材推进了地道。顿时，只听得一声巨响，土堡围墙被炸开。东方军入闽第一仗取得重大胜利。

泉上大捷后，红五师接到命令配合兄弟部队由北向南攻打连城。连城守敌七十八师区寿年部有兵力上万人，武器装备精良，是国民党军队中较强的1个师，加之敌军筑有坚固工事，我军不易攻克。前线指挥员彭德怀根据寻淮洲等人的报告，主张不打连城而打区寿年师驻朋口的黄康营，以便调动敌人，在运动战中将其主力歼灭。7月28日，东方军一部主力向朋口、莒溪发起进攻。寻淮洲率师配合友军担负着牵制连城敌人和打击增援敌军的任务。朋口、莒溪打响，连城敌四六六团果然来援，他立即指挥第十三团抢占了朋口东侧的高山，当敌人来争夺时，又指挥另2个团迂回敌后，前后夹击，迅速全歼敌四六六团。然后，乘胜回师配合兄弟部队歼灭了朋口守敌黄康营。8月1日，东方军4个师在下堡胜利会师。在庆祝建军六周年的大会上，寻淮洲师获得了中央军委的特别嘉奖令。

同年9月，红五师转战到延平的西芹，待机歼灭来自沙县的援敌。国民党十九路军的精锐部队沙县守敌六十一师，企图抢占西芹，掩护其主力增援延平。寻淮洲率部连夜出发，截击来犯之敌。9月18日晨，与敌三六六团在木芹山遭遇。战斗中我军把号称“铁军”的敌三六六团全部歼灭，开创了红军以一个团的兵力在运动战中歼敌一个团的新战绩。

10月中旬，红五师与红十一军合编成红七军团。寻淮洲任军团长，萧劲光任政委，粟裕任参谋长，刘英任政治部主任。军团下辖第十九、三十四两个师，仍归东方军指挥。1934年1月初，东方军开始了第二次入闽作战。红三军团由头陂出发，于11月围攻县城，并在城东60里的青州击溃由延平来援之敌第四师。与此同时，寻淮洲指挥的红七军团，在三明市附近配合行动，歼敌一个旅，乘胜攻占尤溪县，缴获敌人的一个兵工厂。后来，寻淮洲派人将这个兵工厂迁回瑞金，为红军修造武器发挥了不小作用。是月，在瑞金召开的第二届中华苏维埃全国代表大会上，寻淮洲被选为中华苏维埃临时中央政府的中央执行委员。

1934年，日本帝国主义强占东北后，又向华北扩张，在民族生死危亡的紧急关头，红七军团受命组成中国工农红军北上抗日先遣队，寻淮洲担任总指挥。这支先遣队，经补充兵员和武器装备，编成3个师，携带宣传品300担，在寻淮洲的率领下进入闽中。部队第一关是要突破敌人的第一道防线闽江。8月6日，寻淮洲指挥红七军团在闽江下游的横田和水口之间抢渡闽江。船只和竹排远远不够，寻淮洲鼓动会游泳的红军战士一律泅水过江。部队以最快的速度抢占了敌滩头阵地，保证主力顺利渡过了闽江。红七军团在水口召开纪念八一建军节大会，中央军委拍来嘉奖电，并授予寻淮洲二级红军勋章。

先遣队在闽中突然出现，国民党反动当局异常惊慌，忙从闽东调敌八十七师，增防福州，又将敌四十九师海运驰援。福州南濒闽江，城墙高筑，工事坚固，城郊还有飞机场，且敌已沿江设防，戒备森严。从水口到福州城约160里，红军冒着敌机袭击的轮番轰炸，一个阵地一个阵地夺取，夺城战斗异常艰辛，为了摆脱敌人的纠缠，寻淮洲下令撤出战斗，向闽东挺进。

8月16日，红七军团在他的指挥下，离开闽东游击区，沿闽浙边境向闽北前进。虽然不到半月连胜三仗，但敌人围追堵截攻势很猛，部队几乎天天要打遭遇战、掩护战，又无后方依托，伤员难安置，队伍的战斗力受到了严重的削弱。面对极其困苦的处境，寻淮州以英勇顽强的精神，指挥红七军团深入敌后，连续打了一些胜仗，甚至一度攻进常山县城，给敌人很大的打击和威胁。但是，随着围堵的敌人兵力不断增加，红七军团处于越来越危险的境地。为了变被动为主动，寻淮洲果断决定撤离浙江，挥师向西，朝皖赣苏区挺进。

10月下旬，中央军委来电，令红七军团转移到闽浙赣苏区休整补充。寻淮洲率领部队突破敌人两道封锁线。11月初，部队进入闽浙赣苏区的重溪地区，与方志敏领导的红十军合编为红十军团，共有兵力6000余人。原红七军团缩编为第十九师，寻淮洲任十九师师长。

11月8日，红十九师按整编后规定的任务，从怀玉山和德兴县东北通过敌人封锁线，向浙皖赣边进发。12月10日，红十九师在黄山东南的汤口地区与红十军团的第二十、二十一师会师。红军北上抗日先遣队在汤口会师，使敌人惊慌起来，12月11日，蒋介石急忙调整部署，除在浙西、赣东和皖南加强堵截外，另编组"追剿队"，委任浙江省保安处处长俞济时为总指挥，统辖约11个团兵力，专事"追剿"，企图以南北夹击，将红军围歼于黄山地区。

12月13日，红军先遣队一部翻越黄山，到达谭家桥。谭家桥地处太（平）旌（德）歙（县）3县交界处，自古为扼守徽（州）宁（国）两府的交通要道。环村东西两面皆高山，森林茂密，地势险要。

先遣队进驻谭家桥时，敌军正分3路尾追而来，中路之敌补充第一旅由俞济时率领，已孤军突进至汤口。红十军团首长判断敌军将沿公路尾追，决定利用乌泥关至谭家桥公路两侧有利地形，以伏击手段，争取歼灭该敌大部。

12月14日凌晨1时，先遣队各部进入阵地。6时，敌俞济时部从汤口出动向谭家桥方向进逼。上午9时许，敌前卫部队进抵距谭家桥约3公里处。因红军一新战士不慎走火，受惊的敌军立即停止前进，迅速以1个营占领乌泥关东南一带高地，其余在公路两侧展开，并将情况飞报旅部。此时，红军以迅雷不及掩耳之势发起猛烈进攻，敌军陷入混乱，团长、团副均被打伤。但由于开火过早，红军对敌未形成完全包围态势，加之战斗中未按计划将十九师主力配置在石门岗以北，而摆到石门岗以南的乌泥关一带，地处悬崖峭壁，兵力展不开，未能迅速分割敌军，战场形势逐渐转为不利。

俞济时得悉前卫遭伏击，急令补充第一旅第三团抢占蛇形山西南端高地，同时以第一团占领乌泥关地域策应。敌第三团以1个营固守蛇形山高地，紧靠第二团战斗；另派1个营从黄狮坦附近爬上石门岗中间的山脊，包抄过来，夺去红十九师仅有1个连把守的石门岗制高点。同时，布守公路两侧的敌前卫部队，在其第一团、第三团掩护下，集中迫击炮、机关枪火力，向战斗力较弱的红二十师发起猛攻。红二十师将士坚守阵地，奋勇反击，但因新战士多，不善于正规作战，十九师又不及增援，阵地最终被敌冲垮。

先遣队处境险恶，但全军将士勇往直前，前赴后继，生死无畏。为夺回石门岗制高点，寻淮洲带着部队接连向敌人发起冲锋。枪械弹药不足，他们便吹起冲锋号，端起长枪刺刀，抡着大刀，强渡麻川河，冲向石门岗，与敌短兵相接，展开激烈肉搏，当场击毙敌军 100 多人，缴获枪支 40 余件。但终因敌众我寡，阵地未能夺回。拉锯战、消耗战一直持续到下午 5 时。连续血战 8 个多小时，使先遣队付出了惨重代价，战士伤亡惨重。在向敌军发起第四次冲锋时，寻淮洲不幸腹部中弹。但他依旧忍着剧痛，指挥战士们往前冲。

12 月 16 日，部队转移至泾县茂林镇，寻淮洲终因流血过多，英勇牺牲，时年 22 岁。临终前，寻淮洲反复念叨着："北上抗日！北上抗日！""消灭敌人！消灭敌人！"他的遗体被就地埋葬，却不幸被随后赶到的国民党军掘墓破棺，残忍地割下头颅示众。

1938 年 5 月，陈毅率部开辟敌后抗日根据地，途经茂林镇时，为寻淮洲重建了坟墓，并为他亲笔撰写了墓志铭："寻淮洲同志是毕生为革命利益、民族利益牺牲到底，足为抗日战士之楷模。"

"北上抗日！北上抗日！""消灭敌人！消灭敌人！"这是寻淮洲的临终遗嘱，更是他的请战书，展现了一个优秀红军将领为国为民英勇牺牲的精神和初心。2009 年，他被评选为"100 位为新中国成立作出突出贡献的英雄模范人物"。

徐 洪

1978年5月，王震在一次接受来访时，谈及红六军团的战史编写问题，他满怀深情地表示，写六军团战史，要把徐洪写进去。

徐洪，1904年1月1日出生于浏阳社港镇一个农村家庭。由于家贫，仅读了两年私塾。由于在乡里没有立足之地，13岁的徐洪便跟堂叔到浏阳白沙一家纸厂当童工。

1926年7月，北伐军进入浏阳，全县工农运动蓬勃兴起。白沙成立了纸业工会，工会向纸厂资本家展开斗争。徐洪始终站在斗争的前列，他们提出“增加工资，实行8小时工作制”的口号，经过7天的斗争终于取得胜利。同年冬，他加入了中国共产党，随后被派往周洛开展工会活动。10月中旬，他当选为工会代表，出席了浏阳县第一次工人代表大会。

1927年春，中共浏阳县委举办农民自卫军干训班，徐洪被派去学习，结业后任浏阳工农义勇队排长。马日事变后，他随浏阳农军参加了围攻长沙的战斗。不久，又参加了毛泽东领导的秋收起义。此时的浏阳北乡，笼罩着严重的白色恐怖。浏阳县委决定，恢复和发展北乡的党组织，开展武装斗争。1929年2月，徐洪被抽调任浏阳北乡党的特派员，开展地下工作。3月，浏阳县召开第一次党代会，选举新的县委，徐洪当选为委员。

这年冬天，徐洪认为开展武装斗争的时机已经成熟，他千方百计夺取敌人枪支，建立游击队。他率领游击队打蕉溪、北盛、沙市、永安等地的团防局，缴获了一批枪支弹药，游击队的力量迅速壮大。1930年2月，徐洪带领这支创建的队伍，在炉烟洞古桑村举行大会，正式成立浏阳游击队第一支队。这支农民武装，在徐洪的领导下不断打击敌人，有力地推动了浏阳各地建立苏维埃政权的工作。4月，浏阳县第一次工农兵代表大会召开，县苏维埃政府成立，会上选举张启龙为主席、徐洪为赤卫委员。当时，除县城和几个集镇被国民党军队盘踞外，浏阳大部分农村已正式建立区、乡苏维埃政权或筹备组织，成为湘鄂边区红色割据的中心地区之一。为了保卫政权，巩固苏区，全县建立了6个赤卫师，县设赤卫军总指挥部，徐洪任副总指挥兼赤卫军第六师师长。

1930年6月，徐洪率全县赤卫军，配合黄公略领导的部队攻克浏阳县城。

彭德怀率红三军团进攻长沙，浏阳数以万计的赤卫军参战。在撤出长沙时，徐洪奉彭德怀命令，率浏阳赤卫军担任前锋，在蕉溪岭与敌血战，打败了妄图堵截红军的顽敌。

1930年9月，蒋介石发动对中央苏区第一次反革命“围剿”，同时纠集大批反动武装，围剿湘鄂赣边区。浏阳的反动势力也乘机蠢蠢欲动，绰号“忍麻子”的北乡地主武装头子张忍，纠合9个联防队，会同国民党主力第八十八团，共5000人枪，围剿周洛、枫林、向坪、炉烟等苏区，妄图全歼徐洪所部。徐洪将浏阳总队和各区游击队，调集于泮春附近，并召集指挥员商讨作战计划。战斗在午夜打响，敌人从梦中惊醒，慌作一团，东逃西窜，束手就擒。天亮时，战斗胜利结束，俘敌56名，缴获步枪53支和一大批军用物资。此后，浏阳各区游击队在徐洪的带领下屡创敌人，敌主力团损失惨重，其他各路“围剿”之敌也裹足不前。敌人的“围剿”计划成了泡影。

1931年9月，在湘鄂赣省委第一次工农兵代表大会上，徐洪当选为出席中华苏维埃代表大会的代表，不久去瑞金参加了这次大会。同年冬，中共湘鄂赣省委在取得三次反“围剿”斗争胜利的形势下，决定将已发展壮大的地方武装编成3个独立师，各有人枪千余，徐洪被任命为独立第一师师长兼政委，并增补为中共湘鄂赣省委执行委员。

1932年4月，敌陈铁侠向活动于万载、宜丰、铜鼓、修水等地的我军进攻，妄图夺取湘鄂赣省苏维埃机关驻地万载小源。红十六军和独立一、二、三师奉命在株木桥向敌军还击。激战3天3夜后，徐洪提议，各部队组织敢死队，携带大刀，分四路突击。突击取得胜利，敌残部丢下大批武器弹药和军用物资狼狈逃窜。这一战役，狠狠地打击了敌人嚣张气焰，增强了湘鄂赣苏区军民的信心，鼓舞了斗志。

1932年5月，国民党反动派加强对苏区实行第四次“围剿”的同时，还进一步实行经济封锁，妄图断绝根据地军民的生活物资来源。在红独立一师的军事会议上，徐洪提出了“打到外线去，飞袭永安市”的大胆设想。永安市距长沙60里，位于湘赣公路线上，是长沙、浏阳之间一个较大的集镇，也是当地豪绅会集之所，国民党彭位仁师1个营长期在此驻守。红独立一师要从江西万载驻地奔袭永安，足有400多里，且沿途有敌军把守，任务十分艰巨。6月中旬，徐洪经过充分准备，按计划率部从万载高村出发，避开驻有敌军的大道乡镇，拣小路翻过大围山，经大光洞、炉烟洞，两昼夜艰苦行军，顺利到达北盛泸渚湾。故土情深的战士们，都迫切要求回家探望。徐洪反复讲清“兵贵神速，才能出奇制胜”的道理，要大家睡好觉。他自己顾不上休息，将部队交给张正坤团长，亲自带一个班提前赶到永安侦察情况，修订作战方案。拂晓，我军像两把利剑，从南北两路勇猛插进永安街头，敌全营官兵还没弄清是怎么回事，就被一阵阵手榴弹炸死炸伤，敌营长只身逃命。经过短时间激战，全营敌人除少数逃脱外，全被击毙或俘虏。在撤离时，徐洪考虑，这次奇袭使敌人震骇，如再由原路回苏区，势必遭敌堵截，遂令部队打起缴获的敌军旗帜，扮成敌军模样，大大方方地走大路奔往祖狮岩，回师大光洞。果然，敌人大批出动，企图堵截我军，可是到处找不着，只落得疲于奔命，处处扑空。

奇袭永安的第二天，省城长沙《国民日报》惊呼：“平浏赤匪昨由北盛窜入永安，省城戒严。”长沙震动，达官显贵们惶惶不安，省长何键气急败坏地急忙调兵遣将守长沙。几天之后，我军在大围山举行祝捷大会，湘鄂赣省委和军区领导特赶来看望部队，祝贺胜利，并赞扬说：“红独一师像一架飞机，飞到了永安，吓得何键魂飞天外，害怕再一次滚出长沙。”

9 月，徐洪率红独一师，参加了著名的修水、黄坊战役。当时，驻修水之敌是刘夷三十二旅。刘集中两个团和一个保安营，来犯渣津。红独立一、三师配合红十六军作战，设埋伏于马坳黄坊山地。当敌向渣津进犯至黄坊时，徐洪率部冲锋在前，给敌人以突然袭击。接着，各部齐上，四面包围，敌人措手不及，死伤惨重。我军缴获步枪 437 支，俘虏 300 余人。湘鄂赣军区政治部特为此发了胜利捷报，徐洪及独立一师全体指战员，受到军区通令嘉奖。

1933 年 1 月下旬，中央军委决定将湘鄂赣独立第一、二师人枪 3000 组成红十八军，在浏阳东乡小河清溪湾举行成立大会，任命严图阁为军长，徐洪为政委。6 月，红十八军又奉命编为红十八师，徐洪任师长兼政委。

6 月 20 日，徐洪率红十八师配合红十六军进攻铜鼓丰田守敌。徐洪率先包围丰田附近的排埠，以保证红十六军两个团围歼从铜鼓外援之敌。经一小时激战，我军占领了丰田，歼敌一个营又一个连，俘敌正、副营、连长 5 人和士兵数百人，还缴获了大批武器弹药。

11 月初，敌第一纵队司令刘建绪为策应对中央苏区进行第五次反革命“围剿”，发动了对湘赣根据地的进攻。徐洪奉命率红十八师开赴湘赣省苏维埃驻地永新。不久，红十八师缩编为红五十二团，徐洪任团长兼政委。徐洪率红五十二团同红十七师紧密配合，在茶陵边境地区的梅花山，一举歼敌近千人，有力地挫败了敌军的进攻。12 月中旬，又在潞田地区给敌七十七师罗霖部一个团以歼灭性打击，俘敌团长及官兵 600 多人。接着，徐洪率部匆匆返回永新，监视西线的敌人。

1934 年春，以红五十二团为基础，扩编恢复红十八师建制，徐洪任师长，甘泗淇任政委，红十七、十八师编为红六军团，肖克任军团长，王震为政委。3 月初，红十七师奉命转战湘鄂赣地区时，徐洪率红十八师在地方武装的配合下沉重打击了来犯永新之敌。后来，永新虽一度为敌占领，但在徐洪得力的组织和指挥下，保住了花溪、黄江和石灰桥等地区。一次，徐洪率红十八师在永新北乡与敌作战，师政委甘泗淇负伤，终因敌众我寡，兵力悬殊，永新失守。徐洪毫不气馁，在永新附近一再与敌激战。适逢红十七师返回，两师配合，一举歼灭侯鹏飞旅，并生擒侯鹏飞，收复永新。

永新战役后，徐洪被组织安排到中央苏区红军大学学习。1935 年 2 月，徐洪任红独三团团长。5 月的一天，独立三团在赣江上游的信丰地区与十倍于我之敌遭遇，被敌重重包围，战斗十分激烈。徐洪当机立断，与团政委张凯各带一部分队伍迅速从不同方向突围。张凯率领的队伍突破了包围，安全转移，而徐洪率部突围时，部队却遭到了敌人炮火的猛烈袭击，徐洪不幸壮烈牺牲，年仅 31 岁。

徐洪为革命献出了生命，他的家庭也为革命付出了巨大的牺牲。徐洪的妻子李英是共产党员，平江安定桥人，曾以编织纱袜为掩护，协助徐洪从事地下活动，后在红军被服厂工作，不幸在江西牺牲。他们的三个孩子，都因战斗频繁而寄养失踪，解放后下落不明。

肖国生

他是民政部公布的第二批抗战著名英烈，是新四军在作战中牺牲的第一个团级领导干部。他牺牲的噩耗传开后，周恩来挥泪写下悼文，陈毅司令员也亲自为他撰写悼文。他就是新四军模范政工干部肖国生。

肖国生，又名让江，1916 年 6 月出生于浏阳淳口镇一个贫苦农家。年仅 14 岁的他就参加浏阳赤卫军。他随赤卫六师转移到江西万载的株木桥，编入湘鄂赣独立师，加入共产主义青年团。不久，因革命需要，肖国生又被调到红十六军九师七团当文书。1933 年夏，红十六军编入中国工农红军第六军团，缩编为第十六师。同年，17 岁的他加入中国共产党。1934 年，在一次战斗中，肖国生不幸脚部负重伤致残。随后，他被调任少共湘鄂赣西北特委宣传部长，继而调任少共湘鄂赣省委青年部长。1935 年，任红军第十六师政治部宣传科长。

此时，在第五次反“围剿”中遭到严重损失的红十六师，在湖北崇阳重新组建起来，宣传部门的任务相当繁重。当时，修水、武宁、崇阳、通山等地有大小不一的苏区，而中间有一个高枧地区却被国民党军队占领着。为了使这几块苏区连成一片，红十六师奉命攻打高枧。经过侦察和判断，由于敌我力量较悬殊，师指挥所决定采取武打和“文攻”相结合的办法，而将“文攻”的任务交给肖国生及师宣传科去完成。

肖国生按照“文攻”的预定计划，带领部分宣传队员，冒着危险，深入高枧地区群众中作调查，了解敌碉堡保安中队士兵的亲属情况。他不分白天黑夜地走村串寨，给这些士兵的亲属做耐心的宣传说服工作，动员他们参加“劝降”的喊话队。同时，他了解到敌一〇五师是东北部队，于是又动员附近小学校的进步教师和青年人，临时组成一支歌唱宣传队，学唱东北流亡歌曲。肖国生没日没夜地发动、组织、检查着，终于在较短的时间内，准备就绪。

在朦胧夜色中，红十六师按预定作战方案，用少量部队包围了高枧碉堡，而主力却埋伏在高枧通往崇阳古岭的大道两侧，在一个山凹地区设伏，布置一个“口袋”。为了引出古岭的敌军，包围碉堡的红军和参加喊话队的群众，大造声势，喊声震天。果真，古岭敌一〇五师的一个加强连，快速地向高枧赶来，欲解碉堡之围。这个连一头钻进了红军的“口袋”，便遭到猛烈的袭击，敌军像瞎眼的苍蝇到处乱窜。这时，随我主力部队埋伏在山上的肖国生，指挥宣传队员大声喊话：“中国人不应该互相残杀，我们的子弹要留着打日本鬼子！”接着，山上的歌唱宣传队唱起悲壮的《流亡三部曲》《打回老家去》等东北歌曲，他们越唱越有劲，不但歌声嘹亮，而且唱得十分悲壮动人。唱着，唱着，东北士兵的枪声渐渐稀疏了，肖国生又带领宣传队员喊话，提出与敌连长谈判。大部分东北士兵在红军爱国思想的感召下，纷纷举枪投降，少数顽固的家伙被缴了械。这时，高枧方向被围困在碉堡里的保安中队士兵，在其亲属的喊话动员下决心投诚，碉堡不攻自破。这一仗以极小的代价，取得了胜利。肖国生受到了师部的嘉奖。

1937 年，全民族抗日战争爆发后，肖国生被分配到新四军一支队一团政治处任宣传股长。1938 年春，他告别新婚的妻子，东进杀敌，后调任新四军第一支队二团政治处主任。1938 年 6 月，随陈毅司令员及其部队抵达苏南茅山地区，创建茅山抗日根据地。

二团来到江苏茅山不久，丹阳、镇江以南，句容以东及东北面，金坛以西以北地区，发生了严重的瘟疫——霍乱，霍乱从几十个村庄逐步蔓延到几百个村庄。部队为保持战斗力，撤出了瘟疫流行区。但是人民群众是撤不走的。瘟疫最严重的地区二三十户的小村子一天要死十来个人，上百户人家的大村庄，一天要死二三十个人。蔓延的瘟疫像火一样，燃烧在二团党委同志的心头。人民群众有了大灾难，人民子弟兵岂能袖手旁观！团党委决定：尽最大努力，派团医工、群工队进驻霍乱瘟疫流行区，由团特派员罗斌、团卫生队队长徐金元两位同志带队前往。团医工、群工队加上部分团直机关干部到霍乱流行最严重的地方去执行救护任务。救人者是很可能被传染上的，但肖国生主动向团党委提出要求，由他亲自带队前往。开始刘培善政委、张正坤团长都不同意，说团里有许多工作离不开他。肖国生明白团长和政委的心情，再三提出要求，执意要去。他说：“我去虽然在业务上不如罗斌、徐金元两位同志，但我可以做好组织协调工作，为他们分担子，让他们更专心地做救护工作，多救一个是一个啊！”肖国生情真意切。终于获得批准。

肖国生带着两个工作队进驻瘟疫流行区以后，首先发动群众土洋结合治疗，中药和西药一起上，千方百计控制瘟疫的流行，工作十分艰苦。这里的群众对瘟疫造成的灭顶之灾束手无策，只有整天整夜跪在大门口烧香求神，或跪在灶台旁求灶老爷请玉皇大帝把霍乱瘟疫收回去。至于病人，有的躺在那里哼叫，有的已奄奄一息，有的已经死去。医工队、群工队每到一个地方，都是听到一片哭声。死人之多，有时竟找不到人抬出去埋。有的村特别严重，100多户人家，近千口人，死得只剩下二三百人。肖国生领导医工、群工队，日日夜夜奋战在村村镇镇、家家户户。他们为病人清洗肠胃、擦身子。西药用完了，就用草药结合土办法治。找不到人抬死人，群工队、医工队就自己抬。在20几个战斗的日日夜夜，这支肩负特殊任务的队伍之中，不断有同志被传染，因抢救无效而死亡。但是，没有人畏缩，这也是战场啊！打击敌人和抢救人民群众的生命，意义是一样的，都是人民子弟兵义无反顾的职责。霍乱，终于被控制住了，人民群众此时才相信，求神灵确实没有用。瘟神被赶走了，然而我军140余人的援救队伍，回来时只剩下81人，肖主任已瘦成皮包骨头了，当他出现在同志们的面前时，战友们半天才认出他。

1938年6月，新四军一支队进入镇江、句容、丹阳、金坛等敌后地区。为了建立以茅山为中心的抗日游击根据地，发动和组织群众，开展统一战线工作，根据支队统一部署，肖国生率政治工作人员，深入群众，广泛开展社会调查，特别对当地有影响、有名望的人士作详细的了解。

当时，茅山地区有个茅麓茶叶公司，经理纪振纲是个喝过洋墨水、有头脑的人。抗日战争爆发后，他为了保住自己20年来经营积累的巨额资产，从国民党散兵中收容了二百多人枪，加上迫击炮、重机枪等武器，组成一支自卫队。他在茅山地区是个有影响的人物，日军叫他去金坛当县长，他派个亲信去顶替；国民党请他当专员，他借故推脱。他谁也不得罪，想靠中间路线来保住自己，但事与愿违，他的茶庄常遭日军飞机轰炸，茶叶在国际市场也受日商排挤。他对自己采取的中间路线开始动摇，与日寇的矛盾在日益加深。新四军来后，他虽然得知新四军纪律严明，爱护民众，多次战斗获胜，但总觉得他们的武器装备太差，又听说他们以前是红军，心里更加不安，因而对新四军抱着怀疑观望态度。

对纪振纲这样的人物要不要做统战工作？有的同志认为，他是个大资本家，又掌握着较强的自卫武装，且与日寇时有来往，是属顽固派一类的人物。但肖国生却认为，他对日寇和顽军走中间路线，难免要应付日寇一番，他对我军持观望态度，正说明需要我们去做工作。如果像纪振纲这样的人能参加统一战线，那影响就大了。

可是由谁去做工作？有的同志认为纪有自卫队，我们也应多派些武装人员去。肖国生不同意这样做，说这不是去比实力，而是向人家宣传我党的抗日主张和方针政策，他提出由他一人前去即可。支队领导同意肖国生的看法和意见。

听说新四军要来“拜访”，纪振纲坐卧不宁。他做了与新四军拼个你死我活的准备，把自卫队的人马都布置在住处周围，可说是戒备森严。当家人来报，说只有一个新四军干部前来拜访时，他的心才稍镇静一些。他也想试探一下新四军对他的态度，于是不敢怠慢，连声说“有请！”

肖国生从容不迫，神态自若地走进了纪家大厅。纪振纲迫不及待地提出了一些问题，肖国生都一一作了恳切的回答，并反复说明自己拜访的来意，宣传我党的抗日民族统一战线的方针政策，提出“凡有爱国心的中国人，都应以民族生死存亡的前途为重，团结起来，一致抗日”。纪振纲见肖国生谈吐不凡，不由得渐生敬意。“日军装备优良，到处设有据点，贵军要克敌制胜，有何打算？”纪振纲婉转地说出了心中的主要顾虑。肖国生早已料到对方的想法，便胸有成竹地答道，“日军的武器装备是比我军强，但他们是侵略者，民众恨之入骨。我军是反抗侵略的，得到人民的拥护。侵略者没有民众支持，他们的眼睛是瞎的，耳朵是聋的，就会到处挨打。而我们积小胜为大胜，装备也会逐渐加强，最后必将彻底战胜日寇！”

纪振纲听了，频频点头，连连说：“对！对！有道理！”他又提出一个问题：“听说新四军不准坐轿子，因为轿子是要人抬的。此话当真？”肖国生笑道：“这要看什么情况，我们的干部战士打仗受了伤，是要抬着走的。”纪振纲看着肖国生残废的左脚，便说：“你的脚不方便，是可以坐轿的。”肖国生回答：“我这伤算不了什么，是轻伤，一天走上百里已是常事。”纪振纲听了，内心很佩服这位年轻军人，初步改变了态度。以后又经肖国生和其他同志做工作，纪振纲表示愿意和新四军合作，团结抗日。

1938 年 7 月 7 日那天，一支队在宝埝召开了四县（镇江、句容、金坛、丹阳）各界人士代表大会，纪振纲也应邀出席。会上，陈毅司令员作了加强抗日民族统一战线的报告，接着商讨成立了四县抗敌总会，选举纪振纲为总会主任，各县设立分会。抗敌会后来发展成为抗日民主政权性质的组织。纪振纲主动将 200 多人枪交给新四军，还陆续捐赠了大批棉花、药品和医疗器械。在他的带动下，各地民众掀起了拥护和支援新四军的热潮。

与此同时，肖国生发扬红军善于发动群众的传统，培训部分干部战士去各地农村做群众工作，很快将农抗会、妇抗会和青抗会、儿童团等群众组织成立起来。为了巩固和发展这些群众组织，肖国生请示支队领导后，又主持开办了各群众组织干部短期训练班，学习内容为党的抗日民族统一战线的方针政策和建立茅山抗日根据地的重要意义，及如何发挥群众组织的作用等。青抗会干部还增加一门军事课，学习开展指挥游击战的知识。训练班办了三期，干部们的学习情绪很高，收效较好，对促进群众组织的巩固和发展起了很大的作用，从而加强了对敌斗争和抗日根据地的建设。

为了组织民众抗日武装，肖国生也花费了不少心血。随着青抗会的人数和枪支不断增加，肖国生和战地服务团协助县抗敌分会，适时成立了民众自己的抗日武装——抗敌自卫团。他们开展了打击敌伪税卡和锄奸防特的活动，还协助新四军搞侦察、运输以及战场救护等工作。肖国生总是抽出时间到自卫团具体指导工作，帮助他们总结经验教训，提高军事技术。这些民众的抗日武装，在我党的领导下，配合新四军粉碎日寇的“扫荡”，为创建以茅山为中心的抗日游击根据地发挥了很好的作用。

1939 年 3 月，日本侵略军以数倍于我军的兵力突然从各方面围攻驻江苏省丹徒县上会乡的新四军。当时，肖国生所在的二团亦处于敌人包围之中。在组织部队突围的时候，肖国生在冲杀中不幸中弹，壮烈牺牲，年仅 22 岁。

罗梓铭

1939年6月12日，国民党顽固派制造了震惊中外的“平江惨案”。这天深夜，平江县嘉义镇上空笼罩着乌云，万籁俱寂。一群如狼似虎的国民党顽军，从新四军留守处驻地推出4名血迹斑斑、遍体鳞伤的青年，向虎形岭走去。一位青年被推到一口废淘金井旁边，暴徒恶狠狠地说：“再不供出你们的党组织情况，就把你丢进去活埋！”这名青年昂首挺胸地回答：“想从我口里挖出东西，你们是白日做梦！”他高呼口号：“中国共产党万岁！”暴徒们恼羞成怒，青年每呼一声口号，就被捅一刀，这名青年前后被捅了30多刀，仍然威武不屈。敌人无可奈何，匆忙将他推入井里，一阵乱枪，接着又将另外3人一起推下去予以活埋了。这位被捅30多刀惨遭杀害的革命志士，名叫罗梓铭，是中共湘鄂赣特委书记、平江嘉义新四军通讯处负责人。

罗梓铭，1907年2月21日出生于浏阳淳口镇一个贫苦农民家庭。1926年初，农民运动的烈火烧到了罗梓铭家乡淳口、蕉溪一带，他投身到农民运动的浪潮中。当时，国共合作的广州革命政府正准备北伐。为了打听外面的情况，迎接北伐军的到来，北盛区农民协会委员长周克明派罗梓铭等人一起到长沙，以做裁缝作为掩护，了解情况。回家后，他加入了社会主义青年团。

1926年8月，叶挺独立团开进浏阳，浏阳县总工会宣告成立，罗梓铭担任了县城缝纫业工会的组织委员。县里成立工人纠察队时，罗梓铭又积极报名参加了这支队伍。后来该队伍和农民自卫军合编为浏阳工农义勇队。

1927年5月，许克祥在长沙制造马日事变。潘心元率领浏阳工农义勇队和各乡农民自卫军攻打长沙。5月30日，兵分两路攻城，罗梓铭所在的第二路纵队到长沙市南门口，与敌人发生了激烈的战斗。

7月间，浏阳工农义勇队转移平江，奉命改编为贺龙部第二十军独立团，开赴南昌参加起义，抵达涂家埠车站时，得知起义已经举行，主力部队南下广东去了。这支小小的武装，折回湘赣边境活动，后来部队编入工农革命军第三团，参加了毛泽东领导的秋收起义。罗梓铭编在第三营第九连，文家市会师后，部队沿罗霄山脉中段南下时，罗梓铭因身染疟疾，不能随军行动，在万载桐木被留下休养。病愈后，他返回浏阳投入了地下斗争。

这年冬，是浏阳大革命失败后斗争最残酷的时期，罗梓铭一家因为参加了革命，倍受反动派的欺压迫害，不得不离开家乡躲避。他的父亲罗保成病死在浏铜边界的深山。大哥罗云汉和大嫂迁到白沙镇，以开饭铺做掩护，继续为党递送情报，转运物资，在“清剿”中又遭反动派杀害，并被挂头示众。二哥罗铭贵后来在中央苏区的第五次反“围剿”斗争中壮烈牺牲。

在斗争最艰苦的时候，罗梓铭加入中国共产党。他深入永和、官渡、东门一带，依靠大革命时期的老工会会员，恢复了浏阳纸业工会，并担任该会委员长。浏阳开创大片苏区后，他担任浏阳第十八区的常务书记。

1930 年，浏北游击队扩编为浏阳赤卫军第六师，徐洪任总指挥，参加了红军两次攻打长沙和四次攻打浏阳的战斗。罗梓铭率第十八区人民踊跃支前，为红军运输物资，筹备粮草。这年 5 月，红六军（后改为红三军）攻下浏阳县城，罗梓铭带领农民，把在县城缴获的食盐，装满两大船，送往东乡苏区。7 月下旬，彭德怀率红三军团打下长沙，罗梓铭又带领浏阳农民支援，在长沙夜以继日地工作了 11 天。

1931 年 7 月，中共湘鄂赣省委成立，罗梓铭担任省委职工部部长，负责湘鄂赣苏区的工会工作。1933 年，罗梓铭在湘鄂赣省当选为出席全国苏区职工代表大会代表，并被选为中华苏维埃共和国苏区总工会的委员，留在中央苏区工作。苏区总工会下辖 5 个分会，罗梓铭担任店员及手工业者委员会的委员长兼党委书记。与此同时，他还当选为全国总工会苏区执行局副委员长。

1933 年秋，为粉碎蒋介石发动的第五次“围剿”，苏区中央局提出了“扩大一百万铁的红军”的口号。罗梓铭以全苏总工会代表的身份，被派到赣南建立战地动员委员会。不久，他被调任该委员会主任。在胜利完成扩大红军的任务后，苏区中央局决定由他担任赣南省委组织部长。1934 年 1 月，被选为中华苏维埃共和国中央政府的执行委员。

由于王明“左”倾教条主义的错误，红军被迫进行战略大转移，罗梓铭随中央纵队行动。遵义会议后，红军打算在云贵高原上建立一块新的革命根据地，成立了遵义县革命委员会，罗梓铭担任主席。不久，重兵压境，红军撤出遵义，罗梓铭被派到由中央苏区各红军学校编成的干部团担任军需主任，负责干部团的后勤给养工作。

1935 年 6 月，中央红军与红四方面军在懋功会师。整编部队时，罗梓铭调到红三军团政治部地方工作部担任部长。过草地时，在黑水芦花村，他又被调到红军总供给部政治处任主任。12 月，罗梓铭被从吴起镇的前线抽回，调到设在瓦窑堡的中华苏维埃政府西北办事处工农检查局担任局长。1936 年 2 月，毛泽东、彭德怀率红军抗日先锋队东渡黄河，罗梓铭随军东征，担任前委地方工作部群众科科长。5 月初，罗梓铭从山西前线返回陕北后，担任中共陕北省委（后改为陕甘宁省委）组织部部长。

1936 年初，罗梓铭被派到陕甘宁根据地担任三边（即安边、定边、靖边）特委书记。这里是沙漠地区，生活条件很差。罗梓铭患有肺病，瘦得眼窝深陷。但他谢绝了组织上要他单独开餐的照顾，坚持和大家吃一样的饭菜。由于特委人少，工作繁忙，他白天忙一天，晚上还要挤时间写材料处理各县、区的事情。花马池的盐是三边一宝，但由于运输问题没有解决，大量食盐运不出去，而人民群众急需的棉布等生活用品也换不回来。罗梓铭和各县的负责同志一起商量，想了很多办法，终于解决了食盐的生产和运输问题，既满足了外区人民对食盐的需要，也为三边群众换回了大量物资。1937 年 5 月，罗梓铭出席了党中央在延安召开党的全国代表会议（当时称为苏区代表会议）。

全民族抗日战争爆发后，国共开始第二次合作。中央批准罗梓铭、张正坤返回湘鄂赣开展工作。罗梓铭以中共中央长江局特委常委和八路军总部少校副官的身份，到湘鄂赣向红军游击队传达国共合作抗日的新精神。这年年底，中共湘鄂赣省委改为特委，直属长江局。特委由涂正坤任书记，罗梓铭任副书记兼组织部部长。按照中央的统一部署，1938 年 1 月 4 日，湘鄂赣边区的各红军游击队开到平江嘉义集中，正式成立了新四军第一支队第一团，共有 1100 多人枪，由傅秋涛、张正坤率领东进，涂正坤、罗梓铭则留在平江留守处工作，负责安置伤病员及新四军家属和与国民党方面联系等。实际上，留守处就是湘鄂赣边区特委的秘密机关。在他们的努力下，驻地平江嘉义呈现出了一派欣欣向荣、朝气蓬勃的政治局面。

1938 年 1 月，中共湘鄂赣特委划归江西省委领导，涂正坤任省委副书记，仍在平江领导湘鄂赣边区的工作，特委书记由罗梓铭接任，特委将留守处改名为平江通讯处。

这年 3 月，国民党颁布了《限制异党活动办法》，平江的反动势力遂到处造谣，蛊惑人心。针对国民党反动派的卑劣手段，湘鄂赣特委进行了针锋相对的斗争。为了防止敌军的突然袭击，特委和通讯处紧急动员，机关的人数由原来的100多人精简到30余人，将党的机密文件和重要军用物资连夜转移到了连云山区的谢江洞里，原红军军械厂留下的武器，也进行了坚壁清野，除了几名炊事人员外，家属也大都送到乡下去了。他们积极地准备着，坚决地斗争着，极力维持团结抗日的局面。

1939年6月11日深夜，国民党第二十七集团军总部收到蒋介石发来的密电，指示尽快解决新四军平江留守处，一网打尽机关工作人员。第二天天亮前，敌军特务营一个连，在连长余元日的带领下，埋伏在嘉义镇附近。涂正坤身中数弹，当场牺牲。罗梓铭感到情况有变，立即采取紧急措施。正当罗梓铭等人紧张地处理密件时，敌军一涌而入，将通讯处的干部、家属10多人及通讯班战士8人全部扣押起来。罗梓铭等人遭到敌人严刑拷打，到午夜12点，敌人伎俩用尽，在罗梓铭身上一无所获，于是将罗梓铭等4人押往嘉义镇附近的虎形岭残酷杀害。罗梓铭牺牲时，年仅32岁。

8月1日，中共中央在延安举行了各界人士一万多人冒雨参加的追悼“平江惨案”烈士大会，台上悬挂着罗梓铭等烈士的遗像，会场四周悬挂着挽联。

党中央的挽联是：

在国难中惹起内讧，江河不洗古今憾；
于身危时犹明大义，天地能知忠烈心。

张正坤

他是在皖南事变中被俘的新四军高级干部，是被敌人屠杀于上饶集中营的新四军最高级指挥员。在近20年的革命生涯中，他把他的勇敢和智谋发挥得淋漓尽致，他带着战士们打了很多巧仗、妙仗，乡亲们称他为能征善战的“游击专家”。

张正坤，1898年11月11日出生于浏阳北盛镇一个贫苦农民家庭。他兄弟姐妹共9人，都相继投身革命，其中有6人壮烈牺牲。1925年5月，他加入家乡的农民协会，并把原来的名字“乐典”改为“正坤”，意即要把旧的乾坤世界扭转，就像他特别喜爱的一首新民歌中所唱的：“霹雳一声震乾坤，打倒土豪和劣绅；往日穷人矮三人，今天是顶天立地的人！”1926年，他加入中国共产党。

1926年7月，叶挺带领北伐军独立团开进浏阳。张正坤响应中共浏阳县委的号召，支援北伐军，带一个担架队随军转战湘北。9月初，他从湘北回家后，在家乡办起了农民自卫军，被推选为分队长。1928年2月，中共浏阳县委特派员徐洪秘密回到北区，找到张正坤、罗梓铭等共产党员，建立中共北区区委，并在淳口组织游击队，开展武装斗争。

那时，淳口有一个100多人的地主武装联防队，队长是当地的劣绅陈怀中。1929年2月的一天，游击队得知陈怀中在祠堂里大摆酒席，宴请乡间豪绅。当天晚上，张正坤带领30多名游击队员悄无声息地赶到祠堂门外。他们看到那些出席宴会的土豪劣绅或肥头大耳、或獐头鼠目，正在明光闪闪的汽灯照耀下，举杯把盏，互相吹捧。于是，张正坤他们相机而动，把炸弹投进去。一时间，火光冲天，浓烟滚滚，邻近村坊数百名农民也赶来呐喊助阵，在空煤油桶里放鞭炮。陈怀中和土豪劣绅都吓得屁滚尿流，纷纷逃窜。这一次袭击陈怀中行动，夺取了不少枪支弹药，队伍发展到了100多人。

不久，游击队又接连取得了蕉溪战斗的胜利，击溃一个连守敌，缴枪30余支、子弹一担。就这样，淳口游击队积小胜为大胜，迅速发展成为一支具有相当战斗力的农民武装，威震浏北地区。

1929年冬，王震受中共湖北省委指派，从武汉回到家乡浏阳，与县委军事特派员徐洪取得联系，在淳口游击队基础上扩编。1930 年 2 月，浏北一支队正式成立，张正坤任队长，王震兼任政委，全队 184 人、100 余支枪。

那时，淳口玉皇殿筑有白军的一座炮楼，驻扎着民团两个排，共有 60 多支枪，实力比较强。为拔掉这个钉子，浏北一支队先后组织了三次袭击，前两次没有成功。第三次是一个晚上，在火力的掩护下，张正坤带着突击队员，头顶铺着湿棉絮的方桌，冲到离敌炮楼附近的一座砖瓦窑，把窑里准备烧砖用的干柴运到炮楼下围着炮楼点燃。时值寒冬，北风劲吹，火仗风力，把炮楼烧得通红，守敌无路可走，全部葬身火海。

1930 年 4 月，浏阳县召开第一次苏维埃代表大会，决定成立县赤卫军，设 6 个赤卫师，徐洪任总指挥。此时，王震奉命率浏北一支队部分人员去江西萍乡编入湘东红军独立师，独立师后来发展成著名的红十七师。张正坤因有伤留在浏阳家乡治疗，未去萍乡。伤愈后，他加入了浏阳赤卫军，任特务连连长。1931 年 3 月，湘鄂赣苏区浏宜万根据地地方部队升编为正规红军，组成湘鄂赣红军独立第一师，张正坤任师第三营营长。不久，湖南反动头子何键下令陈光中师进犯浏阳，“围剿”红军。独立一师组织反击，又赢得了官渡之战的胜利。

官渡在浏阳河上游，是浏东重镇，陈光中派了一个营在此驻扎。陈光中要求这支白军士兵每个人枪托上都刻着：“陈光中师长谕：消灭共匪，不成功则成仁！”反动气焰极其嚣张。张正坤接受主攻任务后，立即派人潜入官渡侦察，摸清了敌人的驻防情况和活动规律。一天夜里，他率部从大光洞出发，要司号长紧跟在他身旁。这位司号长叫赵湘，被称为司号“大将”。只要他的号声一响，敌人就知道是张正坤的部队来了，旋即闻风丧胆，不战而溃。

张正坤带着部队趁着夜色抄小路，直插浏东官渡，几个尖兵神速地进入白军驻地。张正坤一个手势，尖兵们就冲上去，静悄悄地解决了桥头上的哨兵。紧接着，部队迅疾开过大桥，神不知鬼不觉地出现在官渡街上。这时，赵湘的号声震天动地吹响了，顿时，枪声四起，红军迅速包围了敌驻地。敌人乱作一团，纷纷跳入河中泅水潜逃，不少人被淹死。少校营长顾不得“成仁”，成了俘虏。敌人在天亮前被全歼，红军缴获了一批枪支和许多军用物品，满载而归。

1933 年初，蒋介石发动了第四次反革命“围剿”。中共湘鄂赣省委为了配合中央苏区的反“围剿”斗争，大力扩大正规红军，成立了红十八军，下辖3个团，张正坤任第一五六团团长。当时，湘鄂赣省委、省军区都驻在万载县小源。1933年夏初，国民党对小源发动重点进攻，红军与敌激战于距小源15里的株木桥。张正坤接受了偷袭敌营的任务，他挑选40名党团员，组成夜袭队冒着倾盆大雨，轻装出击，摸进敌直属营的碉堡，一阵砍杀，敌人鬼哭狼嚎，纷纷举手投降。不到两个小时结束战斗，俘敌官兵百余人，缴获机枪4挺、步枪200余支，粉碎了敌人对小源的进犯。

1933年6月，红十八军缩编为红十八师，奉命转移到湘赣苏区。张正坤因身负重伤，不能随军，仍留在湘鄂赣苏区工作。不久，他又回到浏阳警卫二团，在当地开展游击战争。11月，浏阳各游击队与萍乡、醴陵游击队合编为萍浏醴游击大队，张正坤任大队长。

这支游击队，后来又改编为红十六师第四十六团，张正坤任团长。这年冬，他被选为出席中华苏维埃共和国第二次代表大会的代表，前往中央苏区。会后，他留中央苏区入红军大学学习。

1934年5月，张正坤从红军大学学习结业，调回红十八师任第五十三团团长，参加了第五次反“围剿”战斗。同年秋，湘赣红军奉命组成红六军团，作为长征先遣队西进。途中，红十八师五十二团在黔桂边界与敌军遭遇，由于敌众我寡，损失严重，团长和3个营长在战斗中牺牲，政委负伤。在这严重关头，张正坤率五十三团接应，全力压住敌人火力，掩护部队撤退。

1935年11月，红二、六军团根据中央指示，从湘西出发，再次进行战略转移。张正坤率领第五十三团留在根据地牵制敌军，担负掩护主力部队突围的任务。在情况非常复杂、给养困难、环境十分艰苦的条件下，他英勇顽强、机智沉着地率领部队，抗击着数十倍于我的敌军，激战月余，完成了掩护任务。随后，他采取避实就虚的打法，突破敌人包围，率部到达贵州的江口县。此时，情况十分危急，前有大河拦住去路，后有大队敌人追赶，张正坤冷静地指挥部队抢占河滩阵地，先掩护伤病员过河。突然，一颗子弹打来，他左胸负伤，鲜血直流，这是他第6次负伤。警卫员要把他扶下火线，但张正坤厉声说：“别管我，部队过河要紧！”他撕下一片衣襟，忍痛包扎了伤口，继续指挥战斗，打退了进攻的敌人。时值寒冬，他患感冒，发高烧，又带伤涉水过河，一上岸就昏倒在地，战士们把他抬上担架。这时，敌人从四面合围过来，部队陷入了极其危险的境地。张正坤清醒后，一面指挥部队沉着应战，一面用电台和主力部队取得联系。在主力部队的增援下，摆脱了困境。

1936 年初，红十八师师长龙云不幸被俘，张正坤接任师长兼政委。2 月间，红二、六军团奉命继续西行，渡过金沙江，进入川西，于 6 月 24 日到达甘孜，与红四方面军的指挥部会师。红军北上进入草地，这时，张正坤因多次负伤，缺医少药，体质十分虚弱，过草地途中又害了一场大病，身体更加瘦弱，连头发也脱落了一半。在领导的关怀和同志们的帮助下，他拖着负过伤的腿，强支病体，克服重重困难，终于一步一拐地走出了草地，于 10 月下旬胜利到达陕北。

1937 年初，张正坤入延安中央红军大学学习。抗日战争爆发后，湘鄂赣省委派罗其南等人到延安向党中央请示工作。张正坤闻讯后，找罗其南了解家乡情况，要求回浏阳参加抗日工作，得到中央领导的批准。1937 年 8 月，张正坤回到浏阳，担任湘鄂赣人民抗日红军游击支队副司令员，率领游击队活动在平江、浏阳、铜鼓、万载一带，为争取红军游击队抗日的合法地位，宣传抗日救国十大纲领，推动湘鄂赣边区抗日民族统一战线的建立，做了许多工作。9 月，延安八路军总部又派李涛、罗梓铭到平江嘉义，协助湘鄂赣人民抗日红军游击队改编为新四军第一支队一团，傅秋涛任支队副司令员兼团长，张正坤和江渭清任副团长。1938 年初，张正坤随部队奔赴皖南抗日前线，不久，调任二团团长。5 月，陈毅和粟裕率新四军第一、二支队挺进苏南，开辟以茅山为中心的抗日根据地，决定消灭京沪线驻新丰火车站的日本侵略军，以此作为给江南人民的见面礼。

新丰火车站位于镇江东南郊区，是日本侵略军的重要据点。陈毅和粟裕经过研究，把袭击新丰火车站的任务交给了张正坤的二团。

当时，部队装备十分低劣，无重武器，无攻坚器材，但张正坤有长期的游击战争经验。经过周密调查研究，袭击新丰火车站的策略就在张正坤的头脑中产生了。他命令一、三营在车站两侧担任警戒，观察上海、南京方向的动静，自己领着二营担任主攻。深夜，在机枪的掩护下，他带领数十名战士潜至敌人的炮楼前，而后搭上楼梯，从敌人手中夺取了正吐着火舌的十余支“三八”式步枪。随后他采用土地革命时期在浏阳火烧玉皇殿的办法，指挥战士们用晒簟把炮楼紧紧围住，浇上几桶汽油，把几十个日本鬼子活活烧死在炮楼里，拔掉了这颗在京沪线上的钉子，大灭了日寇的威风。

1940 年，陈毅率苏南主力渡过长江，建立苏北指挥部，张正坤留在苏南坚持斗争。不久，江南新四军组编为 3 个新的支队，直属军部指挥。张正坤任第三支队司令员兼参谋长，辖2000余人，转战江南，继续打击日寇，浴血苦战。

1941年1月，蒋介石制造了震惊中外的皖南事变。新四军军部及江南3个支队共9000余人，在泾县的茂林地区遭国民党军队8万多人的包围。在这危急关头，张正坤受命组成前线指挥部，组织部队突围。在突围中，他指挥部队同敌人激战了7个昼夜。由于敌众我寡，部队伤亡惨重，始终未能突围出来。这时，他的大腿又负了重伤，流血过多，伤势很重，战士们不得不将他抬下火线。途中，与敌军遭遇，不幸被捕。

国民党反动派将张正坤带上脚镣、手铐转到江西上饶集中营，囚禁在七峰岩监狱。国民党第三战区联秘处曾派叛徒、少将副主任刘旦辉和娄子匡多次向他“游说”诱降，但都被张正坤严词斥退。他常对难友们说：“革命是要流血的，要坚持斗争，不向敌人屈服，要向烈士学习！”并与难友们研究，准备组织越狱，不幸被敌人发现，于1941年秋壮烈牺牲于上饶皂头茅湾山上，年仅42岁。

郭陆顺

2014年，郭陆顺被民政部公布为第一批著名抗日英烈。他是冀中回民支队政委，与司令员马本斋紧密合作，率部转战冀中平原。回民支队被冀中军区授予“攻无不克，无坚不摧，打不烂、拖不垮的铁军”的锦旗，毛泽东称部队为“百战百胜的回民支队”。

郭陆顺，1914年出生于浏阳永安镇一个农民家庭。他上过小学，在药店当过学徒。1926年北伐军攻入湖南时，广大农民在中国共产党的领导下，成立农民协会，组织自卫军，郭陆顺与全家参加了农民协会，并担任了乡儿童团长。1927年春，他参加了中国共产主义青年团。

马日事变后，革命形势急剧恶化。国民党反动派大批屠杀共产党员和农协骨干。郭陆顺跟随四哥郭祝遐坚持斗争，毅然参加了中国共产党，并担任了浏阳县丰裕乡共青团团委书记。

1929年冬，郭陆顺参加淳口游击队，后随部队先后编入红军湘东独立师、红六军团、红二军团，历任司号员、通讯员、班长、排长、连指导员、营政委等职。期间，郭陆顺参加大小战斗上百次，负伤十余次，完成了二万五千里长征。在长征途中，他机智勇敢，曾1个人智俘敌人1个班，受到军团首长的表扬。在爬雪山过草地时，经常帮年老体弱的同志扛枪、背行李，大家称赞他是关心同志的好领导。

全民族抗日战争爆发后，郭陆顺在八路军一二〇师三五九旅任团政治处主任。他在贺龙、关向应率领下，参加了晋绥根据地的创建工作。1939年初，随一二〇师来到冀中。后来，军区派他到回民支队任政治委员。

1939年10月，郭陆顺到冀中任回民支队政委时，回民支队刚从子牙河东转战到定县邢邑村。郭陆顺为了把红军的优良传统带到回民支队，经常利用战斗空隙进行整军。他组织部队学习《抗日救国十大纲领》《三大纪律八项注意》《粉碎敌人的军事围攻》等文件……战斗前，他都召集党小组会，号召每个党员要按党员的标准严格要求自己。平时，郭陆顺还善于抓住回民支队中的先进典型英雄人物进行思想教育，开展批评与自我批评，从而大大激发了指战员的政治觉悟和爱国热忱，坚定了在党的领导下抗日到底的决心，使这支部队始终保持旺盛的战斗力。

回民支队组建初期，大部分成员是回族的英雄儿女，随着抗日战争形势的发展，部队战斗任务非常繁重，只靠回族群众补充人员，已经不能满足部队发展需要。1939年初，支队党委作出决定，并报冀中军区批准，大量吸收汉族青年入伍。当郭陆顺来到回民支队后，又来了大批汉族青年。他敏锐地认识到，由于部队成员组成结构上的变化，加强内部民族团结的教育问题，亟需提上日程。于是，他同马本斋研究，为了保持回民抗日武装的旗帜及其在回族、汉族群众中的政治影响，规定这支部队的每个成员，不论回汉各族，一律按照回民的风俗习惯生活；对新入伍的汉族战士加强教育，将尊重回民的风俗习惯作为一条纪律，要求自觉遵守。郭陆顺本人以身作则，带头执行。

长期的战争生活和多次负伤，加上经常熬夜工作，郭陆顺的身体越来越虚弱。警卫员看在眼里急在心里，他发现提醒政委多注意休息没什么用，便想着给郭陆顺加点营养，于是就偷着买了些熟猪肉。郭陆顺知道后，非常生气，严肃地批评了警卫员一顿，命令把猪肉退回去，此外还将他调回冀中军区。郭陆顺和马本斋常到冀中军区开会，吕正操司令员、程子华政委总是热情招待。有的同志向郭陆顺开玩笑说：“郭政委，吃点猪肉解解馋吧！”他委婉谢绝说：“我是回民支队的政委，不论在什么地方都要遵守回民支队的纪律，还是和本斋同志一起吃吧！”这些事，对部队教育很大，政委以身作则不吃猪肉，对汉族战士要尊重回族生活习惯起到了很好的示范作用。

为了严格执行党的民族政策，尊重回族干部、战士的信仰，更好地团结回族群众抗日，郭陆顺和马本斋还研究决定，坚持请伊斯兰教主持教仪的阿訇，负责主办部队的宰杀牛羊和安葬阵亡回族战士的事宜。郭陆顺不仅关心阿訇的生活情况，对他们的政治思想也很在意。他经常向他们宣传党的抗日政策，提高他们的思想觉悟，坚定抗战必胜的信心。在郭陆顺的教育帮助下，有两位阿訇从宗教职业者成长为投身武装抗日的爱国志士。

郭陆顺在回民支队工作期间，正是抗日战争中环境最险恶、战斗最频繁时期。他经常和马本斋共同学习军事著作，钻研战略战术，因而每次制订作战方案时，两个人的见解总是不谋而合。他们率领回民支队转战冀中，以灵活机动的战略战术，多次重创敌人，充分显示出郭陆顺的军事指挥才能。

1940年春，日寇对冀中实行集中“扫荡”，由点到线，妄图摧毁冀中抗日根据地。为了粉碎敌人的阴谋，冀中军区命令回民支队开赴深（州）

南地区，开展对敌斗争和群众工作。

1940年2月中旬，回民支队完成各项准备工作后，从定县的邢邑村出发。4月初，在南花盆打了一个漂亮的伏击战。然而，不久后的贡家台战斗，回民支队失利了。贡家台战斗失利后，敌人借机大肆宣传，说“回民支队被消灭了”。为了粉碎敌人的欺骗宣传，郭陆顺和马本斋都认为：光解释是不够的，回民支队要在群众中树立起威信，必须想办法打几个胜仗。于是，便出现了巧妙的康庄伏击战和随后传奇式的榆科战斗。

康庄是衡水县城至安家村据点之间的一个村庄，这里是敌人巩固的占领区，部队地方工作异常薄弱，回民支队从未到过这里。郭陆顺和马本斋根据前期收集的情况制订了详细具体的作战方案，决定采取围点打援的战法。作战前他们进行了严密的部署：第一大队全部死死围住安家村之敌，于拂晓前开始积极佯攻，如敌南逃，坚决消灭之。第二大队、直属队、衡水县大队五中队全部，埋伏在康庄村内及公路两侧的麦田里，妥善伪装隐蔽好，不准暴露目标，不管发生任何情况，没有指挥员的命令，不准开枪，规定3发信号弹为号。同时在康庄村南指挥所附近派人窃听敌人的电话联络，准备随时切断电话线。公路两侧是深沟，构成袋形的埋伏圈。

果然，衡水之敌从城里出来了。先头为满载日军的两辆汽车，炮兵和伪军徒步北进。在康庄村南，敌人突然停住了，日军跳下汽车，然后汽车返城去了。部队密集分布在公路上，日本中队长登上村南土窑用望远镜向康庄观察，并用火力侦察。打了一阵枪炮，未发现任何异常情况，随后带着日军沿公路向北前进。这样一来就钻进了郭陆顺他们设计的“口袋”。

待敌全部进入包围圈，3发信号弹腾空而起，伏兵四起，集中向公路冲击。日伪军在公路上无藏身之地，除被击毙者外，都跳到沟里成了瓮中之鳖。

康庄伏击战的胜利大大鼓舞了士气，增强了回支战士在艰苦环境中斗争的信心，取得了新地区如何打胜仗、如何开展地方工作的经验。它同时振奋了群众抗日斗争的激情与勇气，深南地区更加活跃起来了，晋察冀军区聂荣臻司令员高度赞扬回民支队是“能征善战”的队伍。

榆科是距深县县城5公里的一个日伪军据点，有伪军五六十人和日军1个小队，是插入根据地、破坏地方工作的一把尖刀。支队对该据点进行细密的侦察，掌握了全部敌情、地形、周围及该镇的群众情况后，决定拔掉这个钉子。郭陆顺和马本斋都认为智取胜于强攻，于是决定首先派政治部敌工科干事化装潜入榆科据点做内应工作，同时抓紧进行这次战斗的各项准备。

如何智取呢？在研究具体作战方案时，郭陆顺和马本斋一致认为伪军从心理上就惧怕日军，对日军奴颜婢膝，唯命是从，毕恭毕敬，一副走狗奴才像，如化装成日伪军的“扫荡”队，白天从公路上大摇大摆地走向榆科进行奇袭，成功的可能性很大，但也要冒较大风险，关键在于做好保密工作。方案定下来之后，支队精选机智勇敢、冷静沉着、随机应变、灵活果断的优秀指战员百余人，用康庄战斗中缴获日军的服装、鞋、帽、膏药旗等进行化装，饰日军的一律配日式武器，有机枪 3 挺、掷弹筒 3 个，三八式、“王八”盒子等装备齐全，武器占绝对优势。此外还专门挑选了“日军小队长”“翻译官”，最后组成乔装的日军 1 个小队共 40 余人，特务队 20 余人。按照前期部署的要求，部队派人将电话线割断了，榆科伪军的瞭望哨看到公路上来了“日军扫荡队”，忙向伪警备队长报告。伪军摸不清这支“日军”从何处而来，事先没通消息，但又怕怠慢了“皇军”吃罪不起，无奈之下只得排队出迎。待伪军在村东口整队完毕，乔装成特务队的战士穿队而过，乔装成日军的队伍则走到伪军队列当中。战斗打响后，奇袭队速战速决，当敌人的大部队赶来时，支队的人早已走远了。

康庄战斗、奇袭榆科以及其他漂亮仗，提高了回民支队的声誉，大大鼓舞了深南群众抗战的热情。据资料记载：当时的深南地区，掀起了参军的高潮，许多村庄的自卫队、青抗先（即青年抗日先锋队）成队入伍。回民支队在深南近一年的时间里，参加回民支队的青年男女达 1000 多人。

在深南的一年多时间，是回民支队战果辉煌的一年，充分显示了马本斋、郭陆顺的军事指挥才能和回民支队英勇善战的顽强作风。1940 年 10 月，冀中军区第三次政治工作会议，奖给战功卓著的回民支队一面锦旗，上面写着：“攻无不克，无坚不摧，打不烂、拖不垮的铁军。”毛泽东也称回民支队是“百战百胜的回民支队”。

1942 年，是冀中抗日最艰苦的一年，华北日伪军加紧了“治安强化”运动，实行“点、调、路、沟、墙五位一体”的囚笼政策，给回民支队造成了严重困难。3 月初，回民支队奉命在建国、交河，以及冀南地区的阜城、景县等地活动，反击敌人“蚕食”冀中、冀南的阴谋。

4 月 26 日，马本斋、郭陆顺率回民支队来到交河县，一大队在陈庄宿营，马本斋、郭陆顺率司令部机关驻在西高屯。27 日拂晓，交河、泊镇之敌千余人袭击陈庄。一大队坚决阻击敌人，连续打退了敌人数十次冲锋。下午两点多钟，郭陆顺与马本斋商量，他要去陈庄指挥战斗。马本斋劝他不要去。郭陆顺开玩笑说：“这批鬼子的武器太好了，送上来的肥肉，可不能让你一个人吃掉了。”郭陆顺来到陈庄，详细询问战斗情况，指示一大队要尽快把敌人丢下的枪支弄过来。他来到阵地前沿，观察敌人动向，不幸被一颗流弹击中他的头部，英勇牺牲，年仅 38 岁。

全国解放后，河北省民政厅于 1952 年把郭陆顺的灵柩迁入石家庄“华北区烈士陵园”，安葬在苍松翠柏丛中。

李 白

2009年9月14日，李白被评为100位为新中国成立做出突出贡献的英雄模范之一，他是电影《永不消逝的电波》的主人公原型。

李白，又名李朴、李霞、华初，化名静安，1910年5月1日出生在浏阳张坊镇一个贫苦农民家庭。当时，李白家乡以手工造纸著称，父亲农闲时，代人运销纸张，挣点微薄收入补助家用；母亲除忙于家务外，还要去纸棚干些零活。虽终年劳累，仍不得温饱。李白6岁入学，因家贫，读完初小就辍学了。为了减轻父母的负担，他不满13岁就到一家染布坊当了学徒。

1926年，浏阳人民在党的领导下，掀起了工农革命的高潮。李白的家乡成立了农民协会和纸业工会。正在苦难中挣扎的李白一家，如黑夜漂泊的行船见到了灯塔，奋勇地冲向那革命浪涛之中。李白和父母都积极参加了当地纸业工会领导的各项活动，向槽主恶霸展开了斗争。白天，李白提着石灰桶，拿着笋壳笔，在各村的墙头上奋笔疾书“工友农友联合起来！”的标语；晚上便和农民自卫军一起站岗放哨，保卫胜利果实，很快成了这一带工农运动的骨干力量。

马日事变后，反动军官许克祥派重兵血洗浏阳东乡。在当地党的领导下，东乡人民向敌人进行了不屈不挠的斗争。李白参加了以纸业工人为主体的地下游击队，他们日伏夜出，打击进犯之敌。1928年，李白加入了中国共产党。

1930年7月，红三军团攻打长沙时，李白参加了工农红军，当了一名通信员。接着，参加了红一方面军攻打长沙的战斗，随后转战江西苏区。1931年初夏，李白被调到党中央第二期电讯学习班学习。他学习刻苦，成绩优异，结业后分配到前方电台任台长兼政治委员。在几次反“围剿”斗争中，他带领全台同志，经常冒着生命危险，日夜坚守在岗位上，保证了电台的安全和通信联络的畅通，为一次又一次战斗的胜利，做出了重要的贡献，曾多次得到上级的表彰。

1934年10月，他参加了二万五千里长征。在艰苦的行军中，尤其是爬雪山、过草地的时候，他总是带头背电台、扛枪支，团结全台同志，克服重重困难，圆满地完成了艰巨的通信任务。

1937年10月10日，受中共中央委派，李白潜入上海设立秘密电台，他化名李霞，住进了贝勒路（现黄陂路）148号3楼一间小阁楼里。为保证李白安全，上海党组织选派了纺织女工裘慧英做李白的“妻子”，两人在工作中逐渐产生爱情，后来正式结为夫妻。

1938年春，李白所负责的秘密电台正式启用，但灯光的亮度、电键的声音、电波导致附近居民的电灯忽明忽暗。李白把发报机的功率降至30瓦，但功率太小发出的电波微弱，难以传达到2000多公里外的延安。经过反复研究，李白终于摸索出一套发报规律，他用收音机的天线作为掩护，选择在人们都已入睡、空中干扰和敌人侦察相对较少的零点至四点之间为通报时间。

上海和延安之间的“空中桥梁”终于架起来了。当时电台功率很小，但仍能把电报发到千里之外的延安，而且信号清楚。解放后，苏联情报电讯专家采访裘慧英，得知这一情况后感到不可思议。

1941年12月，太平洋战争爆发，日军占领了上海的西方租界区，加紧了对秘密电台的侦测搜捕。1942年中秋节的前一天深夜，日特机关确定电台方位后，突然砸门闯入。李白听到一楼有动静，马上收好天线并藏起机器。狡猾的特务最终从地板的隔层里搜出了电台。

在宪兵司令部里，特务对李白夫妇严刑拷打，逼问李白：你到底是受延安指派，还是重庆方面（国民党）指使。原来日本人并没有掌握情况，李白一口咬定自己是做生意的，电台主要用来了解商业行情。当时的确有不少这样的商用私人电台，日本特务一时无法断定真假，只好先将裘慧英放了，这个案子遂成“无头案”。半年后，地下党通过关系，终于将李白保释出狱。

1943年5月，李白出狱后，被敌特严密监视，无法开展工作。但他在狱中的表现，使敌人误以为他是个与重庆方面（国民党）有关系的商人，想把他网罗过来。在党组织认可后，李白将计就计答应了敌特的要求，前往浙江淳安县国民党军委会国际问题研究所当报务员，并利用这一电台向党组织发报。

1945年春，党组织安排李白夫妇转移到浙江场口待命。不久，战事逼近场口一带。为安全起见，李白夫妇再次奉命离开场口，前往淳安。他们带着电台乘一艘交通船刚抵淳安，一群国民党兵就上船例行搜查，电台立即被搜出。当敌人用枪逼着李白审问时，李白镇定自若从口袋里掏出证件，说明自己是用于经商，但敌人仍然不由分说把他扣押起来。由于李白的机智，敌人没有发现任何破绽，后经地下党组织派人出面交涉，他们夫妇再次脱离了虎口，并于当年10月重返上海滩，将电台安置在虹口区。

为了秘密电台的安全，李白在上海曾先后辗转了卢湾、静安、徐汇、虹口四个区，换了六处住所，最后一处住所为黄渡路107弄15号三楼（当时的国民党国际问题研究所宿舍），故意靠近淞沪警备司令部。1948年春，在毛人凤的操纵下，以毛森为头的上海特务组织加紧破坏地下党组织。12月29日晚，李白在向党中央拍发长江防务等情报时，被敌人测出电台位置。在敌人重重包围中，李白镇定地发完电报，销毁了密码。敌人在淞沪警备司令部刑讯室对李白进行了连续30多个小时的刑讯，一共使用了老虎凳、拔指甲、灌辣椒水等36种酷刑。1949年4月22日，李白在狱中写了一封家书给裘慧英，叮嘱她好好抚养小孩，这封信成了李白最后的绝笔。

1949年5月5日，蒋介石向毛人凤下达了最后处置指示："坚不吐实，处以极刑。"1949年5月7日晚，毛森亲率特务将李白等12位中共党员押往浦东戚家庙秘密杀害。李白牺牲时年仅39岁，离上海解放的日子仅20天。

为了颂扬李白光辉战斗的一生，八一电影制片厂特摄制了影片《永不消逝的电波》在全国各地放映。2019年10月13日，《永不消逝的电波》中的经典片段在中央广播电视总台全新推出的大型文化节目《故事里的中国》中催泪上演。

欧阳予倩

他是中国戏剧运动和戏剧教育事业的前导，中国话剧艺术的主要奠基人，中国戏剧艺术革新的先驱。他从1916年开始从事京剧的创作和演出活动，历时15年。一时与京剧大师梅兰芳齐名，被誉为“南欧北梅”。

欧阳予倩原名立袁，号南杰，1889年5月12日出生于浏阳淮川街道一个书香世家。自幼跟着祖父读书，后入湖南明德中学，15岁时到日本，先后就读于成城中学、明治大学商科和早稻田大学文科。

欧阳予倩的青少年时代，处在清王朝即将崩溃、辛亥革命酝酿爆发的年代。戊戌六君子中的谭嗣同、唐才常皆为其祖父——晚清著名学者欧阳中鹄的学生，唐才常又为其蒙师，所以他从小就受到维新变法进步思想的熏陶。留学日本后，又受到民主进步思想的影响，更加深了他对清朝封建统治者的仇恨。在与西方文化的接触中，他看到了艺术在民族觉醒中的巨大作用，便毅然放弃了从戎、务商打算，决定选择艺术作为自己救国的毕生事业。

从1906年开始，欧阳予倩开始投拜名师，业余自学京剧。1907年，他在东京参加了春柳社，演出文明戏，宣传民主进步思想，揭露社会的黑暗和腐败。回国后，又积极参加并组织话剧演出团体，为南国社重要成员，编导并演出了几十个话剧，成为中国话剧运动的奠基者、开拓者之一。

欧阳予倩是在京剧界、话剧界享有盛名之后，半路出家投身影坛的。1926年，经卜万苍介绍，他参加了上海民新影片公司，编写了《玉洁冰清》，编导了《三年以后》《天涯歌女》，这三部都是无声片。

完成了《天涯歌女》后，欧阳予倩暂离电影界。1929年至1931年，在广州创办广东戏剧研究所。1932年冬，先后到法国、英国、德国和苏联进行艺术考察，参加了苏联第一届戏剧节。1933年底回国后，参加了十九路军、福建人民政府的抗日反蒋活动，失败后东渡日本。1934年秋，欧阳予倩回到上海，应新华影业公司邀请，编导了第一部有声片《新桃花扇》。

1935年7月，欧阳予倩进入明星影片公司，先后担任编剧科负责人和编剧委员会主任。同时，编写和导演了《清明时节》《小玲子》和《海棠花》三部影片。继之，欧阳予倩为联华影业公司编导了讽刺喜剧片《如此繁华》，讥讽当时上海一些所谓“体面人”醉生梦死、荒淫无耻的丑态。

在党的抗日民族统一战线的号召下，在全国抗日民主运动高潮的推动下，欧阳予倩自觉积极地投入到党领导下的抗日救亡活动中。1936年1月，欧阳予倩与蔡楚生等人一齐发起成立了上海电影界救国会。七七事变后，欧阳予倩参加了中国剧作者协会和上海剧团联谊社主持的《保卫卢沟桥》公演，任导演委员会成员；参加了上海市文化界救亡协会，任理事；参加了电影界工作人协会，任常务委员；参加了上海电影编剧导演人协会，任理事。这一时期，欧阳予倩以极大的爱国热情把自己的创作活动与抗日救亡运动紧密结合起来，除编写、导演了不少旨在宣传抗日救国的话剧、京剧外，还编写了轰动“孤岛”（上海租界）的古装影片《木兰从军》。

《木兰从军》是欧阳予倩1938年为华成影片公司编写的剧本，由卜万苍导演。创作时，欧阳予倩没有拘泥于家喻户晓的民间故事，参照史书记载，虚构了一些情节，不仅写出了花木兰智勇双全的性格和在祖国危难时挺身而出的爱国行动，还让她在军中订出了“不许贪赃枉法，不许欺侮百姓，不许临阵脱逃，不许营私舞弊”的法规，让她与士兵们同甘共苦，通过花木兰周围几个宽袍阔袖的人物，巧妙地讽刺了卖国贼、两面派和动摇分子。这部影片，借古喻今，歌颂了中国人民的爱国气节，反映了当时广大人民反抗侵略、渴望胜利的心声，起到了宣传抗日、鼓舞人心的作用。《木兰从军》于1939年2月公映，立即打破了当时的卖座纪录，盛况空前。“太阳一出满天下，快把功夫练好它，强盗贼来都不怕，一同送他们回老家。”影片中的这首儿歌，在上海“孤岛”的街头巷尾此起彼伏，传唱很久。影片《木兰从军》的成功，带动和促进了一批以历史故事为题材的爱国影片在上海“孤岛”产生，是欧阳予倩对上海“孤岛”时期电影创作的重要贡献。

全民族抗日战争时期，是欧阳予倩创作最旺盛的时期。除电影创作外，还编写和导演了二十几个话剧和京剧。1938年，欧阳予倩到桂林任广西艺术馆馆长，在那里迎接了抗战胜利。

抗战胜利后，国民党反动派积极发动大规模内战。为了扩大反共宣传，强迫各电影公司拍摄所谓“戡乱”影片。在中国共产党领导下，进步电影工作者拒绝编写和拍摄“戡乱”影片。欧阳予倩回到上海后，也积极投入到反内战的斗争中，为昆仑影业公司编写了《关不住的春光》。

《关不住的春光》，描写一个要求进步的女青年由于幼稚软弱，陷入泥潭不能自拔，后在一些进步朋友的帮助下，清醒振作起来，重新投入新的斗争生活。影片说明要求解放的进步思想如春光一样，是任何力量也关不住的。不久，欧阳予倩为大同电影企业公司编写了《弱者，你的名字是女人》，由洪深、郑小秋导演。此片通过两姐妹的受骗遭遇和觉悟过程，批判了她们软弱、贪图享受的毛病，肯定了妇女应当寻求自身解放、独立生活的道路。

由于国民党反动派加紧了对欧阳予倩的纠缠和迫害，他不得不南下香港。在香港，欧阳予倩为大光明影业公司导演了以群编写的影片《野火春风》，又为南群影业公司导演了夏衍写的《恋爱之道》，这是他导演的最后一部影片。

《恋爱之道》以两代人的生活和婚姻为线索，描写了从北伐战争开始到抗日战争结束这一历史时期一个小资产阶级知识分子所走过的曲折道路。这部影片投入拍摄，正是淮海战役取得胜利，国民党迅速崩溃的时候，欧阳予倩在《恋爱之道》特刊上写道："当这部片子在观众面前放映的时候，一个新中国已经不是希望和理想，而是现实、铁的现实了！……我就以这片子送走这可诅咒的旧中国，迎接人民的新中国。"

从《玉洁冰清》到《恋爱之道》，欧阳予倩共编导了 13 部影片。从内容上讲，这些影片基本上是以反对封建制度、反对帝国主义侵略、反对军阀统治为内容的，具有鲜明的时代特点和进步的民主主义倾向。从艺术风格上看，这些影片多是从现实生活中提炼素材，通过一个中国式的家庭悲欢、婚姻离合故事来反映较广阔的社会生活，擅长于刻画被压迫被欺凌的善良女性，情节曲折，引人入胜，写情委婉细腻，感染力强，具有朴素浓郁的民族特色，多数为观众喜闻乐见。

电影创作不过是欧阳予倩艺术生活中的一小部分。他更多地则是从事戏曲、话剧的创作、导演、表演活动和这方面的理论研究工作。

早在 20 世纪 20 年代，他就开始尝试改良京剧，编写过《卧薪尝胆》《渔夫恨》《黛玉葬花》等二十几出京剧，其中多数是他自己演过的。1938 年在桂林任广西艺术馆馆长时，还编过一些桂戏。在话剧方面，在日本留学时，他就参加春柳社演出过《黑奴吁天录》《猛回头》《社会镜》等文明戏。回国后，又参加了新剧同志会、文社等。1913 年，他创作了第一个剧本《运动力》，讽刺当时的贿选议员。1922 年，参加戏剧协社。1926 年，参加田汉主办的南国社。1929 年到 1931 年在广州办戏剧研究所期间，写了《屏风后》

《车夫之家》《买卖》等6个独幕剧。此外，还写了《杨贵妃》《刘三妹》两个歌剧。1932年写了《不要忘了》《同住的三家人》。全民族抗日战争时期，写了《团长之死》《青纱帐里》《曙光》等配合抗日救亡运动的剧本，以后又写了《忠王李秀成》《桃花扇》等。这一时期，他导演了约20个话剧。

中华人民共和国成立后，欧阳予倩主要致力于戏剧教育工作，曾任中央戏剧学院和中央实验话剧院院长、中国文学艺术界联合会副主席、中国戏剧家协会副主席、中国舞蹈工作者协会主席、中国电影工作者协会理事，并被选为全国人民代表大会代表。1955年，欧阳予倩加入中国共产党。

晚年，欧阳予倩在致力于戏剧教育的同时，努力总结几十年的实践经验，整理编写了《予倩论剧》《欧阳予倩剧作选》《一得余抄》《自我演戏以来》《电影半路出家记》《唐代舞蹈》等宝贵著作。

1962年9月，欧阳予倩因病在北京逝世，享年74岁。

王人美

她是中国第一部国际获奖影片《渔光曲》的女主角，正因如此，她的名字永远留在了中国电影百年发展史上。不过除了电影，应该说王人美与中国近现代流行音乐史，有着更深的渊源。这个在上海滩成长、成熟，进而成名的女子，其非同一般的家世和经历，本身已是一部传奇。

王人美，祖籍浏阳大瑶镇，1914 年 12 月出生在长沙一位教师家庭里。其父王政枢，号立庵，任教于湖南第一师范学校，是当时有名的数学教员。他不仅数理优异，而且通古文、擅书法、会医道。青年时代的毛泽东曾是他的学生，并且深得赏识。彼时，毛泽东常常去老师家里求教，因而和老师的儿女熟识。一群年纪相仿的年轻人总是在一起读书或玩耍，并以兄弟姐妹相称，毛兄长的处事稳重，心细如发，给作为小妹妹的王人美留下了深刻的印象，童年时不经意的往事，却在日后王人美自己的人生道路上产生了深远影响。

就在这样端庄正派的家风环境中，王人美度过了无忧无虑的童年时光。几乎任何事都有父辈或兄长替她悉心安排，而父亲治学之严谨、哥哥们求学之热情，都在她尚且柔嫩的心灵植下良好榜样。王人美此时所感受到的一个大家族的关怀温暖，帮助她形成了豁达积极的人生态度，也悄悄成就了这个小女子坚韧开放的个人性格。还在小学一二年级时，只有七八岁的王人美对于学堂里的音乐课就特别感兴趣。只要身边琴声飘荡，她立刻就能收起孩童调皮贪玩的心，静下来跟随老师的节拍开唱，像《湘累》《满江红》《苏武牧羊》《木兰从军》等唱词，都是在那个时候，她就耳熟能详了。从此她的未来便和中国近现代流行乐坛结下不解之缘，却是这个唱起歌来兴高采烈的小姑娘始料未及的。

王人美的长兄王人旋、次兄王人路都是中国近现代文化史上的重要人物，但对于王人美艺术生涯影响最大的则是三哥王人艺。他是中国著名的小提琴教育家，聂耳、周文中、盛中华、潘寅林、钱舟等几代音乐家都曾受其点拨培养。1927 年，王人路将喜爱音乐表演的弟弟王人艺与妹妹王人美带到了上海。而对于王人美来说，进入上海，就是一步切入了中国流行音乐文化的腹地。王人路把弟弟妹妹托付给了好友黎锦晖，原因是黎锦晖在那个阶段正在为实现其梦想而努力尝试：创办一个集学员培训、剧目创作及巡回演出为一体的明月歌舞剧社。

如果说，上海这座半殖民化都市中西交融的文化背景为王人美提供了一片空旷而丰饶的土壤，那么黎锦晖就是孕育栽培属于中国自己的流行音乐的园丁。王人美自此开始接受正式的艺术培训，先后包括视唱练耳、乐理、和声、钢琴、舞蹈等专业课程的训练。这一部分的准备工作，对她日后的演艺发展是不可或缺的。在明月歌舞剧社中的实践演出，让王人美得到了很好的磨砺，包括心理素质、身体素质、音乐素质各个方面都日渐成熟。凭借幼年良好的教育基础和自身的天资聪颖、敏慧好学，王人美很快成为明月社“四大天王”之一。

1932 年，黎锦晖的明月社转入联华影业公司，于是王人美得到了进入电影界发展的机会。她一上银幕就吸引起观众的注意和兴趣。当时，千篇一律的家庭伦理片和荒唐怪诞的神奇武侠片充斥银幕，广大观念感到厌烦，希望看到新的形象。而王人美继拍摄第一部影片《芭蕉叶上的诗》之后，便在《野玫瑰》中扮演了一个毫无脂粉气的鱼行杂工的女儿小凤的形象，她那种泼辣大胆、纯洁、朴实的性格，不仅吸引了剧中的青年画家，也赢得了观众，尤其是青年学生的赞赏。这个形象似一朵香气扑鼻的野玫瑰，在银幕上大放异彩。

1933 年，在蔡楚生编导的《都会是早晨》中，王人美再次同观众见面。在这部影片中，她扮演了车夫女儿兰儿的角色，演得清新自然，健康明朗，把兰儿质朴乐观、泼辣大胆、疾恶如仇的劳动人民的优秀品质和独特的性格，生动地展示出来。通过这部影片，她开始形成自己简洁、粗犷、真实、自然的表演风格。

在《都会的早晨》处于紧张拍摄之际，蔡楚生开始酝酿《渔光曲》的创作，并且确定由王人美扮演该片主角。王人美满怀真挚的同情和热爱，在《渔光曲》中塑造了贫苦的渔家女儿小猫的形象。这个形象既有她以前创造的艺术形象的泼辣、粗犷、健美，又有其独特的个性。《野玫瑰》中小凤的天真、烂漫、富于幻想，乐观的调子浓些；《都会的早晨》中的兰儿比较稚嫩；而小猫由于挑着生活的重担，为谋生而奔波，所以显得比较老练。王人美准确地把握了人物的性格特征，真实、生动地创造了这个形象。她演唱的主题歌《渔光曲》，深深地打动了观众的心，这支歌很快受到广大群众的喜爱，成为当时传遍全国、家喻户晓的流行歌曲之一。这部影片于1934年公映后，轰动了上海，连映84天不衰。1935年，苏联电影工作者俱乐部在莫斯科举行了国际电影节，该片在这个电影节上获得荣誉奖，这是我国第一部在国际上获奖的影片。

王人美在谈到自己的表演时曾这样说："从我演过的角色中，如《野玫瑰》中的小凤，《都会的早晨》中的兰儿，《渔光曲》中的小猫，无论在年龄上、性格上、气质上都很接近我自己，这样就使我容易理解和接近角色。"应该承认这是一个因素，但还有一个重要因素，就是她能够做到"爱艺术中的角色，而不是爱艺术中的自己"。比如，小猫脑后的一条大辫子，她认为这就是小猫，而不去考虑这条辫子是否好看，是否影响了她的美。

1935年，王人美加入了党的地下组织直接领导的电通影片公司，参加拍摄了田汉编剧的《风云儿女》，在影片中扮演流亡少女阿凤。翌年，又在新华影业公司参加拍摄了《壮志凌云》，扮演在抗敌斗争中英勇献身的北方农村姑娘黑妞。

正当她在电影表演艺术上不断探索、不断前进的时候，日本帝国主义发动了对中国的全面侵略战争。1937年8月，王人美怀着对敌人的强烈仇恨，参加了以七七事变为主题的大型话剧《保卫卢沟桥》的演出。她拒绝为日本侵略者拍片，为了躲避日军的纠缠，她历尽艰辛，颠沛于香港、桂林、昆明、重庆之间。在抗日战争期间，她除了于1941年参加拍摄了描写战时空军生活的影片《长空万里》以外，主要从事话剧活动。她参加了昆明的大鹏剧社，曾在郭沫若的历史剧《孔雀胆》中扮演阿盖公主，还参加了《天国春秋》等剧的演出。

抗战胜利后，王人美回到上海，先参加上海实验电影工场，后进昆仑影片公司。1948年，她参加了欧阳予倩编剧的《关不住的春光》的拍摄，扮演小资产阶级知识分子妇女梅春丽。这是一个要求进步，但秉性软弱、思想又有些糊涂的小资产阶级知识分子，王人美很好地表现了这个人物由忍辱到苦闷，由苦闷到反抗的思想变化过程。

全国解放后，她返回上海，投入了人民电影事业的建设。1951年，她在长江电影公司参加拍摄了《两家春》，扮演村妇联会主任灵巧。这是她第一次扮演新时代的人物，经过努力，较好地创造了这个朴素的农村妇女干部的形象。这部影片被文化部评为"1949年—1955年优秀影片"。

随后，她进北京电影制片厂工作。20世纪五六十年代，她先后参加了《猛河的黎明》《青春的脚步》《探新记》《青春之歌》等影片的拍摄。

粉碎“四人帮”后，她已年过六旬，但壮心不已，决心把自己的晚年继续献给祖国的艺术事业。1979年，她与人合作导演了曹禺的名剧《日出》。

王人美在银幕上创造了令人难忘的艺术形象，为中国电影艺术的发展做出了贡献。解放后，她在政治上不断严格地要求自己，1980年，她光荣地加入了中国共产党，实现了自己多年的愿望。1983年，王人美被增选为第六届全国政协委员、中国电影家协会理事。

1987年4月23日，王人美因病在北京逝世，享年72岁。

黎　鳌　黎介寿　黎磊石

他们是从浏阳枨冲镇一个家庭中走出的三位院士，他们拥有一个医学界绝无仅有的传奇。大哥黎鳌是著名的烧伤外科专家，亲手创办了中国第一个烧伤病房，人们尊他为中国烧伤学界的泰斗；二哥黎介寿，被人称作中国肠外瘘治疗的鼻祖，他是亚洲同种异体小肠移植的开拓者；老三黎磊石，他所开创的中国肾脏病学，已跻身于世界先进行列。

黎鳌：中国烧伤学、创伤学主要奠基人之一

1917 年 5 月 4 日，老大黎鳌出生。因其母周霞生他前梦见一条大鱼而起名黎鳌。1923 年秋天，父亲黎溥棠把 6 岁的黎鳌送进了长沙广益小学。黎家是书香门第，虽然不富裕，可是满屋书香。后来，黎鳌又来到上海大夏大学附中读书。又该交学费了，黎溥棠翻遍了全身，兜里的铜板加到一块儿也不够交学费的。他左看右看，身边唯一一件值钱的东西就是那件心爱的皮袍子了。他经常咳嗽，冬天就靠这件皮袍子御寒了。可是，如果舍不得这件皮袍子，黎鳌就不能念书了。黎溥棠是个文化人，拖欠人家的学费实在抹不开脸。于是，他忍痛把皮袍子送进了当铺，用当皮袍子的钱为儿子交清了学费。

1935 年 8 月，黎鳌听从父亲意愿，考入国立上海医学院。1941 年毕业后，被分配到江西中正医学院任助教。1948 年，黎鳌出任外科副教授。1949 年 8 月，中正医学院改名为南昌医学院。同年 10 月，南昌医学院与第四野战军医学校合并为华中医学院迁往重庆，后几度变革易名，于 1975 年 7 月改名为第三军医大学。黎鳌以后一直在第三军医大学工作。早在医学院当学生时，黎鳌非常迷恋骨科。可是，自从在南昌一次夜间出诊时将右手掌骨摔脱臼后，黎鳌感到自己的右手已经没有力量为病人正骨，便在众多的医学门类里选择了普通外科。随着黎鳌医术的日臻成熟，他的名气也越来越大，被誉为“黎氏一把刀”。

20 世纪 50 年代，因为“大跃进”大炼钢铁，烧伤病人一下子多了很多。1958 年秋天，第七军医大学校党委决定在西南医院普通外科设置 6 张病床，

由黎鳌挂帅，成立烧伤救治小组。黎鳌就是这样走上了治疗烧伤的道路的。

万事开头难，由于烧伤病人最初大多死于休克，他就一遍又一遍地测着病人的血压，数着病人的脉搏，试着病人的体温，量着病人析尿量，将病人的生命指征准确地记录在病历上。在那些日子里，黎鳌每天吃在病房、睡在病房、工作在病房。一个大面积烧伤病人起码要抢救几十天。白天，黎鳌在病人床头抢救病人，晚上就在病房走廊里铺个凉席席地而卧。护士长心疼地劝他："黎主任，地上太凉了，您还是回家睡吧，病人有事我们打电话叫您！"黎鳌却说："不行，烧伤病人病情变化很快，在家里睡觉我不放心！"

1966年，四川合江县钻井队发生井喷，十万火急，钻井队向第七军医大学求援，黎鳌率领一支精干的救治小组，马不停蹄地赶到合江。刚刚发生过井喷的现场，空气中还弥漫着烧焦的气味儿。黎鳌在简陋的病房里抢救着伤员，看到石油工人们被火烧得变了形的皮肤，他的心揪得生疼生疼。他使出浑身解数向死神宣战，抗感染、抗休克……过去在病房值班，还可以在椅子上躺着打个盹儿，可是在钻井现场，几十个病人赤条条躺在他的面前，创面感染了，在炎热的气候下发出难闻的气味儿，呛得他喘不过气来，他连眼睛都不敢眨一下，聚精会神地观察着病人的病情变化。

整个救治小组把黎鳌当成了主心骨，他们一丝不苟地测量着病人的体温、血压、脉搏，用什么药，输多少液体都要向黎鳌请示。黎鳌像一个陀螺在高速运转，他一会儿在这个重伤员面前守候几个小时，一滴一滴地数病人的尿量；一会儿到那个重伤员面前换药，药换完了，他摘掉口罩，人就像从水里捞出来似的。不知过了多少个不眠之夜，被烧伤的石油工人们终于转危为安了。

"文化大革命"中，黎鳌曾被下放到军马场劳动。从军马场回到上海，黎鳌教了一段时间的书，他发现当时的中国还没有一本正规的《烧伤治疗学》，学生们对于烧伤学的了解只是在学外科学时偶然提到一下。于是，他决定著书立说。经过1000多个不眠之夜，70多万字的书稿终于诞生了。现在，黎鳌主编的这部《烧伤治疗学》已经成为我国烧伤学科的一部权威著作。

1978年，他又全身心地投入到烧伤实验室的重（扩）建工作中，组建了生物化学、细菌学、免疫学、病理生理学、病理解剖学、细胞生物学等实验室。在他的主持和领导下，第三军医大学全军烧伤研究所实验室率先在国内开展了吸入性损伤、烧伤感染、烧伤免疫、延长异体皮成活时间、表皮细胞培养等项目的理论及实验研究。历经十多年的努力，该单位已成为国家及军队的重点开放实验室、我国主要的烧伤理论研究基地之一。

我国烧伤研究之所以能够成为在国内外颇具影响的一流学科，那是因为有一支高水平的科技干部队伍。为了这支队伍的成长壮大，黎鳌也倾注了心血和汗水。1986 年，他担任三医大副校长后，主动辞去了烧伤研究所所长的职务，全力做好学术带头人，他在军内外都担任了烧伤学会的重要职务，在国内外具有较高的知名度和学术地位。

1994 年黎鳌荣获美国烧伤协会“伊文斯”奖，并当选中国工程院院士。1999 年 8 月 21 日，黎鳌因病逝世，享年 82 岁。

黎介寿：中国肠外瘘治疗的鼻祖

1924 年 9 月 13 日，长沙市望麓园四号老宅，并不富裕却是书香门第的黎家又有一男孩诞生。这天，正值黎母生日，父亲黎溥棠想起《诗经》“为此春酒，以介眉寿”，便为孩子起名介寿，以表达为母祝寿之意。因父亲过早去世，家境贫寒，加之日寇入侵战乱四起，他读到高中二年级时被迫辍学。然而困难并没有泯灭黎介寿求学之心，在哥哥的帮助下，他到一家医院做检验练习生，白天刷瓶洗玻片，晚上复习功课。1943 年，他以同等学力考上了几所高等学校。因拿不出旅费与学费，他舍弃了学工的志愿进入了当时称为“公医”的国立中正医学院。

1948 年 6 月，他完成了大学的学业，并于当年 7 月考入南京中央医院（现为南京军区南京总医院）实习。1949 年 4 月南京解放，他加入了解放军，从此在外科领域开始了他的辛勤耕耘和毕生追求。

肠功能障碍治疗是公认的世界难题，而黎介寿却敢于吃螃蟹，善于啃硬骨头，并且在这条路上“一根肠子走到底”。

1962 年，黎介寿所在的普外科收治了一名肠梗阻引起肠绞窄的 14 岁男孩，必须马上手术。可是，打开病人的腹腔，只见整个小肠已全部发黑。一般的热敷、的卡因注射，无济于事；全小肠切除，病人生命将会因为失去营养而无法延续。下一步该怎么办？科主任没辙，只好中断手术，临时召集大家紧急商讨方案。可大伙儿除了叹息、摇头，只有长时间的沉默。时间一秒一秒过去，大伙儿的心越揪越紧。

“主任，肠子不能切，我想可以给他用苄胺唑啉，” 在大家都一筹莫展之际，黎介寿打破难耐的沉默，“这种药既然能扩张肢体的动脉痉挛，也应该能改善肠动脉的痉挛，应该大胆试一试。”

“关肚子，按黎医生的方案办！”科主任听后有如醐醍灌顶。

医生们飞快给患者缝合肚皮。手术室出来后，这个病人就交由黎介寿负责。

接下来的整整3个月，黎介寿每天守在病人身边，时刻处于高度紧张状态：病人一会儿肠子坏死，一会儿肠黏膜溃烂，一会儿肠溃疡出血，一会儿肠吸收功能不全……黎介寿便一会儿消炎，一会儿切除新坏死的肠段，一会儿止血……硬是把患者从死神手中拽了回来。

病人肠道功能严重障碍时营养无法供给，影响手术的正常进行和治疗效果。1970年的一天晚上，在阅读《美国外科妇产科杂志》时，他看到一则外国医学专家对一个先天性腹壁缺损的婴儿应用静脉营养、使这个婴儿存活8个月的报道，突发奇想：肠瘘治疗能否通过静脉提供营养?

于是，黎介寿又和同事们一道展开研究，还常常搬来小板凳，坐到病床边，悉心观察患者接受肠外营养支持治疗后瘘口的变化。8个月后，终于在中国首次将全肠外营养支持应用于临床。

为了对小肠移植进行潜心研究，年过花甲的黎介寿带着研究生们开始做小肠移植动物实验：从豚鼠到兔子，从小狗到生猪，实验的动物换了一种又一种；从新生到毕业，从自愿到安排，参加实验的人员换了一拨又一拨，可翘首以盼的结果仍遥遥无期。

当很多人都打起退堂鼓想抽身退出时，黎介寿却横下一条心：干脆把铺盖搬到了猪圈旁。夏天，他摇着蒲扇，为猪驱蚊消暑；冬天，他生起煤炉，为猪生火取暖。时间一长，他的身上总夹带着一股猪味，因此得了个“猪爷爷”的“雅号”。没有现成经验，实验举步维艰，仅术后成活24小时这一关，黎介寿就实验了将近一年。动物移植手术成功的标志是成活100天，然而现实残酷无情：被寄予“厚望”的两头实验猪，一头术后活了82天，一头活了97天。

历经2000多个与猪相伴的日子，1992年2月14日，黎介寿终于在亚洲首次取得猪同种异体小肠移植成功。

1994年3月12日，无影灯下，黎介寿紧张而有序地忙碌着：组织切除，断肠接续，末端吻合……7个小时后，一段2.5米长的异体小肠终于成功接续在患者杜新平的断肠上。等待片刻，移植肠缓缓蠕动。这台手术实现了亚洲小肠移植“零”的突破，南京军区南京总医院因此成为世界上能做小肠移植术的9个国家中24所医院之一。

小肠移植手术成功后，黎介寿又把目光瞄准多脏器联合移植的世界性医学难题。2003年，一位患者在车祸中导致多处肠瘘，并发肝衰竭。黎介寿把肝脏和一段3.8米的异体小肠同时移植到这名“无肠人”体内，填补了亚洲肝肠联合移植领域的空白。

肠外瘘是一种严重并发症，当时死亡率高达50%—60%。看着一条条鲜活的生命在眼前消失，黎介寿心如刀绞。肠外瘘关键是把瘘口补起来。可如何补，一直被掣肘着。

一次，黎介寿看到一位医生在用胶水粘合开裂的笔套，顿时来了灵感：能不能用胶水粘合肠子瘘口？

于是，黎介寿准备好强力而又安全的胶水、碘酒、药棉、纱布等，关上房门，拿起锋利的手术刀，在自己的左大腿上划开一条两寸多长的血口，然后小心翼翼地将调剂好的胶水，一滴一滴涂抹在刀口上……几天过去后，伤口如期愈合，黎介寿兴奋不已——这一刀挨得真值！

随后，他又将一系列新技术应用于临床，使短肠综合征、重症胰腺炎、放射性肠炎等患者治愈好转率达96.4%。这种成功应用于肠瘘辅助治疗的“胶补法”，一直沿用至今。

学生们都说他气场大。一位患者因食管癌手术后出现吻合口瘘，转入南京军区南京总医院普外科治疗。由于无法通过肠道吸收营养，患者白蛋白指标很低，多处组织器官出现严重水肿，加之肾功能出现损伤，大量白蛋白通过尿液排出，给治疗带来极大困难。

正在大家一筹莫展之际，黎介寿提出了自己的想法：采取血液滤过治疗。暂时不产生尿液，白蛋白就不会流失……

临床上就怕患者尿量少，现在要主动减少排尿？在场的医护人员个个面面相觑。黎介寿看出了大家的疑惑，说：病人情况特殊，不另辟蹊径，就可能贻误治疗时机。采纳黎介寿的建议后，奇迹发生了：患者的白蛋白指标逐渐恢复正常，经过肾脏替代治疗，病情明显改善。

正是凭着对传统医学的“离经叛道”和“一根肠子通到底”的韧劲，黎介寿领导的普通外科，在“九曲回肠”的世界里，一口气衍生出无数个课题，引领全球发展方向，为患者撑起一把生命保护伞。国际权威学术机构、欧洲肠外肠内营养学会主席森格教授称赞：“黎介寿开创的事业，对治愈肠道疾病具有革命性的意义。”

在黎介寿的心目中，医学就是人学。尊重生命，悲悯苍生！这是一位大医的仁心大爱，也是黎介寿行医济世大半个世纪的最好注脚。黎介寿心里有本良心账：“患者以命相托，任何时候都要对得起这份沉甸甸的信任！”长期以来，黎介寿坚持亲自写病历，并且记录详细规范，字迹工工整整，签名认认真真。他说：签下“黎介寿”三个字，意味着担当起一份责任，对病人许下一种承诺。

1996 年，黎介寿当选为中国工程院院士。2014 年 4 月 25 日，他从南京军区司令员蔡英挺、政委郑卫平以及中国科学院领导手中接过小行星命名证书、照片和纪念铜匾，正式 获得永久性小行星命名。

黎磊石：中国肾脏治疗创始人

1926 年 10 月 26 日，黎磊石出生。他出生的时候正赶上几个月未发薪水的父亲那天发了薪水，再加上那天有其他几个值得高兴的事凑在一起，父亲就给他起了磊石这个名字。

在三兄弟中最小，和二哥同为中国工程院院士、南京军区南京总医院副院长的黎磊石，刚开始是研究寄生虫病的专家。

20 世纪 50 年代的热带病，是一种对人类的健康危害及其严重的疾病。热带病也就是寄生虫学病，比如疟疾、丝虫病、肺吸虫病、血吸虫病等等。在当时的中国，提起这些热带病，大有谈虎色变的感觉。在南京军区总医院的黎磊石为了攻克治疗热带病的难题，来到偏僻的小县城当涂的八六医院，一干就是 20 年。病房、实验室、宿舍三点一线成了他的生活模式。

1956 年，黎磊石当选为八六医院热带病科主任，成为我军热带病学研究的带头人。他根据古书上的“蛊毒”可能就是晚期血吸虫病的假设，从方剂中找出 35 种中药进行中药治疗血吸虫病的动物实脸研究工作。经过两年多的努力，他终于发现中药“黎芦”能够有效地破坏血吸虫雌虫的生殖系统，使其停止产卵，这一发现在当时引起了强烈的反响。60 年代初期，人们仍苦于血吸虫病治疗的严重毒性及难以避免的死亡率，一种有效的口服药物特别是中草药的出现，真好比是在黑暗中跋涉的人看到了天空那抹玫瑰色的霞光。

黎磊石开始研究肾脏病时已 49 岁。“研究肾脏病，我不一定能做出大成绩，但能帮助一些人。”对于自己半路转行，黎磊石这样解释。

60 年代国际上的肾脏病专业已经颇具规模，而在我国还是个空白点。肾脏病学是临床医学中发展历史最短的一个学科，因此与基础医学和实验研究更为密切。在过去的 20 年中，黎磊石在热带病学实践中积累的一些实践研究基本功和基本知识，为他开展肾脏病工作创造了条件。1978 年，以黎磊石挂帅的南京军区总医院肾脏病专科正式成立，这一年，他 52 岁。

1982 年，黎磊石无意间发现一个用传统草本植物雷公藤治疗风湿性关节痛的病例，病人身上存在的合并严重蛋白尿病症突然消失了。黎磊石没有放过这一“偶然”现象，经过一系列研究，证实了雷公藤具有独特的免疫抑制功效。随后，他冒生命危险亲口尝试，掌握了雷公藤对治疗肾脏病既有效又安全的剂量。紧接着，他又发现大黄酸和冬虫夏草对肾脏病的独特疗效。就这样，他开辟出了肾脏病治疗的新途径。

国际上曾经对肾活检普遍采用直角穿刺法，穿刺时间长，出血多。黎磊石发明了快速安全的斜角穿刺法，使肾活检从每例 3 至 4 小时缩至 10 分钟。

1994 年，黎磊石当选为首批中国工程院院士，任医药卫生部常委。1998 年，他又入选为中国工程院主席团成员。2003 年，因对国际肾脏病学的发展做出的杰出贡献，被授予“国际肾脏病学会终身荣誉会员”的称号。

2005 年，第十届国际血液净化学术会议闭幕大会上，伴着黎磊石洪亮的声音，巨大的屏幕上现出令人骄傲的文字：“血液净化术在发展中国家的未来——来自中华人民共和国的经验。”

20 世纪 70 年代末期，中国的肾脏病治疗学才刚刚起步，国际上没有多少人知道黎磊石的名字。可是仅仅用了 10 年时间，到了 80 年代末期，黎磊石已是世界范围内的同行中的佼佼者，每年他都会应邀参加美国肾脏病学会年会。

2010 年 3 月 16 日，黎磊石去世，享年 84 岁。

长期的并肩战斗，共同的追求和探索，相互的支持和帮助，使黎氏三兄弟除了亲密的手足情缘外，更有同志加战友的革命友谊，而老大还对老二黎介寿、老三黎磊石有指导和扶助之恩，所以，两兄弟与大哥还有一种深厚的师生情谊。他们都对大哥大嫂极为敬仰和感激，虽相距千里，但常有书信往来，不时表达问候和怀念之意。他们虽工作的地方不在一起，由于三兄弟的特殊身世和在事业上的突出成就，引起了中外新闻媒体的普遍关注，常有记者追踪采访。一次当记者问及他们兄弟三人到底有多少相同之处时，小弟黎磊石扳着手指边数边说：“同胞，同学医，同是军人，同是共产党员，同是一级教授，同是博士生导师，同是单位领导，同是中国工程院院士。”他一口气就说出了8个相同之处。其实，他们的最大相同之处就是都热爱党，热爱国家，热爱自己的工作和事业。

雷天觉

他是著名机械学专家、开创我国机床工业的先驱，1955年被选聘为中国科学院院士（学部委员）。

雷天觉，1913年1月29日生于北京市，祖籍浏阳。他出生于一个知识分子家庭，其父雷光宇研究王阳明心学，主张即知即行，反对言行不一。由于所受的教育是以爱国主义和艰苦建国为基调，加上家庭的影响，他从小立志发展自己国家的工业，振兴中华，这成为他一生的追求。

雷天觉在致力于振兴、发展中国工业的奋斗历程中，在机械工程的许多领域都有建树，尤其在机床、工具、计量等方面具有突出的成就。他的很多成果都具有很大的创新性，属于发明创造范畴。

早在20世纪30年代，中国工业正处于萌生状态，虽然不少有志之士想振兴工业，终以受到国际资本的摧残而难有大的作为。抗战开始后，他随当时资源委员会的中央机器厂迁到昆明，那里与沿海工业区十分隔绝。雷天觉等一批有志青年，在艰苦的条件下，被迫自力更生，开创了中国机械工程的开发、研究工作。在和热处理专家韩云岑及其他人合作下，亲自动手于1940年制成批量的片式成形齿轮铣刀，又于1941年初制成三种规格的千分尺（分厘尺）和块规。此外，还承担了很多军工任务，满足了抗战时的急需。

全国解放初，他在华东工业部及虬江机器厂（上海机床厂前身）从事新中国机床工业的创建工作。当时，西方国家对我国进行外交隔绝、封锁、禁运，在如此困难的环境中，他为了新中国机械工业的发展，攻克了许多工艺技术难关，先后开发出“磨齿机”“氮化炉”“万能磨床”。在很短的时间内，他负责研制出重工业建设急需的“ϕ75卧式镗床”，并曾到瑞士展出，使西方世界各国大为震惊。此外，还开发了不用球轴承的内圆磨床。同时，也培养和训练出大批新中国第一代正式机床制造技术工人和技术人员，建立了过去没有过的工种。

与此同时，在生产管理上，他领导制订出一整套科学管理生产和工人培训的制度，为上海机床厂的生产打下了良好的基础。雷天觉成为开创我国机床工业的先驱。

1955年9月，他被调到正在筹建的机械科学研究院。张方、雷天觉、龙文光等和苏联专家马尔丁诺夫、卡尔德林等商谈，筹备建立机械科学研究院、工艺与生产组织研究院、工具科学研究院。

1956年3月6日，三院成立，雷天觉任第一机械工业部机械科学研究院副院长兼总工程师。

作为院里的技术领导，多年来，他把很多时间与精力用于规划院的专业方向及指导各项研究课题中。在静压轴承、静压螺母、液压传动、齿轮传动、精密分度、精密加工和测量等方面，他都做出了卓越的贡献。例如，他帮助从事齿轮专业研究的同志进行新齿形的研究。他研究静压轴承，用于磨床使工件的表面粗糙度可改善一至二级。他还研究出了用弹性平均效应进行分度，并亲自参加试验。后来，他从领导岗位下放试验室参加劳动，这时，他仍忘我地进行研究，在可能条件下，继续进行“静压螺母”的研究，做到丝杠与螺母可完全没有固体接触。这期间，还开发了多联泵式静压导轨，使导轨油膜厚度可达一微米。直至1969年他下放干校，才不得不完全停止技术研究工作。

1977年4至5月间，他由当时的第一机械工业部河南五七干校回到北京，被分配到第一机械工业部北京机电研究所（后改为自动化研究所）计算站工作近两年。1978年，他任机械院自动化研究所总工程师。在研制我国同步卫星试验设备——大质量高频液压振动台任务中，花费了他大部分精力。这是一项对我国绝对封锁的技术。经过大家共同努力一个个问题逐渐被解决了，但最后剩下一个问题——导向轴承在高频下的微动磨损。那时世界上生产液压振动台主要有三家，这轴承都用静压轴承。后来不约而同地都改成了塑料轴承，显然他们也碰到了同样的困难。但改用塑料轴承要作出牺牲，即没有静压作用，空心刚度低。为使两者优点可以兼得，雷天觉想能否利用塑料在压力下的变形使它自动形成产生静压作用所需的形状？他立即投入工作，结构构思、计算验证一共只用几天时间，试验时一次成功。这是他晚年的一项较重大发明创造，他在论文中称之为“弹性流体静压轴承”。为此，雷天觉与有关同志共同获得“弹性流体静压轴承”专利。雷天觉在50多年的机械工程科研与教学的实践中，在学术理论与实践中有长久意义的发明除了弹性流体静压轴承、导流槽式静压轴承的研制外，还有弹性齿多齿分度台的研制、多阻尼式静压螺母、无阻尼静压螺母、调相式变流量柱塞泵等。

《机械工程学报》是我国自然科学技术的学术刊物，在我国高等院校及学术界被誉为理论性较强的权威性刊物。自创刊初期以来，就一直聘请雷天觉、钱学森、庄前鼎、吴仲华等老一辈专家任编辑委员会委员，为祖国机械科学技术的发展和交流做出了突出成绩。

1979 年，《机械工程学报》复刊，雷天觉受聘为《机械工程学报》编委会主任。在他的具体指导下，学报的学术水平有所提高，学报的声誉日益扩大。他对发表的每一篇文章都认真审阅把关。他坚持贯彻科学技术面向经济建设的方向，大力倡导理论联系实际的文风。在 1986 年编委会扩大会议的开幕词中，他明确指出："除了为建设服务外，我们很难找到它存在的意义。"强调指出了"刊物面向读者，服务于读者"的正确方向。他把有些华而不实的文章比喻成"好像一个坚果，果壳很厚，果仁很小"。借苏东坡说扬雄是"以艰深文浅陋"的话告诫编辑部，要大家为改进学报文风作出不懈的努力。1987 年，编委会和编辑部决定增加《机械工程学报》英文版。为此，他亲自撰写《创刊词》，仔细审阅了全部英文稿件，按时、保质、保量地于 1988 年刊出创刊号。

2005 年 11 月 4 日，雷天觉逝世，享年 92 岁。

欧阳山尊

在父亲欧阳予倩的熏陶下，他 7 岁开始尝试演戏，他和曹禺、焦菊隐、赵起扬一起创建了新中国第一个引领我国戏剧“尊重民族戏剧传统的现实主义创作”的剧院——北京人民艺术剧院，他是中国话剧的同龄人和最忠实的守望者。

欧阳山尊，原名欧阳寿，1914 年 5 月出生于浏阳淮川街道一个进步知识分子家庭。他小时候过继给了父亲的胞兄——我国话剧艺术的创始人之一欧阳予倩。从此，欧阳予倩就成了他政治上的启蒙者和艺术上的导师。

他第一次登台演出时才 7 岁，演出的剧目叫《张三太太》，是出儿童戏。进入中学后，他演的戏逐渐多了，先后演过《可怜闺里月》《回家以后》等话剧，并在影片《天涯歌女》中担任角色。这时的欧阳山尊，虽然对戏剧和电影发生了越来越浓厚的兴趣，然而他还没有把这种兴趣当作他一生为之奋斗的事业。他最高的理想是成为一个爱迪生式的既能发明创造，又爱好艺术的科学家。

1931 年，欧阳山尊刚刚迈出中学大门不久，九一八事变发生了，是继续求学还是投身到火热的抗日救亡运动中去呢？当时还没有意识到戏剧的战斗功能的欧阳山尊，走上了“科学救国”的道路，考入了广州国民大学土木工程系。不久，广州政局发生变化，他又回到上海。本想考上他梦寐以求的交通大学电机系，不料，淞沪战争爆发了，战时的“交大”已没有招生的可能。后在父亲的周旋下，进了杭州电厂，开始了他勤工俭学的艰苦生活。当时，“左联”领导下的五月花剧社正在杭州演出，剧社里不少演员都是他的熟人，在他们的邀约下，他经常利用工余和星期天去剧社参加演出活动。

1933 年夏，欧阳山尊离开杭州电厂，回上海考入了大夏大学数理系。一进学校，大家很快就知道了他是欧阳予倩的儿子，于是，一些热衷于戏剧的同学，便拉他一起重新组织大夏剧社，开展救亡演出活动。也就是这个时候，出访欧洲并在莫斯科参加了国际戏剧节的父亲回国了。回到家里，欧阳予倩兴致勃勃地向儿子讲述了国外的见闻。欧阳山尊从父亲那里第一次认识到苏联的戏剧艺术，第一次了解到莫斯科艺术剧院，第一次知道了斯坦尼斯拉夫斯基、瓦赫坦柯夫、梅耶荷德这些戏剧大师的名字以及他们不同的艺术风格。这以后，几乎每个周末的晚上，都成了他们父子谈论艺术的珍贵时间。在父亲的引导下，欧阳山尊完全被神圣的艺术事业征服了。与此同时，他在政治上也开始趋于成熟。为进一步了解革命的戏剧运动，他参加了中苏文化协会，在那里他有机会经常看到苏联领事馆提供的电影，像《金山》《活路》《夏伯阳》等。也就是在这个时候，他开始为一些进步的学生剧团和工会剧团排戏，导演过《压迫》《救命圈》等剧目，同时也参加过一些大型的救亡演出活动。这以后，他又与金山、辛汉文、王莹等人发起组织四十年代剧社，演出了夏衍的《赛金花》和《自由魂》。

1937 年，正当欧阳山尊大学毕业的时候，全面抗日战争爆发了。他一面参加上海剧人联合组织的《保卫卢沟桥》的演出，一面思考着毕业后的去向。为了全身心投入抗日救亡运动，他毅然决然地加入了上海救亡演剧队第一队，并于 8 月 20 日随队离开上海，途经武汉、郑州、开封、洛阳、西安等地，奔赴华北抗日前线，开始了他战斗的戏剧生活。他们沿途演出，宣传和鼓舞群众的抗日救亡斗志，播下了抗日救亡演出的种子。这年冬，演剧一队赶到了前线，在这里，他们见到了朱德、彭德怀、任弼时、贺龙、杨尚昆等领导同志，并到前线部队进行了巡回演出，受到指战员们的热烈欢迎。在此期间，欧阳山尊除导演了《张家店》《兄弟们拉起手来》和《红灯》等剧目外，还担任了队委和民族解放先锋队（共青团的前身）分队副，做了大量的思想政治工作。

1938 年春，一队转赴革命圣地延安，在这里，欧阳山尊幸福地见到了毛主席和其他中央首长。不久，按照组织决定，一队分散了，欧阳山尊参加了陕甘宁边区文协，后又参加总政组织的部队文艺工作小组。

1939 年初，欧阳山尊被调到抗大总校文工团工作。这年 2 月 8 日，他光荣地加入了中国共产党。不久，欧阳山尊担任了总校文工团副团长。在紧张的学习和演出中，他仍像普通团员一样，编、导、演、唱什么都干，甚至“钻锅”演出京剧。这期间，他还自编自导自演了三个戏——《过关》《毕业上前线》和《工作大检查》。7 月，中央军委决定成立八路军第五纵队，欧阳山尊任纵队宣传队副队长。在开赴前线途中，他除组织宣传鼓动外，还兼做打前站、搞收容、检查纪律、组织民运等工作，他曾在三天中走了 360 多里路。

从 1940 年 1 月直到抗战胜利，欧阳山尊除在陕甘宁晋绥五省联防军政治部宣传队担任过一段教员组长和宣传队长外，他主要是在八路军一二〇师战斗剧社工作，历任副社长、社长等职。在此期间，他先后导演了《麻袋》《一万元》《黄河三部曲》等十多个戏，并在很多戏里担任过演员，有些戏还是他亲自编写的。

1942 年春，他参加了延安文艺座谈会，聆听了毛泽东的重要讲话。抗日胜利后的第二个春天，欧阳山尊带着党交给的工作任务回到了阔别 8 年多的上海。在这里他演出了延安的秧歌剧《兄妹开荒》，影响很大。以后欧阳山尊又按宋庆龄的意见，为儿童福利会组织的小学生排了大秧歌。

1950 年春，欧阳山尊奉调到北京人民艺术剧院工作，与焦菊隐、夏淳、梅阡等人一起开创了北京人艺现实主义话剧风格，后任该院副院长和党组书记。后又兼副总导演，一直工作到 1978 年。欧阳山尊多年从事戏剧活动，在艺术理论和艺术实践方面均硕果累累。从北京人艺创建至 1966 年以前，他精心导演了《春华秋实》《日出》《带枪的人》《关汉卿》等近 40 部话剧。1956 年至 1964 年，任中央戏剧学院兼职教授。为表演本科班导演毕业剧目《上海屋檐下》，在导演系本科 59 班担任表导演指导教师，全程授课 5 学年，导演演出了《祝你健康》等 5 台话剧。1979 年以后，欧阳山尊调文化部，主管剧本委员会日常工作兼艺术二司顾问，以后又任对外文委出版社社长，1982 年 12 月离休。在这段时间（包括离休后），主编《剧本园地》《中外电影》两刊，主编《延安文艺丛书·话剧卷》《中国魂》等书；为北京和外省市剧院（团）导演《松赞干布》《油漆未干》《巴黎人》等近 10 部话剧；导演电影《透过云层的霞光》和电视剧《燃烧的心》，并指导多部电视剧的拍摄；出版专著《〈日出〉导演计划》和艺术文集《落叶集》；为 1998 年演出的话剧经典剧目片断《流金岁月》任总导演赴日本、法国、美国进行文化交流；多次获导演奖，并先后获文化部及全国老有所为“精英奖”和“奉献奖”。他的导演风格气势磅礴，感情浓烈，节奏鲜明，富于时代精神。

2009 年 7 月 2 日，欧阳山尊因病在北京逝世，享年 95 岁。

黄彰任

他是美国国会顾问、泰国森美实业公司董事长，是一位享誉世界的华人实业家，也是一位享誉世界的华人慈善家。

黄彰任，原名彰信，字叔昭，1916年11月出生于浏阳城里一个世代书香之家，是旧民主主义革命期间著名的浏阳三杰之一黄颖初的儿子（另二杰为谭嗣同、唐才常）。被周恩来称为“党的百科全书”的黄慕兰，是他的姐姐。1934年，他顺利考入武汉大学土木系。1938年，黄彰任大学毕业后，即投身抗日大业。他在芷江机场供职时，与衡东籍的名门少女欧阳遇邂逅并结为伉俪。抗战胜利时，黄彰任作为中方技术代表随部队去台湾接管日本在台的机场。

20世纪50年代初，黄彰任只身到美国密歇根州立大学攻读，一年后获得硕士学位。不久，与纽约的几位友人筹措1万美元合伙经商，到泰国经营药材，主要代理美国辉瑞药厂的产品。随后转而经营石油产品。几经惨淡经营，他逐渐成为在泰国仅次于“歇尔”“飞马”“德士古”3家石油巨子的后起之秀。

黄彰任十分关心中国石油工业的发展。1979年，年已63岁的他，仍应中国国家投资公司的邀请，率领石油考察团来到中国。他到过胜利油田、苏北油田、海南岛油田。他还邀请来10位外国石油工业专家考察大庆、胜利等五大油田，为石油勘探和提炼提供技术指导，受到国家领导人的好评。

黄彰任没有忘记曾养育过他的故里。1985年3月，侄女无意间向他透露，自己所在的浏阳市人民医院因住房紧张，好医生留不住，已来的医生不安心，想调来的医生因没有住房调不进。

事隔不久，浏阳市人民医院收到一封海外来信，黄彰任在信中写道：“闻贵院职工住房困难，令余忧虑不安，拟捐款22.9万美元权作建房费用。我只希望能提高医务人员的服务精神……并可作‘抛砖引玉’之举，相信会有很多热爱故乡的同胞作更好的贡献和捐助。”一年之后，占地4500多平方米的地基上，拥有4栋5层68套住房的“杏苑”巍然屹立。黄彰任认为职工宿舍楼建好了，医院职工的人心也就安定了，接下来应该要尽可能地想办法提高浏阳市人民医院医务人员的服务水平和医疗技术水平，为此，他专门设立“黄彰任奖学基金”用于培训医务人员。1986年年初，他拿出10万美元在中国银行长沙分行设立奖学基金，资助浏阳、衡东两县培训人才。1999年8月，该基金在浏阳改为奖励优秀科技工作者基金，每两年评选一次。此外，他还捐助浏阳市人民医院修建了门诊大楼。

20世纪90年代的浏阳花炮还未走上安全、环保、科技的道路，烧伤病人很多，为了帮助家乡提高这方面的医疗救助水平，黄彰任通过霍普基金会捐资30万美金，1996年在上海瑞金医院成立灼烧防治中心，浏阳的烧伤、整形的医护人员有了培训学习提高的地方。由于医疗抢救的需要，他还捐助了浏阳市人民医院烧伤整形科全自动取皮机、全自动呼吸机以及烧伤科研经费。不久，为了提高家乡儿科诊治水平，他除了帮助医院购置相应的医疗设备外，捐资30万美金，由霍普基金会上海办事处安排浏阳市人民医院医生赴上海儿童医学中心培训。

1983年早春二月，美国康州克林威治墓园，黄彰任站在新逝妻子欧阳遇的墓碑前，仿如寒风中的一尊雕塑。他回忆妻子在世时乐善好施，决定捐资110万美元，在亡妻家乡衡东新塘镇建立一所即使在美国也是一流的中学——欧阳遇实验中学。如今，湖南衡东欧阳遇中学，已成为衡东最好的新型中学。该校占地11.5公顷，总建筑面积23600平方米，办公楼、教学楼、图书馆、运动场、游泳池一应俱全，各类教学器材齐备，并聘请了7名美籍英语教师。他还捐资设立“彰任奖教学基金”“彰任助学基金”。

1994年，他捐助10万美元在斯坦福大学医院设立肝脏移植中心。1995年，在黄彰任80寿辰之日，美国旧金山市将这一天定为“黄彰任日”，这是对黄彰任一生杰出成就给予的最崇高的荣誉。1996年，他捐资20万美元，在母校武汉大学设立奖励基金，同时捐助10万美元在斯坦福大学设立“黄彰任奖学基金”。

其实，黄彰任捐资的何止一座“杏苑”、一所“欧阳遇中学”呢？据统计，他捐资给世界各地的金额超过1000万美元。心有大爱的他，是一位享誉世界的华人实业家，更是一位享誉世界的华人慈善家。

2012年10月30日，黄彰任在美国洛杉矶因病去世，享年96岁。

廖静文

她是第七届全国政协委员会委员、第八届全国政协常委、徐悲鸿纪念馆馆长、徐悲鸿的夫人。她的不平凡之处不仅仅在于她的名字和艺坛巨匠徐悲鸿先生的名字紧紧相连，更在于她用朴实无华的一生坚定地将对国家艺术瑰宝的守护和徐悲鸿艺术的发扬光大作为为之奋斗的毕生事业。

廖静文，1923 年 4 月出生于浏阳社港镇一个贫苦知识分子家庭。她 6 岁时随父母举家迁往长沙，从此离开了故乡。1935 年，她在长沙市立十一小学毕业，随即以优异成绩考入了长沙私立周南女中。

长沙周南女中是进步知识分子朱剑凡毁家兴学的一所新型学府，先后培养了杨开慧、向警予、丁玲、蔡畅等一大批革命女杰。廖静文在这所进步的学府中，初步接受了新思想、新文化的熏陶。

1937 年 7 月 7 日，日军侵占卢沟桥，抗日战争全面爆发，周南女中迁往新化县蓝田镇。廖静文和姐姐、弟弟同往蓝田读书。入校后，廖静文在高中部学习。由于思想进步，成绩优异，在抗日救亡活动中有突出的表现，她被选为全校学生自治会会长。

高中学业很快结束了，廖静文和学友商议报考大学。当时，湖南省教育部门已随省政府迁往耒阳。廖静文即赶往该地询问招生情况，得知只剩下国立商学院还在招生。她无意从商，想再报考别的学校。一天，廖静文得知广西大学还在招生，便匆匆赶往桂林。途中，遇敌机轰炸，到达桂林时，报名日期已过，她只好留了下来，在一个抗日文艺团体担任职员。

当时的桂林，以它特殊的地理位置和奇秀的山光水色，成了江南抗日文化战士的根据地和各种珍贵艺术品的收藏地。时任中国美术学院院长兼中央大学艺术系教授的著名画家徐悲鸿刚好来此为学院图书馆招收管理员。廖静文看到了美院的招考广告即去报名应考，在众考生中脱颖而出。这一偶然的机会使她很快与徐悲鸿相遇相识。她被指定参加清理七星岩山洞中的书画清理工作。廖静文认真细致，抄写工整，给徐悲鸿留下了很深的印象。到重庆后徐悲鸿决定让她继续留在身边协助工作。徐悲鸿强烈的爱国热情和振兴中国美术事业的雄心斗志深深地打动了廖静文。

1943 年夏，廖静文考取了由南京迁到成都华西坝的金陵女子文理学院化学系。一年后辍学回到中央美术学院，继续协助徐悲鸿工作。1946年1月，一个简朴而隆重的婚礼在山城重庆举行，廖静文与徐悲鸿最终喜结连理，情定终生。

1946年8月，徐悲鸿受命出任国立北平艺术专科学校校长一职，廖静文陪同他北上居住在北平。这段时光，也是廖静文一生中最轻松、最快乐的日子。徐悲鸿一生沉醉于作画废寝忘食，以致积劳成疾。廖静文在婚后，更多的是担负起了照顾多病的先生的责任，她用一个妻子最大的关怀陪伴徐悲鸿度过了最艰难的岁月。她日夜操劳着，与徐悲鸿共同为振兴中国的美术事业拼搏进取。

1949年1月31日，北平和平解放了！徐悲鸿、廖静文沉浸在胜利的欢乐之中。他们怀着极为激动的心情，向军管会负责同志报告了艺专的情况，得到了军管会领导的赞扬和感激，并请他们在整顿艺专的同时，着手筹建中央美术学院。

1950年，全国第一次文艺工作者代表大会在北京隆重召开，会上，徐悲鸿当选为全国美术工作者协会主席，并受周恩来总理的委任，担任中央美术学院第一任院长。重任在肩的徐悲鸿以全部的精力和感情从事协会和院里的工作，而其他事务和整个家庭又全部交给了廖静文。

1953年9月26日，积劳成疾的徐悲鸿不幸因患脑溢血病逝。徐悲鸿逝世后，带一双幼子的廖静文便毅然决然地将他创作、收藏的1200百余幅呕心沥血之作和1000余件唐宋以来的名人书画，以及徐悲鸿生前从国外收集的万余幅画册与绘画资料，全部无偿地捐献给国家。廖静文说："这些作品和藏品耗尽了悲鸿毕生的心血，凝聚了他对国家和人民深沉的爱。我能据为己有吗？不能，决不能！"

不久，廖静文将他们夫妻住的房子捐出来作为徐悲鸿纪念馆的馆舍，她自己则带着孩子住在故居后面堆杂物的两间厢房里。1954年9月26日，以徐悲鸿故居为基础的徐悲鸿纪念馆成立，周恩来总理亲自题写了"悲鸿故居"的匾额。这是新中国成立后的第一座美术家个人纪念馆，廖静文担任馆长，她用自己柔弱的肩膀撑起养家育子和主持徐悲鸿纪念馆工作的重担。1967年，因为要修地铁，徐悲鸿纪念馆被拆除。后来，廖静文写信给党中央，跑国家建委立项恢复纪念馆，又开始了长达10年的奔走。功夫不负有心人。1983年，坐落在北京新街口北大街的徐悲鸿纪念馆终于落成了。

她用自己一生的精力和心血辛勤地在徐悲鸿纪念馆守护着、耕耘着、开发着和传承着。

为了编写徐悲鸿传记，她投入了大量的精力搜集徐悲鸿的生平业绩。她特地拜访了多年想去而未能成行的徐悲鸿家乡。在他古朴的故居里，她追索着徐悲鸿苦难的童年，抚摸着他勤奋攻读时曾用过的桌椅。她与徐悲鸿的亲友们进行了长时间的座谈，听取他们对徐悲鸿的怀念和回忆。她还到徐悲鸿曾工作过的上海、南京、成都、重庆等地进行调查，查阅了大量的资料。为了完成编写任务，1954 年她毅然离开年幼的儿女进入北京大学中国语言文学系学习，研读了大量的世界文学名著和名人传记。三年学习后，廖静文开始了传记的编写工作。1983 年，她撰写的 26 万字的长篇传记《徐悲鸿的一生》，由中国青年出版社出版，在海内外产生了很好的反响。

为了徐悲鸿艺术的传承和发扬光大，在她主持下，中央美术学院与徐悲鸿纪念馆于 1985 年联合举办“徐悲鸿画室”，她亲任画室主任，聘请中央美术学院的著名教授执教，为国家培养了大量美术专业人才。她还十分关注少年儿童的美术普及教育和爱国教育，在北京建成东街小学、鸦儿小学和五十三中德育教育基地，宣传徐悲鸿爱国主义精神和战胜困难的勇气，鼓励学生奋斗成才。每年，徐悲鸿纪念馆都会捐助“希望工程”，扶助那些贫困家庭的孩子读书。廖静文说：“我愿意把自己的有生之年，直到生命的最后一息全部献给徐悲鸿的艺术事业。”正是她的执着和坚韧，2011 年 10 月 30 日至 2012 年 1 月 29 日，名为“徐悲鸿，现代中国绘画的开拓者”的徐悲鸿综合性个人画展，在美国科罗拉多州的丹佛艺术博物馆隆重举行。这是徐悲鸿个人作品首次在美国大规模展出。

面对艺术市场上出现的很多徐悲鸿的假画，很多人拿来找廖静文鉴定，她都会不遗余力亲自详细观看。她多次为数十所大专院校作报告，介绍徐悲鸿为振兴中华民族美术事业而艰难求索的实践活动，宣扬老一辈艺术家爱祖国、爱人民的高尚情操和品德。她将自己的全部青春和心血献给了徐悲鸿倡导的中国美术事业。

2015 年 6 月 16 日晚，廖静文在北京的家中逝世，享年 92 岁。

陈文新

她是被称为党的宣传鼓动家陈昌烈士的女儿，是我国著名的土壤微生物及细菌分类学家，她一手创立了“中国农大根瘤菌研究中心”，成为我国现代根瘤菌分类学的开拓者，引领我国的根瘤菌分类研究进入世界先进行列。

陈文新，1926 年 9 月 23 日出生于浏阳镇头镇。她的父亲陈昌跟毛泽东在湖南一师是同窗好友，后来又一起在长沙办过学、教过书。国共第一次合作期间，陈昌追随毛泽东参加了革命，经历过北伐。大革命失败后，他参加八一南昌起义。1930 年 1 月，他以中央特派员的身份赴湘鄂西根据地的途中不幸被捕。2 月 23 日，被敌人杀害于长沙浏阳门外。陈昌牺牲时，陈文新不到 4 岁。

早早识得人间艰辛的陈文新从小就学会上山拾柴火，下水捞鱼虾，种菜、养猪、抬土、担粪，样样农活都干过。白天，她跟着在小学教书的大姐上学，晚上则伴着妈妈的纺车借着微弱的灯光学习。大姐的小学只有四年级，没有高小。为了能继续读书，大姐带着她跑遍了长沙、浏阳，寻找可以免费借读的学校。这样，从高小到初中五年的课程，她只断断续续读了三年。

正是因为体味到了生活的艰辛与不易，她分外珍惜学习机会，读书十分刻苦。1948 年，她考上了武汉大学。上学期间，她依靠勤工俭学来维持学习和最低的生活水平。

进入武汉大学，陈文新选择了农学院的农业化学系。1949 年 9 月，农业化学系更名为土壤农业化学系，这让对土壤研究产生浓厚兴趣的陈文新如愿以偿。“当时有很好的业务学习条件，每个课程有理论讲授，也有实验操作，”回忆那段如饥似渴的求学时光，陈文新依然印象深刻，“图书馆藏书丰富，环境幽静，真是个进德修业的好地方。我感到很新鲜，每天学习很紧张，但很有兴趣。”

1951 年 4 月，正在武汉大学读书的陈文新为母亲代笔，给毛主席写了封信，在信中她向毛主席汇报了自己上学的情况。5 月初的一个早晨，她收到毛主席的亲笔回信：“希望你们姐妹们努力学习或工作，继承你父亲的遗志，为人民国家建设服务！”

这年七一前夕，在北京华北农科所（现中国农业科学院）实习的陈文新受邀到毛主席家做客。毛主席说："你父亲为人民而牺牲，要学习你父亲的精神。"并为她写下了"努力学习"四个字。陈文新暗下决心牢记毛主席的教导，为人民和国家服务。

1954年，正在北京留苏研究生预备班学习的陈文新再次被邀请到毛主席家做客。这次，毛主席和她进行了一次深入的谈话，主题是农业生产。毛主席问了很多问题，从土壤结构、培肥地力、土壤的矿物质成分，到植物营养吸收和中南地区的土壤改良等，还询问全国学习土壤学的人数，并语重心长地说："要增产，不研究土壤怎么行呢？应该有更多的人学农。"当谈到土壤改良时，陈文新谈了从书本上学到的有关苏联草田轮作制的原理和做法。毛主席说："我们农民才几亩地，都拿去种草，吃什么呀？我们又没有什么畜牧业，种的草拿去干什么？"陈文新为自己脱离实际之谈感到很愧疚，但毛主席简单的话语却让她懂得了脱离中国国情照搬苏联是不行的，理论必须联系实际。

这次谈话不久，陈文新便前往苏联进入季米里亚捷夫农学院学习土壤微生物学，成为当时年轻的土壤微生物学家费德罗夫博士的第一名中国研究生。1958年岁末，陈文新的论文顺利通过答辩，获得副博士学位。

1959年，陈文新学成回国后，进入北京农业大学从事教学和农业科研工作。此后，陈文新开始了"既艰辛耗时又偏僻生冷"的研究——根瘤菌。根瘤菌是一类共生固氮细菌的总称，这类细菌在许多豆科植物的根或茎上形成根瘤并固定空气中的氮气供植物营养，这种高效、节能、环保的微生物能够为农田生态系统提供其所需的80%的氮，并在极大程度上改良土壤结构。自从19世纪发现根瘤菌的固氮作用以来，人类对它已进行了一百多年的研究，但人们对这类资源依然没有完全认识和了解。

陈文新带领学生并组织同行100多人，开始了在中国的土地上进行豆科植物根瘤情况的调查和采集工作。30多年来，陈文新科研团队对32个省、700个县市、不同生态条件下的各种豆科植物结瘤情况进行挖掘调查，采集植物根瘤标本一万多份，其中300多种植物结瘤情况未见记载；分离、纯化并回接原寄主结瘤确认后，入库保藏根瘤菌12000株；通过对7000株菌的100多项表型性状分析，发现了一批耐酸、耐碱、耐盐、耐高温或低温下生长的抗逆性强的珍贵根瘤菌种质资源。

在全国根瘤菌调查的基础上，陈文新建立了国际上最大的根瘤菌资源库和数据库，菌株数量和所属寄主植物种类居世界首位（此前国际公认最大的美国 USDA 菌库存量为 4016 株）。与此同时，她还率先在我国建立具有世界先进水平的细菌分子分类实验室，这是目前国际上两个最主要的根瘤菌分类实验室之一，确立了一套科学的根瘤菌分类、鉴定技术方法及数据处理程序。

1988 年，经过 8 年枯燥、烦琐的重复性实验，陈文新发现了第一个新属——当时世界已知的第四个根瘤菌属“中华根瘤菌”，这是第一个由中国学者发现并命名的根瘤菌属。陈文新率领课题组在对 2000 株根瘤菌进行多相分类研究后，又相继描述并发表了另一个新属——“中慢生根瘤菌”和 15 个新种，占 1984 年以来国际上所发表根瘤菌属的 1/2，种的 1/3。

陈文新一手创立的“中国农大根瘤菌研究中心”成为我国现代根瘤菌分类学的开拓者，一度引领国际根瘤菌分类的潮流。中心的研究成果为现代根瘤菌分类体系的发展做出了重要贡献。

陈文新在祖国丰富的自然资源中挖宝探秘，最终使我国的根瘤菌分类研究进入了世界先进行列。通过 30 多年漫长枯燥的研究，陈文新团队获得了对根瘤菌—豆科植物的共生关系的新认识，还修正了国际上的一些传统观点。

1999 年，70 多岁的陈文新听到国家“西部大开发”的号令后，邀请几位科学家共同上书国家有关领导和部委，建议将“根瘤菌—豆科植物共生体系”纳入西部种植计划，让小豆科在西部大开发退耕还林还草中发挥大作用。新世纪以来，陈文新积极组织力量进行豆科植物根瘤菌共生体系机理研究和应用基础研究，多次向党中央、国务院建议：充分利用豆科植物根瘤菌共生固氮作用，优化我国农牧业种植系统，以减少化肥用量、改善土壤性状、减少环境污染，从而保障我国农业可持续发展。

2001 年，陈文新主持的“中国豆科植物根瘤菌资源多样性、分类和系统发育”课题荣获国家自然科学奖二等奖。同年，她当选为中国科学院院士。2009 年，她被授予新中国成立 60 周年“三农模范人物”。2017 年，陈文新当选中国有机肥行业突出贡献人物。

如今，已年逾 90 岁的陈文新依然以极大的热情工作着、呼吁着，为开拓一条将根瘤菌资源优势、认知优势转化为生产优势的成功之路而努力着。

何继善

半个多世纪以来，地球物理学家、工程管理学家何继善院士研究发明的地球“CT”系列，从山区到荒漠、从海洋到河流，把脉地球。美国著名地球物理学家弗兰克·莫里森说，在地球物理学界，既懂方法原理，又懂研制仪器的，世界上只有两个人，何继善是其中一个。

何继善，1934 年 9 月 1 日出生于浏阳普迹镇。浏阳河畔那富庶的土地给了他健壮的身体，也塑造了他不怕困难、坚韧顽强的性格。青少年时代因家境拮据，他未能完成在长沙云麓中学学业即辍学在家。

中华人民共和国的成立给他带来了崭新的生活。1952 年，他考上了长沙市中南有色化验班。半年以后，他被分配到湘东钨矿从事矿砂化验工作。化验员的工作实践和亲身体验到坑道采取矿样的困苦，使他产生了要寻找一条不下坑道，也不用钻机就能探明地下矿藏的新途径的奇想，并因此与地球物理探矿结下了不解之缘。他依靠自己的勤奋和顽强毅力，通过自学以优良成绩考取了长春地质学院，攻读物探专业。他勤奋刻苦，学习成绩始终在全班名列前茅，成为当时全系唯一的一位考试成绩全都是 5 分的学生。他的毕业论文题目是制作一个测量地磁场用的“二次谐波磁力仪”。当时国内还没有这种仪器，学校又没有这样的实验设备和元器件，他凭借自己所学的知识和创造性的思维，因地制宜自制了仪器必需的灵敏元件，奇迹般的做成了磁力仪。大学毕业后不久，磁力仪便在地球物理探矿中得到使用。

1960 年深秋，大学毕业的他放弃了继续深造的机会，担负起地震勘探的教学科研工作。他在事业上执著追求，发奋进取，自强不息；在学业上博览群书，理论联系实际。他既爱读与专业相关的书籍，也读中外文化、历史、哲学方面的书籍，并且不拘泥于书本，融会贯通地应用到实际中，从而使他的学识达到了一个新的境界。正当他满怀希望，扬起科学的风帆驶向理想目标的时候，“文化大革命”开始了。学校停课闹革命，大家都不敢搞业务，但他带着书本跑到岳麓山的幽静处，或者干脆到农村的水渠旁、田埂路上去学习。他躲在实验室里一边实验，一边分析计算，自己动手装配仪器设备。因此，他被师生们列为“运动派”和“逍遥派”之外的为数不多的“学究派”。他对掌握的大量宝贵资料进行归纳、整理，撰写了不少论文。尽管当时无处发表，但他仍然乐此不疲。

为了探索地球勘探的新理论、新技术，他甚至卖掉了自己的衣服去买电子元件。为了实地检测，何继善带着自制的仪器和学生们几乎跑遍了中国各种类型的山区及不同矿种的矿山，野外崇山峻岭，十几里地渺无人烟，风餐露宿也是常事，他一出去就是几个月，大自然给他馈赠了大量第一手材料。1975 年，何继善的一篇论文《电阻率法地形改正》终于公开发表。这篇文章起到了扭转我国这一领域研究方向的作用。1978 年，他从事的“电阻率法消除干扰异常研究”获得全国科学大会奖；“直流电法推断解释若干问题研究”获原冶金部成果奖。

1981 年，何继善光荣加入了中国共产党，将自己一生的奋斗与党和国家事业的发展紧紧联系在一起。直至 1991 年，他历任助教、讲师、副教授、教授、系实验室主任、电法教研室主任、系副主任、系主任。1986 年 3 月，在美国亚利桑纳大学，何继善向世界各国专家们介绍了一种地球物理勘探新方法“双频激电法”，他潜心研究 20 余年的成果第一次在国际上“亮相”。1991 年，何继善走上领导岗位，历任中南工业大学副校长、校长。

双频激电法是何继善于 20 世纪 70 年代末期正式提出来的，不久他便创立并发展了以“双频激电理论”为核心的地电场理论，在此基础上建立了伪随机多频观测系统，发明和研制出了电场观测仪器。随着该仪器在我国 19 个省市自治区的推广应用，一批包括金、银、铜、铅、锌、钼、锰、镍在内的矿产资源被发现。双频激电仪已在俄罗斯、伊朗、澳大利亚、阿拉伯联合酋长国、马来西亚等国应用。1993 年，何继善被英国剑桥传记中心定为“有杰出成就的人”，被美国国际传记中心选为世界名人，并被吸收为美国勘探地球物理协会的外籍会员。1994 年，何继善当选为中国工程院院士。1995 年 9 月，应伊朗矿山金属部的邀请，何继善将双频激电仪及其附件装在一个手提箱中，在伊朗地质调查人员的陪同下，在矿山进行对比试验。当他从手提箱中拿出双频激电仪时，伊朗的有关人员十分惊讶，他们不敢相信这么轻巧的仪器能够找到矿产。试验结果，何继善带来的仪器比两卡车拉来的设备检测的速度和精确度都要好。此情此境，伊朗人员竖着大拇指齐声欢呼：“China！ China！”被称为“变频法之父”的世界著名地球物理学家 Wait 教授不得不钦佩地对何院士说：“教授先生，您的论文对我启发太大了，您的答问思路敏捷、论证严谨、无懈可击，令我佩服。

我们落后了。中国在这方面已超过了我们。”

1996年，何继善卸任中南工业大学副校长，任湖南省科学技术协会主席。此后，他致力于把研制的一系列高水平的科研成果转化为生产力。在何继善的主持下，开展了“湘西金矿深边部地质地球物理探矿研究”，利用近矿激电法成功地圈定了深部硫化矿富集中心。经湖南的湘西金矿 1998 年的坑道验证，找到新矿体潜在经济效益达 61.68 亿元，该矿已成为我国南方规模最大、品位最高的金矿。

1998 年以来，何继善担任首席科学家，开展了“洞庭湖水系的防洪减灾工程综合治理关键技术研究”。在前期研究中，对漏水量居世界第二位、威胁长沙市和浏阳市人民生命和财产安全的株树桥水库实施了全面系统的多方法探测研究。何继善的研究取得了突破性的进展，攻克了汛期管涌查险这一世界性难题，发明了流场法，并设计出了适合我国国情的汛期管涌查险仪。1999 年汛期，先后在灾情最为严重的湖南省和湖北省等所属 20 多个县市 30 余个堤垸开展了汛期管涌快速探测工作。早期发现了渗漏、管涌入水口 100 余处，为及时准确排除险情、确保大堤安全提供了科学的决策依据，受到当地水利部门的高度评价。

“生产矿山地质地球物理研究”是何继善带领物探所和地质所数十位专家、教授历经 10 余年的艰苦探索和创新实践完成的一项重大课题。针对我国生产矿山地质地球物理条件和地形地貌特点，他大胆地提出了伪随机三频激电法、大深度激电法和交流电阻率法等一系列新方法、新技术，并研制了相应的观测仪器。根据国家的需要，他又决定把电磁法研究拓宽到海洋领域。2006 年 6 月，在中国科学院第十三次院士大会和中国工程院第八次院士大会上，何继善当选为中国工程院能源与矿业工程部主任，并荣获第六届“光华工程科技奖”。

晚年的何继善继续为家乡贡献余热。从 2011 年起，何继善开始构思《绿色能源在湖南的开发和利用》，为开发新能源奔走疾呼。2012—2013 年，何继善率研究团队对洞庭湖盆地生物气进行了采样化验，重点关注湖南省的页岩气勘探与开发，提出“气化湖南”战略思路，赢得了“湖南页岩气之父”的称号。

赵　煦

他从北京航空学院毕业后就来到了大西北戈壁滩，在一穷二白的基础上，主持研制了多个型号的无人机，是中国工程院院士、空军级专家，中国无人机事业的主要奠基人。

赵煦，1938 年 9 月 1 日出生于浏阳镇头镇。年幼的赵煦曾经目睹了日本侵略者的飞机炸毁自己的村庄，炸死乡亲的惨况。一个振兴中华民族的萌芽成为他最初的人生追求。

建国初期，在无人靶机的生产上，我国尚无能为力，为了满足航空武器靶场试验的需求，只能从国外进口靶机。在当时特定的历史条件下，进口源只能是苏联。于是，从苏联进口的 20 架“拉 —17”靶机和 10 架米格 —15 比斯歼击机改成的靶机就成了宝贵的“财富”。靶机之所以宝贵，是因为它主要用于检验航空 / 防空武器系统的空中靶标，可以模拟目标飞机的各种特性，如几何外形、飞行性能、红外雷达特征等，并随目标飞机性能的不断发展而提高，担负着配合防空部队训练、实弹射击和各类航空 / 防空武器效能鉴定的重任，被人们形象地称为“空中磨刀石”。到了 20 世纪 60 年代初，中苏关系出现重大转折，苏方从我国撤走了专家、带走了资料，实行技术封锁。一时之间，20 架“拉 — 17”靶机很快使用殆尽，10 架米格 — 15 比斯靶机因为“趴窝”满足不了打靶要求，我国航空武器试验一度陷入了困境。为了摆脱依赖国外进口靶机的窘迫局面，1965 年 3 月，我国启动了“长空一号”靶机的自主研制工作，却囿于经济实力不足、技术条件落后，研制工作举步维艰，进展迟缓。

当时，赵煦已经从北京航空学院导弹系飞行力学及控制专业毕业，为了响应毛主席“知识青年到农村去，接受贫下中农再教育”的号召，他主动申请到了位于西北大漠戈壁深处的某导弹试验基地。

刚到部队的情景，赵煦一辈子难以忘怀：孤零零的营房，没有树、没有路，风沙肆虐，夏季酷热，冬季严寒。处于荒凉之境的赵煦没有任梦想荒芜，反而在一番历练中脱颖而出，与无人机“邂逅”。他利用下放到锅炉房锻炼的时机，一边工作，一边学习，系统、扎实地学习了大量与飞机有关的专业知识，并把所学的知识融会贯通，为后来在“长空一号”研制中崭露头角打了坚实基础。一个偶然的机会，赵煦和战友们产生了一个全新的无人驾驶靶机设计理念，并决定把它用于运载无人驾驶靶机滑跑起飞的工具，对其进行全新的设计和研制。他们的想法得到了部队的高度重视。见习锻炼尚未结束，赵煦就被直接调进了“长空一号”靶机研制课题小组，并作为主要技术骨干负责总体设计工作。从一个名不见经传的“锅炉小子”到“长空一号”的掌舵者，赵煦实现了人生中的第一个传奇。从此，他的目标只有一个——依靠自己的实力，研制出中国的无人驾驶靶机。

刚刚调入“长空一号”课题组的赵煦，不到 30 岁，还真有一股初生牛犊不怕虎的闯劲儿。要知道，当时我国的无人靶机事业刚刚起步，内力不足，外力封锁，没有任何可供参考利用的技术资料，也没有任何可供借鉴的成熟经验，整个部队满打满算也不过 8 个人从事与之相关的工作。此情此景，也称得上白手起家了。条件不足怎么办？动力问题要怎么解决？初入手时，他们要面对的问题很多，经过一番研究讨论，赵煦和课题组抽丝剥茧，找到了“长空一号”的突破口：“没有条件研制新机，咱可以自己改研；不依靠载机带飞投放，靶机就得有三个轮子；要增加航程就得在动力系统上想办法。”作为总体方案的设计者，赵煦对空气动力特性、结构强度、飞行性能、飞行航迹等进行了全面的计算论证。经过两年的刻苦攻关，赵煦和课题组大胆设想、全面创新，一边研究、一边试验，巧妙地解决了“长空一号”的动力问题和起飞方式等难题。

1967 年，“长空一号”靶机试飞成功，结束了我国从国外进口无人驾驶靶机的历史，开创了我国自行研制无人驾驶靶机的先河。与西方国家相比，虽然我国在该技术上起步较晚，但起点高、成本低、技术可靠、使用方便，为后续无人机的发展奠定了坚实的基础。而赵煦，也以一份完美的答卷赢得了欣赏与尊重。

20 世纪 80 年代初，航空 / 防空武器系统鉴定试验急需实体型靶机。赵煦再次出手。他决定对苏联进口的米格—15 比斯飞机进行尝试改研。他认为利用退役的米格—15 比斯飞机，可以达到合理利用资源、节约经费、缩短研制周期、变废为宝的效果，又能够解决航空 / 防空武器系统鉴定试验急需实体型靶机的难题，一旦成功，便是多赢的局面。他和战友决定，放弃苏联研制实体型靶机时需要人工试飞的方法，使用前，各种试验科目都在地面完成，直接提供使用。想法的确够大胆，因为这意味着必须设计出一套全新的高可靠性自动飞行控制系统，也意味着给研制工作增加了一道技术难关，多少有些“自讨苦吃”。他们用地面反复测试检查，代替了空中试飞调整驾驶仪参数和飞机平衡的复杂方式，大大减小了研制试飞风险，既解脱了飞行员，又提高了可靠性。

1984年6月6日，米格—15比斯靶机（又称“靶—五乙”靶机）试飞成功。至此，我国既有模拟型的“长空一号”靶机，又有实体型的米格—15比斯靶机，解决了多年来发展航空／防空武器系统对靶机的需求。在此基础上，他再接再厉，为适应我国航空／防空武器发展的不同试验需求，逐步研制出低空、机动、电子干扰、红外增强、雷达增强等各型靶机，形成了“靶—五乙”靶机系列。

随着航空／防空武器装备的发展，超音速无人驾驶靶机的研制又一次摆在了赵煦和课题组的面前。其实，早在20世纪60年代，我国就投入了相当的经费来研制超音速无人驾驶靶机，最终却不了了之，原因是攻克不了相关技术领域的难题，其中，公认的最大难题是——我国当时没有全数字式控制系统。难道真的要像国外一样走全数字式控制系统之路吗？难道真的只能消耗一二十年，被人牵着鼻子走吗？赵煦不信这个邪，在铺天盖地的质疑声中，他带领技术人员，以试验数据为依据，用错误验证正确，用失败验证成功，将该项目分成八大系统近300个课题，经过4年多的刻苦攻关，进行了成百上千次的试验验证，研究解决了“不可变的模拟式自动控制系统对大空域大速度的全权限控制”等十大技术难题，实现了对超音速靶机的全权限控制、克服无人机地面效应影响和稳定超音的三大理论突破。

1995年4月13日，赵煦课题组研制的超音速无人驾驶靶机试飞获得圆满成功，填补了我国在该领域的空白，使我国成为继美国、俄罗斯之后第三个拥有超音速无人驾驶靶机的国家，标志着我国大型无人机的研制水平已跻身世界先进行列。

超音速靶机研制成功后，他立即投入某型全自主靶机研制，硬是凭着执着的追求和坚毅的性格，成功实现了全程自主导航飞行和自动返场着陆，开创了新型靶机当年立项、当年试飞成功、当年提供使用的先河。“长空一号”靶机、米格—15比斯靶机、超音速靶机和全自主靶机的相继研制成功，使我国大型无人驾驶靶机实现了从无到有、从模拟型到实体型、从大空域到大速度域、从无线电遥控到全程自主导航等多项重大突破和跨越，不仅满足了航空／防空武器系统试验打靶的需求，填补了多项国内空白，也使赵煦更加坚定了走立足国情、自主创新的无人机研制发展之路。

我国航空工业发展至今，已经从航空救国走到了航空强国，科技没有终点，科技强军的伟大征途波澜壮阔。随着世界军事强国无人机的发展和应用，各国对无人机事业的发展也越来越重视，多用途无人机已成为当前世界军用航空研制与发展的热点。在认真总结四代大型无人驾驶靶机成功研制经验的基础上，赵煦又提出了以某型歼击机为平台，展开多功能无人机的研制。经过多年艰苦卓绝的探索，于2003年成功研制出集多种功能和用途于一体，并且发展潜力巨大的多功能、多用途无人机。该型无人机的研制成功，产生了显著的经济军事效益，走出了一条利用退役飞机发展无人机技术的独特道路。

辛勤的汗水必将浇灌出丰硕的果实。几十年无悔追求，赵煦斩获军功章无数。其科研成果先后获全国科学大会奖1项，国家科技进步奖一、二、三等奖各1项，军队科技进步奖10多项；先后荣立一等功1次、二等功2次、三等功4次。2001年，赵煦被空军确定为空军级专家，被中国工程院增选为院士。

周其凤

2008年11月14日下午，北京大学前校长许智宏将自己曾在北京奥运会传递过的火炬转交给了周其凤。这富于寓意的一幕，不仅意味着中国科学院院士周其凤成为新中国成立后北京大学历史上第十任校长，也象征着北大精神像圣火一样生生不息，薪火相传。

周其凤，1947年10月8日出生于浏阳龙伏镇的一个普通家庭。他所处的村子是隐在大山里的穷沟沟。父亲去世早，全靠母亲把他们兄弟四个拉扯大，生活的艰难可想而知。苦难的生活对于一个小孩子来说，或许是一种天赐的历练。周其凤读初中时离家有60里山路，高中则是80里。而这样的艰难求学路，由于家境拮据也常面临辍学的窘境。小学时，好心的学校老师常常宽容他拖欠学费。有一次实在不好再拖，周其凤拿走家里仅有的一只铜壶去学校，想以此抵当学费。母亲追出来，周其凤因恐慌把铜壶丢进水塘里。后来母亲捞起铜壶，借钱给他补交学费。还有一次，他放学回家，母亲病得很重，弟弟哭泣并埋怨他，说母亲是为他交学费急成重病。周其凤听后一边哭一边跑出家门，躲进村后山林，母亲请全村人举着火把敲锣打鼓才找到他。从此以后，家人不敢再提退学的事了。

1965年，周其凤以优异成绩考入北京大学化学系。母亲特意为他做了布鞋，因为舍不得穿，他光着脚走了两天才到达省城长沙，再从长沙坐火车去上学。也许是对脚下的“路”早就有深刻的认识，以后的日子里，人生的路再难，他也走得扎实稳健。

在北大，他得到最高助学金，每月19元，相当于当时一个城里人的月工资。大学时代，当大部分学生都不热衷于学习知识时，周其凤却借了一本英文版的《普通化学》，没事就拿出来读。那个年代，读英文原版书，是要冒风险的。周其凤偷偷躲到蚊帐里、被子里读。自己能读懂的地方自己看，读不懂的，他就整段整段地背下来，然后利用劳动工余时间请教外籍教师。就这样，他不仅重新梳理巩固了基础化学知识，也提高了英文水平。

1978年，周其凤在恢复高考后以专业第一的成绩，考取国内著名高分子化学家冯新德的硕士生。几个月后，他又考取国内首批赴美国麻省理工大学高分子科学与工程系留学生，那一批，全国只去8个。在这所世界著名学府，获得博士学位的平均时间为四至五年，周其凤只用了两年零七个月。

1983年5月，他回到母校北大执教，先后担任副教授、教授，北京大学化学学院高分子科学与工程系主任、高分子科学研究所所长、北京大学研究生院常务副院长、北京大学副教务长。从美国回到国内，周其凤长期在高分子领域高端思考和探索。在20世纪80至90年代的高分子合成和液晶高分子领域，全世界科学家基本上只用两种思路研究和合成。一种是以美国人为代表的，利用缩合聚合方法合成刚性分子，合成后的材料在物理上具有很好的强度和力学特性，这是由特定化学结构给出材料物理性能的方法。还有一种是以德国人为代表的，用加成聚合方法，这种方法合成出来的化学材料具有很好的柔性，可用于制造光电方面的功能性材料。在充分了解、认知、掌握国际上关于高分子领域科研和合成方法的基础上，周其凤提出了第三种研究和合成的方法。这一种合成方法合成的液晶高分子自成系统，既区别于德国人的又不同于美国人的，属于第三类液晶高分子，这一方法合成的高分子材料是当前信息领域最有特性的材料。周其凤这一理论，促进了国际上高分子学科理论和试验技术上的提升与发展。

1999年，52岁的周其凤当选为中国科学院院士。2001年6月至2004年7月，任国务院学位委员会办公室主任、教育部研究生工作办公室主任、学位管理与研究生教育司司长、国务院学位委员会副秘书长，兼任教育部学位与研究生教育发展中心主任。2004年7月，周其凤出任吉林大学校长。

2008年11月14日至2013年3月22日，周其凤担任北京大学校长。2015年8月14日，在韩国釜山举行的第48届国际纯粹与应用化学联合会理事会会议上，他高票当选为联合会副主席。2016年1月，周其凤正式履职国际纯粹与应用化学联合会副主席，任期从2016年1月1日至2017年12月31日。根据IUPAC章程，副主席任期为两年，两年后自动升任主席，任期两年（2018年1月1日至2020年12月31日）。

杨　卫

他长期从事宏微观断裂力学、细观与纳米力学、力电耦合失效等领域的研究，致力于推动中国基础研究的发展，是固体力学专家、中国科学院院士。

杨卫，祖籍浏阳，1954 年 2 月出生于北京，是清华附中六八届初中毕业生。1969 年元月 20 日，他在陕西省延川县冯家坪公社聂家坪大队插队，那年只有 14 岁，本不在插队行列。据说按政策他已经留在北京，是他说服了父母挤进西去的列车上。

他的父亲杨光华是 1951 年从美国获得博士学位回国的高级知识分子，曾担任过清华大学石油系主任、北京石油学院副院长、石油大学校长等职务，母亲孙以实是清华大学化工系教授。

在家庭环境的熏陶下，他在农村艰苦、贫困的生活中没有放弃学习，劳动之余在夜深人静的土窑洞里，在昏暗的煤油灯下，经常是冻得两只手交替藏在被窝里看书，早晨起来两个鼻孔全是黑的。他刻苦、坚强，从不叫苦，自学完成了初、高中和部分大学课程。1973 年，他以优异的成绩被推荐考入西北工业大学材料与热力加工系锻压专业。1976 年 5 月，杨卫加入中国共产党。

从西北工业大学毕业后，他主动要求去江西景坡机械厂，从最基层工作做起，后因照顾年迈的父母调进清华大学机械工程系当了一名普通教师。经过努力，他以数学、外语第一的成绩考入第一届研究生，后改为固体力学专业。1985 年，他被公派赴美国学习，获得布朗大学博士学位，放弃优厚待遇回国后任清华大学工程力学教授，并担任博士生导师。

杨卫主要从事断裂力学、细观与纳米力学、力电耦合失效等领域的研究。出版了一系列论著，在《细观塑性力学及其应用》《力电失效学、电致失效、力电耦合、区位转换、质流失稳》等断裂力学研究中，得到准三维裂纹尖端场的解析解，证明界面裂纹扩展可超越下瑞利波，激发了超高速界面断裂的研究。在细观与纳观力学研究中提出细观塑性理论。在此基础上，提出发展连续介质力学与分子动力学之间跨层次算法，模拟了从裂尖发射的原子点阵位错运行转变为连续介质位错群的现象。提出准解理断裂理论，解释了裂纹钝化后再出现解理的现象。提出电致断裂的非线性力学机理模型、畴变增韧模型以及畴变电致疲劳模型等，宏微观破坏力学、结构完整性评价、材料的增强于增韧、微小型航天器等科技研究，并应用在实践中，为国家高科技创造财富。

1999 年至 2004 年，杨卫被聘为教育部长江学者奖励计划特聘教授 。2001 年，当选为俄罗斯宇航科学院院士。2003 年，当选为中国科学院院士、第三世界科学院院士。2006 年 8 月，杨卫担任浙江大学校长，任职时提出办一个“创新型大学”。 学校给学生“创新思维”的新环境，培养和挖掘他们创新文明的潜力。学校、企业与政府作为创新的主体，以经济发展的需求为纽带联系在一起，形成“三重螺旋”来互动，培养他们适合社会的需求去创业。将社会价值与经济价值融合，培养他们有利于企业可持续发展的能力，更有利主动方式构建和谐社会。“创新型大学”将关于创新、学习、记忆和分析推理研究从原现象学上升到一个科学的层次，是将创业型大学和高科技联系在一起的一条新的教育体系。

2013 年 2 月，杨卫担任国家自然科学基金委员会党组书记、主任。2018 年 2 月 7 日，杨卫被增选为美国工程院（NAE）外籍院士。2019 年 1 月，担任世界科学院司库。

杨卫经常讲做知青那段时光，因为人生坎坷，失去了继续上学读书的机会，所以养成了一有时间就不断学习和积极吸取知识的习惯。他善于洞察、思考，从不随波逐流，必须有所建树的决心和目标，也是他勤奋好学的体现。

陈子江

她所探索研究的“宫腔配子移植婴儿”，为国家填补了该领域的空白，使我国的生殖医学研究站到了世界前列。2019 年 11 月，她当选为中国科学院院士。

陈子江，1959 年 10 月出生于浏阳文家市镇。她的爷爷陈绍休是毛泽东在湖南一师的同班好友。1917 年，毛泽东曾经应邀来到陈绍休家中小住，并在这里种下了两棵板栗树。

1979 年 9 月，20 岁的陈子江进入山东医学院学习，从此，她走上了医学研究之路。1984 年毕业后，又考取山东医学院妇产科硕士研究生，1986 年，作为山东医学院首批两名博士研究生之一，师从我国著名的妇产科学家苏应宽教授，从事妇产科和生殖医学的研究。

1978 年，世界第一例试管婴儿的诞生开创了人类生殖医学的新纪元，也为不孕不育症开辟了新的治疗手段。近年来由于周围环境恶化、生育年龄推后以及生活方式的改变，不孕不育人数增多，这些变化给生殖医学带来了巨大的挑战和机遇，生殖医学临床和基础研究成为生物医学领域研究的重点和热点之一。我国的生殖医学基础和临床研究始于 20 世纪 80 年代末、90 年代初。20 世纪 80 年代中期，陈子江在苏应宽教授的指导下作为国内率先开展人类生殖医学研究的学者之一，选择了极具挑战性的研究方向：人类宫腔配子移植的基础和应用研究。当时我国的人类生殖医学尚处于起步阶段，面临资料少、科研经费不足、仪器设备落后和实验条件差等种种困难。陈子江白手起家，开始了艰辛的创业之旅。科研经费不足，买不起层流净化设备，她就因陋就简使用普通玻璃拼装出简易的超净工作台；没有专门的病房，就在病房楼道里搭起临时病床为患者做诊疗观察。为确保“人类宫腔配子移植研究”这一世界生殖医学前沿的重点课题能顺利进行，陈子江产假没有休完，就放下嗷嗷待哺的婴儿，一头扎进了实验室，开始了忘我的工作。为了观察培养卵子的裂变情况和更换培养液，她在实验室度过了一个个不眠之夜。在整整三年时间里，她尝试了失败的痛苦和无奈，但靠着坚定不移的信念和百折不挠的精神，成功地获得了大量的科研数据，积累了有益的经验。陈子江对传统的“试管婴儿”程序进行了大胆、科学的改革，终于使我国首例宫腔配子移植婴儿诞生了！这一成果，填补了我国在该领域的空白，使我国的生殖医学研究站到了世界前列，引起了国内外医学同行的强烈反响，海内外数十家新闻媒体竞相报道，当年被国家科委、卫生部评为全国医药科技十大新闻之一。这项适合我国国情的不孕症治疗新方法，具有非常重要的社会意义和广阔的应用前景，在 1993 年获国家发明三等奖。

一年之后，33 岁的陈子江博士带着自己的研究成果和论文，参加晋升正高技术职称答辩会，与会专家一致同意她由讲师破格晋升为教授，成为年轻的学科带头人。在生殖医学领域初战告捷后，陈子江教授又以百折不挠的意志、过人的聪明才智以及不知疲倦的耕耘，带领她的团队相继完成了山东省首例第一代、第二代"试管婴儿"等课题的研究。1997 年，国内首例经阴输卵管配子移植婴儿问世；2000 年，国内首例囊胚移植婴儿问世；2001 年，她在国内首创的未成熟卵体外成熟技术获得成功；2002 年，国内首例 IVM—IVF 胚胎冻融后，IVM 治疗周期移植获得成功；2005 年，国内首例玻璃化冷冻卵子后复苏试管婴儿出生。2006 年，陈子江教授又带领她的团队力克难关，成功建立了多株不同受精卵来源的人胚胎干细胞。在陈子江教授的带领下，山东大学生殖医学研究中心发展成具国内领先、国际先进水平的生殖医学临床科研基地和医学本科、研究生教育中心。中心的学科建设和人才队伍建设取得长足进步，建立了一支以博、硕士为主的中青年学术骨干组成的临床科研队伍，并被确认为山东省省级重点实验室。

陈子江教授创建的山东大学生殖医学研究中心目前是华东地区最大的不孕症患者诊疗中心之一，迄今为止已经为来自世界各地的成千上万例患者解决了病痛，累计妊娠率达到 70% 以上。很多病人都感激地称她为"送子观音"。然而，陈教授却总是平静地说："我不是什么'送子观音'，我只是一名普通的医务工作者和医学教育工作者。"还记得在 1996 年的时候，有一位安徽农村的患者，在医院进行保胎治疗。这位患者的家境非常困难，患者连件保暖的棉衣都没有，一日三餐都很难保证。陈教授看到了心里很不是滋味，于是将自己的衣服拿出来送给患者，用自己的饭卡为她买饭。这位患者感激得流泪不止，但陈教授却安慰她说："这没什么，但不管怎样，你都一定要坚持治疗下去！"陈子江教授心系患者的感受和需求，视患者为亲人，总是把患者的利益放在第一位。"帮助渴望生下宝宝的女性实现一生中最大的愿望，是妇产科医生最大的欣慰。”正是这种对患者的仁爱之心为她的科研带来了源源不断的动力，也让她对我国的医疗卫生事业多了一份关注和担忧。在门诊上，陈子江还经常遇到这样的悲剧，很多患者因为轻信虚假医疗广告，不仅耽误了诊治，还背上了沉重的经济负担，身心倍受打击，这种事情的屡次发生让陈子江深感痛心。2005 年 3 月，陈子江作为全国政协委员参加全国政协十届三次会议，她提交了“严厉打击虚假广告、加强医疗市场管理、以保护患者利益为核心”的提案，得到十多名委员的签名支持。同时，陈子江还针对“看病难、看病贵”的问题作出了客观实际的分析报告。陈子江说，作为一名医生，首先应该有爱心，不断提高自身修养，树立正确的世界观、人生观、价值观，不断提高自己的业务水平和治病救人的能力，全心全意为广大患者服务，才无愧于医生这个神圣的职业。

在临床、教学和科研一线工作 30 余年，陈子江带领和团结同行进行了一系列重大技术攻关，解决了多个关键科学问题，推动了行业进步。如完成系列多中心、前瞻性、随机对照临床试验（RCTs）研究，牵头制定了《不孕症诊断指南》和《多囊卵巢综合征中国诊疗指南》等 10 项诊疗规范，推动了我国生殖疾病临床诊疗的规范化和进步。她还带领团队研发了多项基于辅助生殖的优生技术，建立了安全有效的优生技术体系并应用于临床，保障了我国首例阻断重度遗传性耳聋的 PGD 健康婴儿的诞生等，为降低我国出生缺陷提供了技术保障。

2019 年，陈子江当选为生殖医学领域最权威学术组织——国际生殖学会联盟（IFFS）的常务执委并兼任秘书长，成为该组织成立 50 年来第一位来自中国的学术领导人。

后 记

作为“浏阳历史文化丛书”之一的《浏阳名人续编》，历时近两年，终于即将付梓。

浏阳人才济济，名人荟萃。但由于篇幅的限制，故不能一一收录。为了确定收录的具体名人代表，丛书编纂委员会召开了专题会议，各位专家老师都给与了中肯的建议。夏剑钦老师更是在具体写法上进行了悉心指导。在此，对各位专家老师表示深深的谢意。

书稿在资料收集以及送审和出版过程中，得到了中共湖南省委党史研究院、中共长沙市委党史研究室等上级领导部门的大力支持。胡振荣、王文珍、夏远生、李敏、安胡刚、郑林华等专家学者或抽暇审阅提纲、书稿，或积极提供史料，给编纂工作提供了大量的帮助。在此，特向以上单位和个人表示崇高的敬意和真挚的感激之情。

由于作者水平有限，本书错漏之处在所难免，恳请读者批评指正。

编　者

2021 年 8 月

主要参考文献

◎ 欧阳淞：《中国共产党人的故事》，方正出版社，2017 年版。

◎ 陈克鑫、夏远生：《湘籍开国人物传略》，湖南人民出版社，2009 年版。

◎ 中共湖南省委党史研究室：《中国共产党湘籍中央委员》，内部资料，2006 年版。

◎ 湖南省革命烈士传编纂委员会：《三湘英烈传》，湖南出版社，1990 年版。

◎ 长沙市革命烈士传编纂委员会：《长沙英烈》，国防科技大学出版社，1989 年版。

◎ 湖南省科学技术协会：《三湘院士风采录》（第二卷），湖南科学技术出版社，2001 年版。

◎ 唐伯藩等：《浏阳英雄儿女传》，解放军出版社，1996 年版。

图书在版编目(CIP)数据

浏阳名人续编 / 罗业永编著 . — 长沙：岳麓书社，2021.11
ISBN 978-7-5538-1544-2

Ⅰ . ①浏… Ⅱ . ①罗… Ⅲ . ①历史人物—列传—浏阳
Ⅳ . ①K820.864.4

中国版本图书馆 CIP 数据核字（2021）第 189805 号

书　　名　浏阳名人续编
　　　　　LIUYANG MINGREN XUBIAN

编　　著　罗业永
责任编辑　王文西
特邀编辑　陈　丹
责任校对　包文放
书籍设计　绿光视觉艺术工作室
出版发行　岳麓书社
地　　址　湖南省长沙市爱民路 47 号
直销电话　0731-88804152　0731-88885616
邮　　编　410006
版　　次　2021 年 11 月第 1 版
印　　次　2021 年 11 月第 1 次印刷
开　　本　787mm × 1092mm　1/16
印　　张　16
字　　数　264 千字
书　　号　ISBN 978-7-5538-1544-2
定　　价　80.00 元
承　　印　雅昌文化(集团)有限公司

如有印装质量问题，请与本社印务部联系　电话：0731-88884129